MARIA NICOLAS: ALÉM DO BÊ-A-BÁ
A TRAJETÓRIA DE UMA NORMALISTA NEGRA NO PARANÁ

Editora Appris Ltda.
1.ª Edição - Copyright© 2024 da autora
Direitos de Edição Reservados à Editora Appris Ltda.

Nenhuma parte desta obra poderá ser utilizada indevidamente, sem estar de acordo com a Lei nº 9.610/98. Se incorreções forem encontradas, serão de exclusiva responsabilidade de seus organizadores. Foi realizado o Depósito Legal na Fundação Biblioteca Nacional, de acordo com as Leis nos 10.994, de 14/12/2004, e 12.192, de 14/01/2010.

Catalogação na Fonte
Elaborado por: Josefina A. S. Guedes
Bibliotecária CRB 9/870

S385m 2024	Schuindt, Silvana Mendes Maria Nicolas: além do bê-a-bá: a trajetória de uma normalista negra no Paraná / Silvana Mendes Schuindt. – 1. ed. – Curitiba: Appris, 2024. 286 p. ; 23 cm. – (Educação tecnologias e transdisciplinaridade). Inclui referências. ISBN 978-65-250-5511-4 1. Nicolas, Maria, 1899-1988. 2. Educação – História – Paraná. 3. Relações raciais. 4. Ensino primário. 5. Professores de ensino primário. I. Título. II. Série. CDD – 370.9

Livro de acordo com a normalização técnica da ABNT

Appris
editora

Editora e Livraria Appris Ltda.
Av. Manoel Ribas, 2265 – Mercês
Curitiba/PR – CEP: 80810-002
Tel. (41) 3156 - 4731
www.editoraappris.com.br

Printed in Brazil
Impresso no Brasil

Silvana Mendes Schuindt

MARIA NICOLAS: ALÉM DO BÊ-A-BÁ
A TRAJETÓRIA DE UMA NORMALISTA NEGRA NO PARANÁ

FICHA TÉCNICA

EDITORIAL	Augusto Coelho
	Sara C. de Andrade Coelho
COMITÊ EDITORIAL	Marli Caetano
	Andréa Barbosa Gouveia - UFPR
	Edmeire C. Pereira - UFPR
	Iraneide da Silva - UFC
	Jacques de Lima Ferreira - UP
SUPERVISOR DA PRODUÇÃO	Renata Cristina Lopes Miccelli
ASSESSORIA EDITORIAL	William Rodrigues
REVISÃO	Andrea Bassoto Gatto
PRODUÇÃO EDITORIAL	William Rodrigues
DIAGRAMAÇÃO	Andrezza Libel
CAPA	Sheila Alves
REVISÃO DE PROVA	William Rodrigues

COMITÊ CIENTÍFICO DA COLEÇÃO EDUCAÇÃO, TECNOLOGIAS E TRANSDISCIPLINARIDADE

DIREÇÃO CIENTÍFICA Dr.ª Marilda A. Behrens (PUCPR) Dr.ª Patrícia L. Torres (PUCPR)

CONSULTORES
- Dr.ª Ademilde Silveira Sartori (Udesc)
- Dr. Ángel H. Facundo (Univ. Externado de Colômbia)
- Dr.ª Ariana Maria de Almeida Matos Cosme (Universidade do Porto/Portugal)
- Dr. Artieres Estevão Romeiro (Universidade Técnica Particular de Loja-Equador)
- Dr. Bento Duarte da Silva (Universidade do Minho/Portugal)
- Dr. Claudio Rama (Univ. de la Empresa-Uruguai)
- Dr.ª Cristiane de Oliveira Busato Smith (Arizona State University /EUA)
- Dr.ª Dulce Márcia Cruz (Ufsc)
- Dr.ª Edméa Santos (Uerj)
- Dr.ª Eliane Schlemmer (Unisinos)
- Dr.ª Ercilia Maria Angeli Teixeira de Paula (UEM)
- Dr.ª Evelise Maria Labatut Portilho (PUCPR)
- Dr.ª Evelyn de Almeida Orlando (PUCPR)
- Dr. Francisco Antonio Pereira Fialho (Ufsc)
- Dr.ª Fabiane Oliveira (PUCPR)
- Dr.ª Iara Cordeiro de Melo Franco (PUC Minas)
- Dr. João Augusto Mattar Neto (PUC-SP)
- Dr. José Manuel Moran Costas (Universidade Anhembi Morumbi)
- Dr.ª Lúcia Amante (Univ. Aberta-Portugal)
- Dr.ª Lucia Maria Martins Giraffa (PUCRS)
- Dr. Marco Antonio da Silva (Uerj)
- Dr.ª Maria Altina da Silva Ramos (Universidade do Minho-Portugal)
- Dr.ª Maria Joana Mader Joaquim (HC-UFPR)
- Dr. Reginaldo Rodrigues da Costa (PUCPR)
- Dr. Ricardo Antunes de Sá (UFPR)
- Dr.ª Romilda Teodora Ens (PUCPR)
- Dr. Rui Trindade (Univ. do Porto-Portugal)
- Dr.ª Sonia Ana Charchut Leszczynski (UTFPR)
- Dr.ª Vani Moreira Kenski (USP)

Non nobia, Domine, non nobis, sed Nomini Tuo da Gloriam.

(Salmo 115:1)

Aqueles homens ali dizem que as mulheres precisam de ajuda para subir em carruagens, e devem ser carregadas para atravessar valas, e que merecem o melhor lugar onde quer que estejam. Ninguém jamais me ajudou a subir em carruagens ou a saltar sobre poças de lama, e nunca me ofereceram melhor lugar algum! E não sou uma mulher? Olhem para mim. Olhem para meus braços! Eu arei e plantei, e juntei a colheita nos celeiros, e homem algum poderia estar à minha frente. E não sou uma mulher? Eu poderia trabalhar tanto e comer tanto quanto qualquer homem – desde que eu tivesse oportunidade para isso – e suportar o açoite também! E não sou uma mulher? Eu pari 13 filhos e vi a maioria deles ser vendida para a escravidão, e quando eu clamei com a minha dor de mãe, ninguém, a não ser Jesus, ouviu-me! E não sou uma mulher? Daí eles falam dessa coisa na cabeça; como eles chamam isso... (alguém da audiência sussurra, "intelecto"). É isso, querido. O que é que isso tem a ver com os direitos das mulheres e dos negros? Se o meu copo não tem mais que um quarto e o seu está cheio, por que você me impediria de completar a minha medida?

Daí aquele homenzinho de preto ali disse que a mulher não pode ter os mesmos direitos que o homem porque Cristo não era mulher! De onde o seu Cristo veio? De onde o seu Cristo veio? De Deus e de uma mulher! O homem não teve nada a ver com isso. Se a primeira mulher que Deus fez foi forte o bastante para virar o mundo de cabeça para baixo por sua própria conta, todas estas mulheres juntas aqui devem ser capazes de consertá-lo, colocando-o do jeito certo novamente. E agora que elas estão exigindo fazer isso, é melhor que os homens as deixem fazer o que elas querem.

Agradecida a vocês por me escutarem, e agora a velha Sojourner[1] não tem mais nada a dizer.

(Portal Geledés, 2014)

---

[1] Sojourner Truth tornou-se, em 1843, abolicionista afro-americana. As palavras em epígrafe fazem parte de seu discurso na Convenção dos Direitos da Mulher, na cidade de Akron, em Ohio, nos EUA em 1851. Discurso disponível em: https://www.geledes.org.br/sojourner-truth/. Acesso em: 7 fev. 2022.

PREFÁCIO

O texto aqui apresentado delineia aspectos da trajetória profissional de Maria Nicolas (1899-1988), mulher, negra, que viveu grande parte da sua vida em Curitiba, capital do Paraná. Acompanhei a trajetória de Maria Nicolas por meio da orientação da dissertação de Mestrado[2] na linha de História e Historiografia da Educação, do Programa de Pós-Graduação em Educação da Universidade Federal do Paraná. Foram meses de reflexão e discussões acerca das estratégias e ações empreendidas por Nicolas para superar as barreiras impostas pelo racismo estrutural presente na sociedade brasileira.

Para tal, Silvana Mendes Schuindt adota uma abordagem interseccional e convida-nos a conhecer um pouco a vida dessa mulher, que desempenha vários papéis sociais – filha, professora, esposa, mãe e escritora – e cuja trajetória não é linear. A sinuosidade do percurso trilhado por Maria Nicolas, entre altos e baixos, nos quilômetros percorridos, revela "pistas de um modelo ideal de sociedade", cujos processos educacionais da população negra tinham "regras" tácitas de funcionamento.

O livro conserva em sua essência o debate realizado na dissertação, pois a autora mobiliza uma gama de autores(as) que tratam sobre as relações raciais em diálogo com a teoria praxiológica de Pierre Bourdieu (2003) e com os estudos sobre o feminismo negro. Destaco a contribuição de Carla Akotirene (2020) e das estadunidenses Patricia Hill Collins e Sirma Bilge (2021), ao versarem sobre o conceito de interseccionalidade, bem como a categoria *outsider within* enunciada por Patricia Hill Collins (2016).

A partir dessa categoria problematizada por Collins, traduzida pela expressão "forasteira de dentro", Schuindt reflete sobre o pertencimento e o reconhecimento de Maria Nicolas nos espaços acadêmicos, em particular, no magistério público. A busca por reconhecimento evidencia que as ações de cada pessoa no espaço social não são decorrentes apenas de uma vontade individual, do *habitus*; elas conectam-se as múltiplas posições ocupadas no campo ao longo do percurso transcorrido e na potencialidade que cada pessoa tem em agregar diferentes capitais (social, cultural, simbólico). O campo é um espaço em disputa!

---

[2] SCHUINDT, Silvana Mendes. *Maria Nicolas*: além do bê-a-bá. A trajetória profissional de uma normalista negra no Paraná (1906-1938). 2022. 279 f. Dissertação (Mestrado em História e Historiografia da Educação) – Setor de Educação, Universidade Federal do Paraná, Curitiba, 2022.

Ao percorrermos a trajetória de Maria Nicolas, veremos que as posições ocupadas no magistério público, em vista aos resultados por ela almejados, entrelaçam-se com diferentes estruturas de poder e anunciam uma sociedade patriarcal, civilizada e racista. Tanto que a narrativa da autora revela os meandros do racismo, do sexismo e das desigualdades sociais presentes no trajeto trilhado por essa professora normalista, que, pela sua autopercepção, em acordo com seus diários, materializavam-se na sensação de "olho mau". Os(as) leitores(as) constatarão que a metáfora do "olho mau" tem vários significados e, de certo modo, simboliza os conflitos raciais experienciados por Maria Nicolas e conduz ao problema central livro: como as questões de raça, classe social e gênero influíram na trajetória de Maria Nicolas como professora normalista?

Por fim, destaco a importância do livro no âmbito da historiografia da educação da população negra, visto que a discussão apresentada pela autora contribui para ampliar os estudos sobre a atuação de mulheres negras tanto no período da Primeira República quanto em outros recortes temporais.

Igualmente, a relevância do livro faz-se presente pelo fato de a autora esmiuçar aspectos do modo de acesso à escolarização de mulheres negras e analisar parte do processo de feminização do magistério primário em Curitiba/PR, visto que, no contexto da Primeira República brasileira, durante as três primeiras décadas do século XX, o fator racial estará em órbita junto a outros componentes (o econômico, o social e o de gênero), os quais, somados, resultaram na maneira como Maria Nicolas deslocou-se nesse espaço social.

Professora Doutora Adriana Vaz
Departamento de Expressão Gráfica (Degraf) da
Universidade Federal do Paraná (UFPR).

APRESENTAÇÃO

A professora Maria Nicolas nasceu na cidade de Curitiba, capital do Paraná, em 10 de setembro de 1899. Após cursar a Escola Normal, de 1913 a 1916, iniciou sua trajetória docente no magistério público paranaense, em 1917. O início de sua trajetória é marcado por um importante fato, a substituição da renomada professora paranaense Julia Wanderley (1874-1918).

No decurso de sua carreira como normalista, Nicolas atuou em diversas escolas paranaenses, sendo sua ação pedagógica intercalada entre o ensino público e o particular. Durante sua atividade docente, a professora Nicolas foi acometida com problemas relacionados a sua saúde, quando, por um ensurdecimento, em 1951, passou a trabalhar na biblioteca da Assembleia Legislativa do Paraná e foi exonerada do magistério público.

Além do título de professora normalista, Nicolas, em uma fase madura de sua vida, quando as atividades do magistério ocorriam simultaneamente aos seus escritos literários, resolveu voltar aos bancos escolares, dessa vez como estudante do curso de Pedagogia da Universidade do Paraná. Sua colação de grau, nível bacharel, aconteceu no ano de 1949, e a de licenciatura, em 1950.

O presente livro delineia momentos da trajetória da professora Maria Nicolas, refletindo acerca das questões de raça, gênero e classe como fatores intervenientes em seu percurso; bem como legitima a presença da população negra no Paraná em setores importantes para o estado, como a educação e a cultura.

Escrever sobre tais aspectos da vida de uma pessoa é algo deveras complexo. Sempre haverá lacunas, seja pela ausência de fontes ou pelas minhas limitações pessoais. Por isso, para traçar linhas e interpretações sobre o racismo, em especial, o imposto a uma mulher negra, faz-se necessário, primeiramente, um pedido de licença e, em segundo lugar, de reconhecimento, da minha parte, sendo uma mulher branca, para tal empreendimento.

A licença refere-se ao "lugar de fala", pois nunca precisei preocupar-me em guardar a nota fiscal ou o ticket do supermercado para posterior defesa de uma suposta acusação de furto. Nunca, ao atender a porta da minha residência, ouvi a frase: "A patroa está?". Nunca, em alguma situação fortuita, fui interpelada com o questionamento de que trabalhava na limpeza, dentre outros exemplos de racismo no cotidiano. Enfim, nunca tive a minha humanidade aviltada pela minha cor de pele, textura do cabelo ou qualquer outro traço morfológico de minha estatura física.

O reconhecimento implica uma autoconsciência de que a luta antirracista é um dever de todas/os, independentemente da cor da tez. O reconhecimento envolve compreender que há posições de privilégio entre brancos e negros e que não podemos nos conformar com tais injustiças; isso significa uma alteração de atitudes e posicionamentos e a quebra do pacto da branquitude, ou, nas palavras de Grada Kilomba (2019, p. 46), [é] quando há um autoquestionamento: "Como eu posso desmantelar meu próprio racismo?".

O recorte temporal deste livro compreende do ano de 1906 a 1938. Essa baliza temporal abrange a fase do início da educação escolar de Nicolas, desde o seu ingresso no ensino primário, até o momento em que foi aluna da Escola Normal de Curitiba. Ainda, tal período permite refletir sobre sua organização familiar, sobre o decurso de tempo em que Nicolas atuou como professora normalista nas instituições públicas paranaenses e sobre o início de sua produção literária. O recorte finaliza-se em 1938, quando Nicolas torna-se membra efetiva do Centro de Letras do Paraná, período em que empreende esforços para consolidar-se como escritora no campo literário curitibano, afiliando-se a instituições e círculos culturais, e tem como marco a editoria da revista *O Paraná em Revista*.

Ao tomar a trajetória de Maria Nicolas como um estudo de sua constituição como normalista e escritora, visa-se à observância de sua atuação em estruturas sociais e históricas no espaço curitibano. Para tal, é preciso desviar de uma estigmatização, no sentido do enaltecimento de sua caminhada, incutindo-lhe o estereótipo da "força" da mulher negra. Tal estereotipia incorre numa forma de racismo, pois se enfatiza como as mulheres negras lidam com as opressões e ignora-se o impacto que essas coerções exercem em sua vida (hooks, 2020).

A obra narra episódios significativos da vida da professora Maria Nicolas e de como eles estão relacionados à história da educação paranaense e às relações raciais, de classe e de gênero nas circunstâncias estudadas. Propõe, ainda, uma análise da individualidade de Maria Nicolas, relacionando seu contexto de nascimento, sua formação familiar, escolar e profissional, e, por fim, busca compreender as posições que Nicolas ocupou em seus espaços de atuação, por meio da investigação dos sistemas de disposições incorporados por ela e pelos demais atores sociais de seu círculo de convivência.

SUMÁRIO

1
NO PALCO DA VIDA: AS VIVÊNCIAS INICIAIS DA FAMÍLIA NICOLAS NO TEATRO GUAÍRA E EM OUTROS ESPAÇOS DE ATUAÇÃO 15
   1.1 PRIMEIRO ATO: CENOGRAFIA FAMILIAR 17
   1.2 SEGUNDO ATO: SEMELHANÇAS E DIFERENÇAS ENTRE OS IRMÃOS NICOLAS 30
   1.3 BASTIDORES DA VIDA: *O QUE VIRÁ A SER A NOSSA FILHA?* 49

2
A ESCOLA NORMAL E A INSTRUÇÃO PÚBLICA PRIMÁRIA EM CARTAZ 57
   2.1 O JOGO CÊNICO DA ESCOLA NORMAL 65
   2.2 A ATUAÇÃO DOS DOCENTES DA ESCOLA NORMAL 70
   2.3 A ORGANIZAÇÃO CURRICULAR DA ESCOLA NORMAL 81
   2.4 QUEM ERAM AS NORMALISTAS E QUAL O EFEITO DESSE TÍTULO? 94
   2.5 PERCURSOS DIFERENCIADOS DA ATUAÇÃO MASCULINA E FEMININA NO MAGISTÉRIO PÚBLICO 109

3
RACISMO E EUGENIA NO AMBIENTE EDUCACIONAL PARANAENSE 121
   3.1 MARIA NICOLAS E AS PRIMEIRAS LETRAS 122
   3.2 RESISTÊNCIA E EXCLUSÕES DA CRIANÇA NEGRA NA EDUCAÇÃO ESCOLAR 134
   3.3 CENAS DE UMA VIDA: ¿QUÉ COSA ES SER NEGRA? 148
   3.4 HIGIENE E EUGENIA: UM CONTEXTO SOBRE A ATUAÇÃO PROFESSORAL DO INÍCIO DO SÉCULO XX 156

4
PRIMÓRDIOS DA ATUAÇÃO DE NICOLAS NO MAGISTÉRIO PÚBLICO E NA LITERATURA PARANAENSE......177

4.1 DRAMA PEDAGÓGICO: A SUBSTITUIÇÃO DA PERSONAGEM PRINCIPAL – PROFESSORA JULIA WANDERLEY........178

4.2 UMA PEÇA DE VÁRIOS ATOS: ATUAÇÃO PROFESSORAL DE NICOLAS NOS CENÁRIOS DO INTERIOR PARANAENSE................190

4.3 ROTEIROS DE MARIA NICOLAS: PRODUÇÃO LITERÁRIA INICIAL.....212

CONSIDERAÇÕES FINAIS...239

FONTES...257

REFERÊNCIAS...279

NO PALCO DA VIDA: AS VIVÊNCIAS INICIAIS DA FAMÍLIA NICOLAS NO TEATRO GUAÍRA E EM OUTROS ESPAÇOS DE ATUAÇÃO

Figura 1 – Teatro Guayra (1906)

Fonte: Disponível no site: https://www.teatroguaira.pr.gov.br/Pagina/Historico. Acesso em: 24 jul. 2023

AVIDA

Passam-se os anos
como a água que corre no rio...
As águas não voltam à nascente
nem as horas passadas voltarão jamais.
Aproveite o presente:
renove o amor que morre,
faça sorrir alguém.
Lute olhando para o alto!
ânimo forte até o alento final.
(NICOLAS, 1975, p. 15).

"Passam-se os anos como a água que no rio corre..." (NICOLAS, 1975, p. 15). Assim, Maria Nicolas inicia um de seus poemas sobre a vida. Sua percepção relaciona o transcorrer dos anos vividos ao percurso das águas fluviais, que se movimentam para uma direção sem jamais retroceder ao seu ponto original, a sua nascente. De forma poética, a escritora evidencia a importância de se aproveitar o tempo, pois "as horas passadas voltarão jamais" (NICOLAS, 1975, p. 15).

É um poema que condiz ao seu itinerário de vida, pois desde a infância ela locomoveu-se em diferentes espaços, aproveitou o tempo, somou experiências que lhe auferiram determinadas práticas, agregou amigos conhecidos em diferentes meios sociais, especialmente ao vincular-se a diferentes instâncias culturais.

Nas linhas que seguem, busquei descrever acerca da individualidade de Nicolas e seus grupos de pertencimento, ou seja, descrevi sobre as interações dela no ambiente familiar e em seus primeiros espaços formais de educação. Essa análise empreendeu uma reflexão sobre as estratégias e posturas de Nicolas diante dessas estruturas e de como ela transpôs barreiras oriundas de seu contexto para, assim, satisfazer as exigências de tornar-se escritora.

Nesse entendimento, é salutar conhecer as disposições individuais que constituíram as ações de Maria Nicolas, da sua infância até o momento em que ela iniciou seus primeiros escritos. À vista disso, é preciso retroceder ou avançar no recorte temporal do presente livro para elucidação de alguns elementos inerentes a sua formação pessoal e familiar.

1.1 PRIMEIRO ATO: CENOGRAFIA FAMILIAR

A socialização primária de Maria Nicolas ocorreu na cidade de Curitiba. Seus progenitores, Alyr Léon Nicolas (1865-1958) e Josepha Tomasina Nicolas (18?-1942) (Figura 2), têm influência significativa no desenvolvimento de suas/seus filhas/os. A profissão do pai e a localização geográfica da habitação familiar – o Teatro Guaíra – propiciaram a base cultural que formam os primeiros degraus na constituição da trajetória de sua prole.

Figura 2 – Josepha Tomasina Nicolas e Alyr Léon Nicolas

Fonte: acervo familiar cedido gentilmente por Antonio Carlos Zotto[3]

O pai de Nicolas, Alyr Léon Nicolas (1865-1958), nasceu em Morognes, na França. Com 10 anos de idade, emigrou para o Brasil, em julho de 1875. Segundo consta, ele veio na companhia de seus pais: Augusto Nicolas (18??-1903) e Marie Cochet (?-?). Nas palavras de Maria Nicolas, seu pai era

---

[3] Antonio Carlos Zotto é neto de Maria Nicolas e filho de Antonio Lourdes Zotto (1922-2001).

"autodidata", possuidor de "boa cultura" e poliglota; tinha o domínio "[...] sem sotaque do francês, italiano, espanhol e o português" (NICOLAS, 1974, p. 275).

A primeira atividade profissional de Léon Nicolas nas terras paranaenses foi como operário na construção da ponte São João, empreendimento que faz parte da Estrada de Ferro Paranaguá-Curitiba, construída entre 1880 e 1885 (NICOLAS, 1974).

A construção dessa ferrovia atraiu para o Paraná muitos trabalhadores de outros locais do Brasil, bem como pessoas estrangeiras. Para além dos fatos que envolvem a imigração no Brasil, o pai e o avô (Augusto Nicolas) de Maria Nicolas, possivelmente, estejam no montante numérico de operários que foram atraídos para o Paraná para edificação dessa obra importante:

> No regresso para Morretes, ao passar o trem sobre a Ponte São João o dr. Teixeira Soares ergueu um viva aos trabalhadores da Ponte São João. [...] o barão de Capanema em brilhante artigo [citou] sobre a ferrovia que para manter em serviço 3.000 operários, o Dr. Teixeira Soares arregimentara 9.000, dos quaes para mais de 5.000 permaneciam doentes! (GOMES; CARVALHO, 1935, p. 135).

Durante o último quartel do século XIX, o Brasil passava por diversas transformações políticas e estruturais. Em decorrência, especialmente, da vitória na Guerra do Paraguai, o país vivenciava uma atmosfera marcada por um sentimento de confiança. Os anos de 1870 marcaram, no cenário curitibano, o início do desenvolvimento em diversas áreas, em especial a construção da ferrovia Paranaguá-Curitiba. Foi um fato notável no período, pois possibilitava o melhoramento da comunicação entre as províncias e a impulsão de exportações da erva-mate.

O deputado Antonio Augusto Covello, em discurso proferido na Câmara Estadual de São Paulo, no dia 03 de setembro de 1927, relembrou que:

> Dentre as manifestações de atividade que mais insistentemente solicitam a atenção dos poderes públicos, a que se referia ás vias de comunicação entre as diferentes partes do extenso território nacional era a que despertava os maiores cuidados, sugerindo a todos o sincero desejo de colaborar na solução desse momentoso problema, a que se achava então como se acha hoje, ligado o nosso desenvolvimento militar, político e econômico. (COVELLO, 1935, p. 181).

Em virtude da falta de informações adicionais sobre as motivações da vinda de Léon Nicolas para Curitiba, não é possível afirmar se há uma relação específica com a construção da estrada de ferro. No entanto a edificação da ferrovia, o auge da produção de erva-mate e o impulso dado pelos governantes à imigração coincidem com o período de chegada do pai de Nicolas às terras paranaenses.

Conforme o censo de 1872, o Paraná contava com uma população de 126.722 pessoas. Já em 1890, essa população estava na cifra de 249.491 moradores, ou seja, em cerca de 20 anos o estado praticamente dobrou seu número de habitantes. A melhoria na infraestrutura e a crescente população fizeram a economia do estado ser impulsionada nos fins do século XIX. Esses fatores propiciaram a integração do Paraná às demais províncias, uma vez que, até então, seu principal produto de exportação era encaminhado para os países do sul, como a Argentina e o Uruguai:

> A Estrada de ferro prestes a ficar concluída, facilitará a exportação de pinho e do mate; mas se a esse dous elementos de nossa riqueza não oferecerem outros mercados, a indústria respectiva não corresponderá ás esperanças despertadas por aquelle melhoramento. (JORNAL DO COMMERCIO, 1884[a], p. 1).

O progresso aludido pela construção da estrada era celebrado pelos jornais da época. O evento da chegada dos primeiros trilhos na cidade de Curitiba, em dia típico curitibano, marcado por chuvas torrenciais, foi comemorado em 19 de dezembro de 1884:

> As vantagens que afere o commercio com o estabelecimento da viação acelerada são tantas, e de tão alta monta, que no acontecimento de hontem vio essa classe o despontar de melhores dias e o prenuncio seguro da prosperidade da província. A data auspiciosa, que hontem foi rememorada, não assignala somente um incidente comum na vida dos povos: lembrará também dóra em diante a inclusão do Paraná na lista das províncias adiantadas e progressistas. (JORNAL DO COMMERCIO, 1884b, p. 4).

A empresa responsável pelos trabalhos da construção da ferrovia Paranaguá-Curitiba era francesa, chamada Compagnie Générale des Chemins de fer Brésiliens (Companhia Geral de Ferrovias Brasileiras).[4] Para realizar os trabalhos no Brasil, essa companhia recebeu autorização pelo

---

[4] A primeira concessão para a construção da E.F. do Paraná foi feita por decreto imperial datado de 10 de janeiro de 1871, que autorizava os engenheiros Antônio Pereira Rebouças Filho, Francisco Antônio Monteiro Tourinho e Mauricio Schwarz a organizarem uma companhia com a finalidade de lançar uma via férrea econômica do porto de Antonina à cidade de Curitiba. [...] Em 1875, organizou-se a Companhia Estrada de Ferro do Paraná, que transferiu, em 1879, a sua concessão para construção dessa ferrovia à Compagnie Générlae de Chemins de Fer Brésiliens (VIEIRA, 1949).

Decreto n.º 7.886, de 9 de novembro de 1880. Na época, João Teixeira Soares[5] (1848-1927) foi o engenheiro responsável pelos trabalhos da ferrovia.

Após o término dos trabalhos na ferrovia, segundo Maria Nicolas (1974), seu pai foi trabalhar com o pintor Antonio Mariano de Lima (1858-1942)[6] na decoração do Teatro São Theodoro, oficialmente inaugurado em 24 de setembro de 1884.

No relatório do secretário de governo, do ano de 1895, consta um pequeno histórico da construção do Teatro São Theodoro. Sua origem remonta à lei de 30 de março de 1871, que concedeu, pelo governo provincial, um terreno à Sociedade Teatral Beneficente – União Curitybana, com fins de construção do primeiro teatro na cidade de Curitiba. Em 15 de agosto de 1880, após dificuldades orçamentárias, a presente associação cedeu os direitos sobre o inacabado edifício ao governo para conclusão de suas obras. Em 1º de agosto de 1883, o capitão Damaso Corrêa Bittencourt, por meio de um contrato com o governo, assumiu a decoração do teatro e a fruição de suas instalações pelo prazo de 15 anos (MUNHOZ, 1895, p. 35). Foi nessa gestão que o pintor Antonio Mariano e seu ajudante, o pai de Nicolas, foram contratados para execução dos trabalhos de decoração.

O Teatro São Theodoro foi fechado após ser desviado de suas funções culturais, durante a Revolução Federalista (1893-1895). Até o ano de 1900, as atividades teatrais ocorriam no Teatro Hauer, local em que Léon Nicolas também atuou como funcionário. Após ser reformado, o Teatro São Theodoro, sob o título de Teatro Guaíra, na época com "Y", foi reinaugurado em 3 de novembro de 1900 (DICIONÁRIO HISTÓRICO-BIOGRÁFICO DO PARANÁ, 1991).

Pela descrição de Nicolas, cerca de um ano antes da inauguração do Teatro Guaíra, ou seja, no período em que se encontrava sob reforma, Léon Nicolas passou a ser funcionário novamente da casa teatral e sua família foi residir no porão do local. Maria Nicolas conta que

---

[5] João Teixeira Soares (1848 - 1927) nasceu em Formiga (Minas Gerais). Além da execução dos trabalhos na Estrada de Ferro Curitiba - Paranaguá, atuou na Estrada de Ferro D. Pedro II (atual Central do Brasil) como diretor da Estrada de Ferro Cantagalo. Foi um dos construtores da ligação ferroviária do Corcovado e dirigiu os trabalhos das linhas São Paulo - Rio Grande do Sul. Ocupou posições de destaque na direção de numerosas empresas financeiras, dentre as quais o Credit Foncier du Brèsil e o Conselho Local do Banco Italiano e Francês para a América do Sul. Criou a empresa Compagnie Chémins de Fer Sud - Ouest Brésiliens, que se configurou como maior estabelecimento de produção de material ferroviário da América do Sul (COVELLO, 1935).

[6] Mais informações sobre Antônio Mariano de Lima estão dispostas na dissertação de mestrado da Linha de História e Historiografia da Educação, intitulada: *Escola de Belas Artes e indústrias do Paraná*: o projeto de ensino de artes e ofícios de Antônio Mariano de Lima - Curitiba, 1886-1902, de autoria de Luciana Wolff Apolloni Santana (2004).

> [...] Guayra, para onde eu vim com três meses e meio, só saindo definitivamente aos 36 anos, depois de meu pai aposentado e o teatro foi condenado. Aí me casei. aí tive dois filhos. Desde os 2 anos e meio assisti apresentações teatrais; na coxia do teatro, sentada ao lado de meu pai que era quem subia e descia o pano de boca, além de executar os demais afazeres. Ele era o que se chama "sete ofícios". (NICOLAS, [19--]b, p. 59).

Nas palavras de Maria Nicolas, "o Leãozinho, como [seu pai] era conhecido, dedicou sua vida a essa casa de diversão [Teatro Guaíra], não poupando esforços no sentido de trazê-la muito bem cuidada. Dispensava-lhe 'amor de filho'" (NICOLAS, 1974, p. 276). Nicolas ainda afirma que foi com Mariano de Lima que seu pai aprendeu cenografia. Além de cenógrafo, ele era responsável por todas as demandas necessárias à realização dos espetáculos teatrais:

> Voltando ao "Guayra", lembro-me que fora construída por uma sociedade teatral de amadores, cujo terreno fora doado por Antonio Correia Bittencourt[7] e o seu primitivo nome era "São Theodoro". Com o advento da república passou a "Teatro Guayra", entregue ao Governo do Estado por dificuldades financeiras da sociedade. Seu decorador fora o pintor Antonio Mariano de Lima que tomou meu saudoso pai para seu auxiliar-aluno. Firmaram sólida amizade. Papai o acompanhou na fundação da Escola de "Desenho, Artes e Ofício", executando várias tarefas, devido a dificuldade financeira, inclusive de acompanhante dos jovens alunos aos lares, depois do término das aulas noturnas, quando não tinham quem as acompanhassem. Mas, inteligente e dotado de grande força de vontade, aproveitava os instantes de folga, aplicando-se ao Desenho. Com ele aprendi a combinação das cores e noções de perspectiva. (NICOLAS, [19--]a, p. 18-19).

Não foi possível constatar se a ligação entre Mariano de Lima e Léon Nicolas ocorreu antes da vinda deles a Curitiba, no entanto é possível verificar pelo relato anteriormente apresentado que, nas terras paranaenses, eles firmaram amizade e uma parceria profissional, tanto no Teatro São Theodoro quanto na escola criada por Mariano de Lima.

O amigo e colega de trabalho do pai de Maria Nicolas, Antônio Mariano de Lima (1858-1942), nasceu em Portugal e chegou ao Brasil na cidade do Rio de Janeiro, em 1882. Por meio de uma solicitação do presidente da Província

---

[7] Supõe-se que, pela semelhança do sobrenome, Antonio Correia Bittencourt seria parente do futuro administrador do Teatro São Theodoro, Damaso Correia Bittencourt.

do Paraná para execução da decoração do Teatro São Theodoro, Mariano de Lima mudou-se para Curitiba em 1884 e realizou a obra no Teatro até 1885. No ano seguinte, Mariano de Lima iniciou a organização dos trabalhos da Escola de Desenho e Pintura, inaugurada em 6 de janeiro de 1887. Essa instituição foi dirigida por Mariano de Lima até o ano de 1902. Após, sua ex-aluna e esposa, Maria da Conceição Aguiar Lima, assumiu a direção da escola, e Mariano de Lima mudou-se para Manaus, no Amazonas (SANTANA, 2004).

Ainda sobre o Teatro São Theodoro, Nicolas, possivelmente, ao ouvir histórias de seus familiares sobre a mudança para o referido espaço, registrou em seu diário que, durante a Revolução Federalista (1893-1895),[8] o teatro contava com iluminação a querosene e, na ocasião desse episódio histórico, fora transformado em um local de reclusão aos presos políticos. Após o término do conflito, com o intuito de revitalizá-lo, cuidar das instalações e retomar as atividades teatrais, a família Nicolas, ao final do ano de 1899, mudou-se para lá.

O teatro localizava-se onde hoje está situada a Biblioteca Pública do Paraná, ou mais precisamente, nas palavras de Nicolas: "O saudoso teatro ficava na quadra entre as ruas Candido Lopes e 15 de Novembro, vizinho da Primeira Casa Legislativa do Paraná" (NICOLAS, [19--]a, p. 1).

Em virtude dos atos de violência ocorridos durante o período revolucionário, culminando com a execução de vários curitibanos, e de ter sido um local de reclusão aos presos políticos, Nicolas narrou que houve tensão quanto à decisão da família em mudar-se para as instalações do Teatro São Theodoro:

> Minha mãe, medrosa, relutou em concordar com tal medida, pois achava que no porão sob o palco uns montes de terra seriam sepulturas e ela, vinda do interior, acreditava em almas penadas. Meu pai trabalhava à noite no Teatro Hauer e como a decisão de minha mãe era não morar na "fúnebre" moradia, ele se deu o trabalho de desbastar todos os montes de terra, mostrando ali não haver ossada humana alguma. Porém, antes de ela enfrentar os buracos abertos, fez um irmão meu enfrentá-los. Este afirmou que só havia terra. Ciente dessa verdade, aceitou mudar-se para o teatro. Daí por diante viveu sem jamais ouvir um barulho estranho sequer e,

---

[8] "Os conflitos da Revolta Federalista ocorreram entre 1893 e 1895. O movimento de contestação do modelo republicano centralizador teve estopim no Rio Grande do Sul, quando da disputa entre os apoiadores de Júlio de Castilhos e os de Gaspar Silveira Martins. Ganhou força com as insatisfações causadas pelo governo de Floriano Peixoto, que levaram igualmente à Revolta da Armada (1893-1894), liderada pelo Almirante Custódio de Mello. Estavam em disputa diferentes projetos de nação" (CAMARGO JÚNIOR, 2018, p. 65).

> nós seus filhos, muito brincamos no porão do então Teatro Guaíra. (NICOLAS, 1978, p. 45).

Depois de passados os momentos tensos da mudança para o Teatro São Theodoro/Guaíra, Nicolas, que ainda era um bebê de colo, cresceu nesse espaço em meio à arte teatral. Enquanto seu pai trabalhava nas coxias da edificação, a pequena menina assistia a ensaios das encenações e passava a apreciar as apresentações realizadas no local.

> Dentre as diversas modalidades de apresentações a que mais gostava e hoje sinto muita saudade eram Ofélia e a opereta, não só pela parte musical como pelos cenários e vestuários. Ás vezes me ponho a imaginar sentada num banco junto ao regulador e às cordas do pano de boca! Será que ainda assistirei uma Aída? Bohemia? Tosca, Traviata ou Adio Giovinezza, [...], Bocage? Scugnizza? Não sei não! Creio que jamais! Infelizmente para tristeza minha. (NICOLAS, [19--], p. 19-20).

Em vários episódios da vida de Maria Nicolas é perceptível essa ligação forte com a produção de peças teatrais. Em 1972, ao assumir a cadeira n.º 24 da Academia Feminina de Letras do Paraná, realizou o lançamento de um livro específico do gênero teatral, intitulado *Teatro infantil*. Ela conta que sua produção literária origina-se da relação paterna:

> Da falta de literatura teatral adequada à infancia, no tempo em que lecionei no interior, resultou a obra em questão. [Teatro Infantil] [...], já então, no último ano da Escola Normal encenei a peça "O Mulgre" por mim escrita, ensaiada e dirigida, com palco e cenários feitos por meu pai no próprio Guaira, onde morávamos. (NICOLAS, 1984, p. 9).

Ao tornar-se professora, o repertório cultural de Nicolas passa a fazer parte de sua ação docente. Ao longo de sua carreira, o gênero teatral permeou seus métodos de ensino, fazendo parte de sua prática pedagógica. Em publicações de periódicos, é possível colher fragmentos de alguns momentos em que as atividades teatrais fizeram parte de suas ações enquanto professora. Foi o caso quando Nicolas lecionava na cidade de São Mateus do Sul,[9] em 1921. O momento festivo prestava uma homenagem a Cristóvão Colombo, em comemoração ao dia do "descobrimento" da América, 12 de outubro. Assim:

> Realizou-se no dia 12 do corrente uma festa escolar preparada pelas distinctas professoras normalistas d. d. Donatilla B.

---
[9] São Mateus do Sul, cidade localizada a 157 km de Curitiba - PR. Na época, o município era denominado de São Matheus.

Tavares e Maria Nicolas Zotto.[10] O desempenho das creanças, foi admirável, demonstrando a competência e o carinho de tão dedicadas professoras. O theatro estava replecto. Todos ficaram satisfeitos com a justa homenagem que desse modo fora prestada ao heroico genovez Christovam Colombo. (A REPÚBLICA, 1921, p. 2).

O evento, organizado pelas professoras Maria Nicolas e Donatilla B. Tavares, na época, foi elogiado com uma nota publicada em um periódico jornalístico de Curitiba, o que demonstra certa importância em sua realização. Na notícia é mencionado que a festa contou com a encenação de uma peça teatral, possivelmente escrita por Nicolas, e com declamação de poemas (A REPUBLICA, 1921).

Figura 3 – Homenagem a Cristóvão Colombo

Fonte: Arquivo familiar pertencente a Antonio Carlos Zotto

---

[10] Maria Nicolas Zotto corresponde ao sobrenome de casada. Seu esposo era o ferroviário Domingos Zotto (1901-1943). Após casar-se, em 3 de setembro de 1921, Maria Nicolas e Domingos Zotto foram morar em São Mateus em virtude do emprego de seu esposo. No entanto, ao final de 1921, pela falta de trabalho ferroviário naquela localidade, eles retornaram a Curitiba. Pela correlação de datas, presume-se que o casal tenha se separado entre 1927 e 1929, contudo não foi possível localizar a data exata de tal fato (NICOLAS, [19--]b).

Na Figura 3, tirada no dia do evento, é possível observar que as/os estudantes apresentam-se uniformizadas/os, no estilo "marinheiro". Possivelmente, não era a roupa que usavam no dia a dia, estavam vestidas/os assim apenas por ser um dia festivo, o que exigia um traje diferenciado, pela homenagem ao marinheiro Cristóvão Colombo.

Em primeiro plano estão as/os estudantes, em forma de pose, enfileiradas/os de frente e em pé. Há uma divisão na disposição das/os estudantes segundo a idade cronológica, sendo que, de um lado, estão as/os alunas/os mais velhas/os e, do outro lado, as/os de menor idade. Em seu conjunto de alunas/os, a maioria compõe-se por meninas, no entanto há meninos também entre o grupo analisado.

Na imagem, as professoras estão no segundo plano da fotografia, em uma escada, junto à imagem de Cristóvão Colombo e de uma pequena bandeira da Itália, ladeada pela bandeira do Brasil e por flores. Por fim, observa-se, no último plano da imagem, a fachada de uma construção em madeira. Todavia não é possível afirmar se o local corresponde à escola ou ao teatro onde ocorreram as comemorações.

Diferentemente do pai de Maria Nicolas, há poucos registros que mencionam a história familiar de Josepha. Sobre o local de seu nascimento, da mesma forma que ocorrem divergências de informações em relação ao seu nome,[11] também há nesse quesito. Em seus diários, Nicolas relata que sua mãe veio do "sertão paranaense"; leia-se região correspondente a alguma localidade distante da capital e do litoral do Paraná. Sabe-se que o registro de nascimento era precário no Brasil do século XIX e início do XX; em muitos casos, era inexistente. Em diversas situações, o registro ocorria somente na pia batismal da Igreja Católica. Não foram encontradas fontes pessoais da genitora de Maria Nicolas que determinassem a exatidão de seu nome.

O nome demarca diversos aspectos na constituição identitária da pessoa. Pela observância do sobrenome, explicita-se as origens social e a familiar. Além disso, o nome de Josepha, pós-matrimônio com o imigrante francês, expõe uma configuração social caracterizada pela união entre o europeu e o/a descendente afro-brasileira e seus processos de branqueamento nas terras brasileiras.

---

[11] Sobre a mãe de Maria Nicolas há divergências na escrita de seu prenome e do seu sobrenome. Nos materiais pesquisados há fontes que a mencionam como: Josepha Maria Thomasia (diploma de pedagogia de Maria Nicolas e ficha da Biblioteca pública do Paraná), Josepha Maria Nicolas (Livro *Pioneiras do Paraná* e certidão de óbito de Maria Nicolas), Josephina Maria Nicolas (certidão de casamento de Maria Nicolas), Maria Josefa Nicolas (certidão de óbito de João Nicolas) e Josepha Costa Nicolas (certidão de nascimento de Thereza Nicolas).

Na certidão de nascimento de Maria Nicolas consta a citação de que Josepha nasceu "nesta localidade", ou seja, na cidade de Curitiba, pois é o local do assento do registro. Já na certidão de óbito de João Nicolas consta que Josepha era natural de São Paulo - SP. Sobre a data de nascimento de Josepha Nicolas, pela ausência de fontes, não se sabe com exatidão. No entanto supõe-se que nasceu durante as últimas décadas do século XIX. O contexto histórico do nascimento de Josepha corresponde a um período de significativas mudanças no quadro social do Brasil. Momento que coincide com o período final escravocrata, com a crescente libertação das pessoas escravizadas, seja pelas estratégias de resistência pessoal ou pela promulgação de dispositivos legais, como a Lei do Ventre Livre (Lei n.º 2.040, de 28 de setembro de 1871).

Segundo o relato de Maria Nicolas, sua mãe era austera na educação dos filhos. Em um episódio de sua infância, Nicolas foi desafiada pelas amigas a furtar uma fruta de um vizinho. Em virtude da preocupação com as sanções maternas e as advindas de sua professora, na época, Julia Wanderley (1874-1918), ela recusou a brincadeira e exprimiu: "Acrescentei às colegas: se fosse descoberta roubando, além do castigo que Dona Julia me infringiria mamãe também me castigaria com vara de marmelo sapecada. Mamãe era muito severa. Não desculpava erros dos filhos" (NICOLAS, [19--]a, p. 32-33).

Apesar das preocupações com as reações da sua mãe e da professora, em suas memórias, Nicolas, em outro episódio, agiu diferente. Ela conta que novamente foi desafiada pelos amigos a perguntar para um de seus vizinhos se era verdade que ele era um "velho ranzinza". Por algum motivo, talvez por prever que não era algo tão grave quanto o "roubo", ou na busca de uma superação pessoal de sua timidez, Nicolas aceitou o desafio. No entanto, preocupada com alguma medida punitiva de seu ato e com temor de que fosse reconhecida, após o feito não esperou pelo desfecho da peraltice; em virtude de seu medo, saiu correndo:

> [...] quando ele investiu criei "asa" dobrando a esquina. Não sei de sua atitude porque não me virei para traz a fim de não ser identificada como aluna do Tiradentes, senão seriam duas juízas severas a me julgar. Dona Julia e minha mãe. Felizmente o caso ficou entre mim e as colegas que apostaram que eu não teria coragem para aquela brincadeira irreverente. Mas, provei que tinha. (NICOLAS, [19--]a, p. 30-31).

Antonio Nicolas,[12] em uma entrevista concedida a sua neta, Nicole Louise Capote Nicolas, para realização do seu trabalho de conclusão de curso, nível graduação, fez o seguinte relato sobre as origens familiares de Josepha, sua avó: "Sua mãe era negra e trabalhava como dona de casa fritando pastéis para fora, tendo a ajuda dos filhos para vendê-los. Josepha não tinha estudos, mas fez questão de que os filhos tivessem uma boa formação" (NICOLAS, 2013, p. 34). O relato permite inferir que a condição modesta da família, em especial da mãe, que tinha o estigma da cor e de sua origem social, fazia com que ela se preocupasse com o futuro das/os filhas/os.

Além do esmero com a formação escolar das/os filhas/os, a mãe de Maria Nicolas mostrava-se igualmente diligente em relação às amizades de sua progenitura, pois, nas palavras de Nicolas:

> [...] minha mãe vinda do nordeste paranaense então, sertão, sem civilização, achava que eu e meus irmãos deveríamos só frequentar casas de pessoas que nos pudessem ensinar a vivência que ela não conheceu até atingir a mocidade (NICOLAS, [19--]b, p. 43).

Em um contexto no qual a maioria da população brasileira não era alfabetizada, esse relato permite ponderar que, mesmo que Josepha tivesse um repertório cultural reduzido, sua preocupação com o acesso à educação formal das/os filhas/os, bem como do contato com pessoas que favorecessem o desenvolvimento cultural delas/es, demonstra que ela tinha um projeto em comum ao pai de Nicolas, no sentido de ambos, cada um a seu modo, propiciarem oportunidades favoráveis de ascensão cultural aos filhos, especialmente pela valorização da educação escolar.

Isso significa que de modo progressivo, as escolhas futuras dos filhos são ocasionadas pela influência da ação paterna, ou seja, a partir de uma determinada realidade (condições objetivas ou estruturais). Nesse sentido, quando os pais delimitam qual escola o filho frequentará, com quais pessoas irão interagir, quais bens culturais irão usufruir, dentre outros aspectos, eles explicitam suas aspirações, seu *ethos* familiar. Essas seleções realizadas pelos genitores a partir da visualização prévia dos caminhos necessários a serem percorridos e das chances possíveis para atingirem um determinado objetivo, influem na identidade de seus sucessores, em suas "esperanças subjetivas",

---

[12] Antonio Nicolas é o filho caçula de João Nicolas, irmão de Maria Nicolas. Nicole Louise Capote Nicolas é bisneta de João Nicolas.

as quais, somadas às experiências escolares, abalizam uma vocação ou uma aptidão tida como "natural" (BOURDIEU, 2003).

Maria Nicolas, antes de iniciar sua atividade docente, em 1917, conforme citado, passou a infância nas coxias do Teatro Guaíra. Enquanto criança era distinguida como a "Maria do teatro" ou a "Maria da Nha Josepha". Nicolas recebia esses cognomes por causa de seu local de moradia, assim como pela proximidade dos traços fenotípicos de sua mãe, características determinantes ao longo de toda sua vida.

Em síntese, percebe-se que o casal Léon e Josepha prezavam pelo desenvolvimento das/os filhas/os e que a educação transmitida por eles tinha a rigidez e o cultivo dos padrões educacionais da época. Ainda, que os pais incutiam aspirações às/aos filhas/os para progredirem socialmente pelo acesso à formação escolar, pelas amizades cultivadas ou por meio da ampliação de seu repertório cultural, como relata Nicolas acerca de que seu pai: "frequentava leilões, reunindo belo acervo, usado na ornamentação das cenas, trabalho de contrarregra. Possuía boa biblioteca e uma coleção vasta de grandes quadros brasileiros ou não, verdadeira mini pinacoteca" (NICOLAS, 1974, p. 277).

Esse acervo realizado pelo pai permite distinguir capital cultural em seu estado incorporado e objetivado; este último significa as propriedades materiais de que cada família dispõe – por exemplo, a biblioteca e a coleção de obras de arte do Sr. Leon Nicolas. Em sua materialidade, é transmissível aos filhos, no entanto não necessariamente os herdeiros, ao recebê-lo, adquirem simultaneamente a apropriação simbólica que pressupõe a compreensão de seu significado, pois "a obra de arte só adquire sentido e só tem interesse para quem é dotado do código segundo o qual ela é codificada" (BOURDIEU, 2013, p. 10).[13] Para tal, é preciso a obtenção pregressa do capital cultural incorporado, o que "[...] pressupõe um trabalho de inculcação e de assimilação, *custa tempo* que deve ser investido *pessoalmente* pelo investidor (tal como o bronzeamento, essa incorporação não pode efetuar-se *por procuração*)" (BOURDIEU, 2017, p. 82, grifo do autor). No caso da família Nicolas, acredita-se que esse processo ocorria de modo simultâneo, seu pai lhe transmitia ambos os capitais e os filhos se predispunham na assimilação dos mesmos.

---

[13] Bourdieu (2013) explica que essa decifração do código consiste em passar de uma "percepção da camada primária dos sentidos" para a "camada dos sentidos secundários", ou seja, o entendimento dos significados da obra (BOURDIEU, 2013, p. 10).

Dito isso, infere-se que, por meio da educação transmitida pela mãe e pelo pai e das experiências no Teatro Guaíra, as/os filhas/os do casal Nicolas, cada uma/um em sua singularidade, incorporavam, de maneira dissimulada e inconsciente, o capital cultural que influenciaria as tomadas de decisões em suas vidas, desenvolvendo, assim, habilidades que se tornariam parte constitutiva de cada membro da família, pois a acumulação de práticas e aquisição de bens culturais configura-se como "[…] um ter que se tornou ser, uma propriedade que se fez corpo e tornou-se parte integrante da 'pessoa', um *habitus*" (BOURDIEU, 2017, p. 83, grifo do autor).

Por isso, de forma sintética, será feita uma explanação de algumas passagens ocorridas na trajetória da irmã e dos irmãos de Maria Nicolas. Essa exposição visa compreender o projeto educacional da família nuclear de Nicolas. Ainda, intenta observar as semelhanças e as diferenças nas escolhas realizadas pela/os filha/os da família Nicolas, no sentido de uma análise sociológica de suas relações e atuações no contexto em que viviam. Os irmãos e a irmã serão apresentados pela ordem cronológica de nascimento. Será enfatizado especialmente o desempenho de Thereza Nicolas, a irmã caçula que, pela sua atuação como professora primária, tem uma trajetória que se assemelha à de Nicolas, bem como, pela disponibilidade maior no número de fontes, por ser funcionária pública.

1.2 SEGUNDO ATO: SEMELHANÇAS E DIFERENÇAS ENTRE OS IRMÃOS NICOLAS

Figura 4 – Irmãos Nicolas

Fonte: acervo familiar pertencente a Antonio Carlos Zotto

Na Figura 4, a imagem mostra, da esquerda para a direita, Thereza Nicolas (1901-1997), Maria Nicolas (1899-1988), Paulo Léon Nicolas (1894-1938) e João Nicolas (1896-1974). O documento iconográfico não possui data, mas, pela aparente idade de Maria Nicolas, é possível prever que o retrato foi feito no final da primeira década do século XX.

Sobre a composição da fotografia, percebe-se que há uma distribuição hierárquica na organização espacial do retrato. Em formato de pose, o irmão mais velho (Paulo) está sentado, enquanto os mais novos estão em pé. Ocorre, igualmente, nos quadrantes da foto, a separação entre meninas e meninos e o ambiente denota um estúdio fotográfico. As meninas apresentam trajes muito parecidos entre elas: usam vestidos, laços no cabelo e correntinha, não sendo possível detectar se há alguma conotação religiosa. Os meninos apresentam traje formal, parecido com vestuário de adultos, caracterizado pelo uso de terno e gravata.

Sobre o irmão mais velho, Paulo Léon Nicolas que, na imagem, aparece sentado, em 1905 estudava na Escola Republicana[14] (A NOTÍCIA, 1905). Segundo consta, Paulo, ao realizar as provas finais de 1º grau, em 1905, e de 2º grau, em 1907, obteve um bom rendimento escolar, enquadrando-se na categoria "aprovado com distinção" em ambas as situações. Na ocasião da realização do segundo exame, em uma notícia veiculada em um periódico da época, menciona-se que os estudantes aprovados com distinção foram agraciados com diversos prêmios, tais como tinteiros e livros (A REPUBLICA, 1907, p. 1).

O efeito do resultado do exame realizado por Paulo ratifica sua disposição culta, adquirida no seio familiar. A organização dos regimentos e regulamentos escolares permite a reflexão ensejada por Bourdieu (2013) sobre a contribuição da escola para a "reprodução social". A "imposição de títulos" e o "efeito da atribuição estatutária" destes promovem aos estudantes o "enobrecimento" pelo bom resultado adquirido ou o fracasso e a estigmatização pelo seu oposto (BOURDIEU 2013, p. 27).

Na época, o Regimento das Escolas Públicas do Paraná, em vigor pelo Decreto n.º 264, de 22 de outubro de 1903, estabelecia a divisão do ensino primário em dois graus, subdivididos em duas séries:

---

[14] Estabelecimento de ensino particular criado em 1904, dirigido por Fernando Augusto Moreira (1867-1949) e sua esposa Rita Estrella Moreira (1869-1952). Nessa escola, em 1906, Maria Nicolas igualmente iniciou seus estudos primários.

Figura 5 – Organização do ensino primário

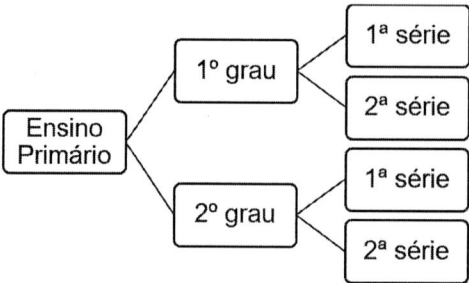

Fonte: elaborada pela autora com base no Decreto n.º 264, de 22 de outubro de 1903

No decreto citado, os exames eram realizados ao final da 2ª série de cada grau. O exame final do 1º grau habilitava a/o estudante ao 2º grau, e o desse grau de ensino qualificava a/o aluna/o a frequentar a Escola Normal sem a necessidade da realização do exame admissional. Os exames eram agendados pelos inspetores escolares, que definiam uma comissão julgadora composta por dois convidados para avaliação das/os alunas/os.

Os exames aconteciam durante o mês de novembro, em todas as escolas públicas do estado. Na ocasião havia sempre a presença do inspetor escolar e, além dos exames finais, existiam, igualmente, os parciais, que se constituíam pelos conteúdos ministrados na 1ª série de cada grau.

Assim, após a realização das provas escrita e oral, consoante às normas estabelecidas pelo regimento escolar em vigor, os estudantes eram classificados de acordo com as regras a seguir:

> Art. 52. O julgamento, que deverá ser secreto, será consignado detalhadamente, por matéria, na prova escripta, e regulado do modo seguinte: será approvado com distincção o alumno que obtiver a totalidade de notas optimas; plenamente o que obtiver a maioria de notas optimas ou a totalidade de boas; approvado simplesmente o que tiver a maioria de notas boas, sem nenhuma nota má; reprovado o que tiver a maioria de notas sofríveis ou notas más. (PARANÁ 1903, p. 52).

As classificações exaradas no artigo 52 produzem uma hierarquia dentro do espaço escolar, uma distinção entre as/os alunas/os, o que reflete a hierarquia existente no espaço social entre aqueles que são detentores de capital cultural e os que não são. Em geral, essa diferenciação inicia-se no ambiente familiar, tem sua continuidade nos espaços de participação cultural e é legitimada pelo espaço escolar por meio de certificados e seus apanágios.

Sobre como ocorriam os exames escolares finais nas instituições escolares, a então estudante Annette Clotilde Portugal de Macedo (1894-1963)[15] registrou suas memórias acerca desse momento, na ocasião em que estudava no Colégio Santos Dumont, em 1907. Sua narrativa permite observar, de modo prático, como era a arguição realizada pelos dirigentes educacionais, sejam inspetores ou, no caso apresentado, os lentes da Escola Normal, às/aos estudantes ao final do ano letivo. Annette Macedo relembrou que:

> No fim do ano, para dar mais realce e um certo rigor ás provas, foram convidados lentes da Escola Normal para examinar: Álvaro Jorge, Conego Braga e Sebastião Paraná.
> I – Fui arguida primeiro pelo Dr. Alvaro Jorge, sobre matemática. Resolvi vários problemas. Pretendeu me embrulhar, mandando escrever um milhão e um. Raciocinei e escrevi de traz para diante [...]. O Dr. Alvaro mandou-me ainda traçar uma circunferência quadrada. Declarei que era impossível. E seguiu-se a arguição do Conego Braga. Fez-me perguntas, sobre verbos irregulares, e aplicação do pronome se como sujeito. Respondi atrapalhada e com grande dificuldade, por não constar isso do programa da 3.ª série do curso primário. Para terminar ordena: Escreva depressa: "Já sinto, que Jacinto traz Jacinto". Depois de rápida reflexão disse: Já sinto é do verbo sentir. Não sei bem se posso dizer, sinto que sinto. Já sinto que já sinto... O resto não entendo. Riu-se o Padre Vitorioso. Fiquei muito perturbada e quase chorei. Riram-se todos, menos o Dr. Sebastião. Bondosamente, me deu a explicação de toda a frase, gracejando, chamou o padre de perverso. O Padre procurou depois me agradar.
> Fui em seguida examinada pelo Dr. Sebastião Paraná. Carinhosamente, com habilidade, fez-me perguntas sobre geografia e H. do Brasil. Recuperei a calma. Respondi perfeitamente bem. (MACEDO, 1952, p. 226).

Em 1908, Paulo Léon Nicolas trilhou a carreira docente, iniciando seus estudos na Escola Normal (A REPUBLICA, 1908). Seu percurso como estudante normalista não foi próspero, pois as atas de exames da Escola Normal indicam várias reprovações nos testes orais realizados, assim como o resultado de inabilitado para as provas escritas nas matérias correspondentes aos exames realizados.

---

[15] Annette Macedo era filha de Dr. Francisco Ribeiro de Azevedo e de D. Clotilde Portugal de Macedo. Diplomou-se normalista em 1911. Inicialmente, foi professora da escola isolada "Retiro Saudoso", atualmente bairro de Santa Quitéria. Foi diretora do Grupo Escolar Rio Branco e da Escola de Prática Pedagógica anexa à Escola Normal, e diretora da Escola Maternal, anexa à Sociedade de Socorro aos Necessitados. Também atuou como professora da Escola Normal e ocupou a cadeira n.º 24 da Academia Feminina de Letras do Paraná (NICOLAS, 1977).

O Quadro 1 demonstra o desempenho de Paulo para conseguir concluir seus estudos de normalista. Apresenta a matrícula inicial, em 1908, e a sua trajetória de reprovações, especialmente quando era secundarista.

Quadro 1 – Percurso de Paulo Leon Nicolas na Escola Normal

Ano letivo	Ano escolar	Observações
1908	1º ano	Matrícula inicial
1909	2º ano	Secundarista
1910	2º ano	Matrícula em todas as matérias menos Português
1911	2º ano	Matrícula em todas as matérias menos Português e Geografia
1912	2º ano	Não foram encontradas observações.
1913	2º ano	Matrícula somente em Francês e Geografia
1913	3º ano	Aluno ouvinte
1914	2º ano	Matrícula em Geometria e Geografia
1914	3º ano	Não foram encontradas observações.

Fonte: atas de exames da Escola Normal – 1908 a 1914

Observa-se, no Quadro 1, que Paulo, após o segundo ano da Escola Normal, obteve sucessivas reprovações nos exames finais realizados, sendo necessário cursar novamente as matérias no ano seguinte. Assim, em 1909, quando inicia o 2º ano da Escola Normal, depreende-se que, ao longo do ano letivo, foi aprovado somente em Português, por isso, em 1910, com exceção dessa matéria, foi necessário refazer todas as demais do 2º ano. Em 1913, iniciou como aluno ouvinte do 3º ano, contudo ainda não tinha concluído as matérias de Francês e Geografia do ano anterior. Assim, como em 1914, ainda não tinha conseguido concluir todas as matérias do 3º ano e matriculou-se nas matérias de Geometria e Geografia do 2º ano.

Após um período de sete anos de estudos, de acordo com as fontes existentes, não foi possível saber se Paulo Leon Nicolas concluiu seus estudos na Escola Normal de Curitiba.

Durante seu percurso na Escola Normal, Paulo Nicolas vivenciou os conflitos existentes entre a Igreja Católica e os anticlericais. Junto a outros estudantes, ele foi signatário de um protesto publicado no jornal *Diario da Tarde*,[16] no qual expunha o embate entre o monsenhor Alberto Gonçalves e o professor da Escola Normal, Emiliano Pernetta. Os estudantes declararam no protesto publicado:

> Nada se impõe mais ao nosso dever do que protestarmos espontânea e veementemente contra a calumnia que o sr, monsenhor Alberto Gonçalves atirou ao sr. Dr. Emiliano Pernetta, no artigo em que disse ter este nosso ilustre e querido Lente de portuguez transformado sua cadeira em tribuna de difamação contra religiões.
>
> E´ falsidade contra a qual nós alunos da Escola normal, protestamos com o único fim de restabelecimento da verdade e cremos que ninguém melhor do que nós está informado da conducta, em aula, do ilustre e respeitável Lente de portuguez, dr. Emiliano Pernetta. (DIARIO DA TARDE, 1908, p. 2).

Sobre as atividades profissionais de Paulo Nicolas no magistério público ou particular paranaense, não há fontes suficientes que permitem fazer uma descrição de suas atividades laborais. Apenas encontrei um requerimento de 20 de janeiro de 1919, que cita o nome de Paulo Nicolas. No documento, o professor Jocelyn de Souza Wanderlei solicitou ao governador do estado um ano de licença de suas atividades docentes, em uma escola que atendia somente meninos, na localidade de Quatro Barras. O professor Jocelyn indica, no requerimento, o nome de Paulo Nicolas para substituí-lo. O despacho de tal solicitação indica que não havia oposição para que Paulo assumisse as aulas do professor licenciado (DEAP n.º 1764, Requerimento, 1919, p. 128).

Apesar da menção de Paulo como docente no presente documento, pela ausência de seu nome nas nomeações para reger classes escolares nos relatórios dos secretários de governo, depreende-se que ele não seguiu a carreira docente de forma contínua.

Ainda sobre as características e atuações de Paulo Nicolas, percebe-se que ele tinha uma inclinação política, pois, em 1910 tornou-se vice-presidente de um grupo criado por estudantes, denominado Club Literário Fernando Amaro (A REPUBLICA, 1910). Assim como, em 1914, em outra ocasião, foi eleito como orador do Grêmio dos Normalistas e do Centro Estudantil Paranaense (A REPUBLICA, 1914).

---

[16] De acordo com a grafia da época da publicação do periódico *Diario da Tarde*, será adotado em seu título a escrita sem acentuação.

Paulo Nicolas teve a vida abreviada; de modo precoce, faleceu em 26 de junho de 1938 (O DIA, 1938).

O segundo irmão mais velho de Maria Nicolas, João Nicolas (1896-1974), realizou sua escolarização final na Escola Tiradentes.[17] Na ocasião da realização dos exames finais do 2º grau, no ano de 1911, João obteve o resultado que se enquadrava na classificação de "aprovado plenamente" (A REPUBLICA, 1911).

Em 1912, João, seguindo o caminho do irmão Paulo e, possivelmente, por estímulo de seus pais, ingressou no 1º ano na Escola Normal (DIARIO DA TARDE, 1915), e quatro anos depois seria professor normalista; contudo sua formação docente não seguiu o curso esperado.

Nos anos que se seguem (1913 e 1914) não há registro do nome de João nas atas de exames da Escola Normal. Provavelmente, João Nicolas teve a sua matrícula cancelada, pois, dependendo do desempenho da/o estudante, tal fato ocorria de forma automática.[18] Seu nome irá compor as atas do estabelecimento supracitado novamente apenas em 1915, quando se indica no presente documento que ele estava cursando as matérias do 1º ano novamente.

É importante evidenciar que os exames da Escola Normal ocorriam em duas etapas: a primeira era constituída por uma prova escrita e a segunda por uma prova oral. O exame de prova escrita definia se a/o estudante prosseguiria para a fase seguinte, a partir dos resultados: habilitado ou inabilitado. A fase de provas orais definia a aprovação ou a reprovação na matéria arguida, e a classificação dava-se a partir dos seguintes critérios: aprovado com distinção, aprovado simplesmente ou reprovado. Caso a/o estudante obtivesse um resultado negativo, poderia matricular-se novamente nas matérias reprovadas, desde que: "Art. 10 – Só poderá ser admitido como ouvinte em qualquer um dos anos do curso da Escola Normal o alumno a que faltarem duas materiais no máximo do anno que tiver frequentado como matriculado (Decreto n.º 350, de 26 de maio de 1914)" (DOE n.º 670, 1914, p. 1).

---

[17] A Escola Tiradentes foi inaugurada em 8 de fevereiro de 1895. Na ocasião, Julia Wanderley assumiu a direção da instituição. Em 1903, com a implantação do ensino seriado, a escola foi reconhecida como meio grupo, e em 1914 passou a ser denominado como Grupo Escolar Tiradentes (CASTRO, Elizabeth Amorim de, 2008; ARAUJO, Silvete A. C., de 2013). Por isso ao longo deste livro será utilizado o termo Escola Tiradentes quando me referir ao período anterior a 1914 e Grupo Escolar Tiradentes em citações do período posterior.

[18] O Decreto n.º 350, de 26 de maio de 1914, dispõe que: "Art. 7º - Será trancada a matrícula ao alumno da Escola Normal que for reprovado ou inhabilitado duas vezes numa matéria. Esse alumno só poderá ser novamente matriculado depois de aprovado em exame vago da matéria em que tiver sido reprovado ou inhabilitado" (DOE n.º 670, 1914, p. 1).

Os exames orais configuravam-se como um momento de tensão aos estudantes. Annette Clotilde Portugal de Macedo (1894-1963), colega de turma de Paulo Leon Nicolas, na Escola Normal, em 1911 (LIVRO DE MATRÍCULAS, 1911), fez um relato de sua experiência sobre as provas orais. Esse relato explicita a apreensão das/os alunas durante esses momentos avaliativos. Apesar da extensão de sua narrativa, ela permite observar a atuação dos professores da Escola Normal e a postura das/os estudantes diante dos assuntos que dominavam ou que desconheciam durante a realização dos exames.

> Fim do ano. Prova escrita dos exames. Ponto sorteado. Suíça. Dissertação. Alegria geral.
> O Dr. Sebastião tinha grande admiração pela Suíça. Transmitia-nos o seu entusiasmo.
> [...]
> Dia seguinte, prova oral. Seriam sorteados dois pontos: um de corografia do Brasil e outro de um país qualquer do globo terrestre.
> Para mim caiu Inglaterra e Espírito Santo. Conhecia muito bem, a Inglaterra pelos meus estudos no Atlas e pelas preleções do professor, E tinha tudo na ponta da língua. Mas do Espírito Santo, quasi nada sabia.
> Pensava eu sobre o ponto, numa cadeira de braço, enquanto era arguida a colega anteriormente chamada.
> O Dr. Sebastião falando aos alunos, tratava-os por tu. Comumente mandava expor o ponto, depois fazia perguntas. Quando a aluna conhecia bem a materia expunha o 1º ponto. Quando ao começar o 2º, o mestre interrompia dizendo:
> "– Estou satisfeito. Vas sentar".
> Era esta minha esperança. Começaria pela Inglaterra (pensei) exponho logo o ponto, tim-tim-por tim... E ouvirei o Dr. Sebastião dizer:
> "– Estou satisfeito".
> Chegou porém, a minha vez. Comecei a falar.
> "– A Inglaterra está situada...".
> "– Espera. Não há pressa. O que é nosso, primeiro; depois o estrangeiro. Dize-me alguma cousa sobre o Espírito Santo". E virou-se a falar com o dr. Reinaldo.
> Espírito Santo! Que horror! Faltou-me estudar esse ponto. Saí desesperada. Desci apressada as escadas. Atravessei a rua. Ouvi a voz do dr. Sebastião dizendo ao sr. Castro, nosso querido inspetor.
> "– Côrra traga-me aquela menina!".
> Virei-me assustada. O Dr. Sebastião na calçada junto ao portão da escola. Obedeci. Voltei. Diz o mestre com energia:

"– Bonito! Hein? Bonito!".
Cabisbaixa, envergonhada, entrei na sala, acompanhando o Dr. Sebastião. Disse-me rispidamente.
"– Vaes agora, como castigo, fazer exame vago, isto é, de toda matéria, sem ponto sorteado. Fizeste jus ao dez de media anual e ao dez de prova escrita. Arguir-te-ei sobre diversos pontos no programa, ao meu arbítrio".
[...]
Fez-me perguntas sobre quase todo o programa. Respondi com acerto e firmeza. Por castigo tive nota baixa – 6. Si não fosse o Espírito Santo, teria passado com 10, como desejava. Mas... dei-me por feliz! Devido á bondade do Dr. Sebastião, não perdi o exame. (MACEDO, 1952, p. 227-228).

Em 1916, João Nicolas deu continuidade aos seus estudos de normalista, ingressando no 2º ano do curso da Escola Normal. O Quadro a seguir ilustra parcialmente os resultados obtidos pelo estudante durante os exames finais orais na Escola Normal.

Quadro 2 – Resultados dos exames finais de João Nicolas na Escola Normal[19]

MATÉRIAS	1º ANO – 1915		2º ANO – 1916	
	Nota	Resultado	Nota	Resultado
Musica	10	Aprovado com distinção	9	Aprovado com distinção
Geographia	-	-	3	Aprovado simplesmente
Francês	3,5	Aprovado simplesmente	-	-
Desenho	-	-	3	Reprovado
Pedagogia	-	-	2	Reprovado
Portuguez	-	Aprovado simplesmente	1	Reprovado
Arithmetica e Algebra	4	Aprovado simplesmente	-	Não compareceu
Geometria[20]	-	-	-	-

Fonte: livro de registro de termo de exames de prova oral na Escola Normal – 1915/1916. Arquivo Público do Paraná, Fundos: Instituto de Educação

---

[19] Pela ausência de fontes, alguns resultados não foram encontrados, por isso foram representados com um traço no Quadro.

[20] Durante o exame final de Geometria do ano de 1916, faltaram 12 alunos. Os nomes dos alunos que faltaram no exame final não foram citados. Pela ausência de notas na ata de exames, João Nicolas deve ter se ausentado do teste.

É bem provável que João Nicolas, sentindo-se desestimulado, não retornou aos estudos em 1917, contudo, no ano seguinte, resolveu dar continuidade ao curso de normalista. Assim, protocolou um pedido para prestar exames em segunda época, na Escola Normal, em 1918. Mas sua solicitação foi indeferida e o motivo da recusa de sua petição foi publicado no Diário Oficial por meio do Parecer n.º 10, em 30 de março de 1918 (PARANÁ, DOE n.º 1724, 1918, p. 3).

Segundo consta no parecer, João não poderia prestar exames de segunda época na Escola Normal pelo fato de ele ter sido aprovado somente nas matérias de Música e Geografia no ano anterior (A REPUBLICA, 1918). O parecer foi assinado pela comissão de Instrução Pública do Congresso Legislativo, sendo os deputados responsáveis por essa comissão: Telêmaco Borba, Nicolau Mader e Romário Martins (futuro historiador do Paraná) (A REPUBLICA, 1918).

Segundo as normas do Código de Ensino vigente, o desempenho escolar de João Nicolas no 2º ano do curso de normalista, contrariava as normas expedidas pelo artigo 204, § 2º, inciso b, que, quanto à realização dos exames, diz o seguinte:

> Art. 204 – Haverá duas épocas de exames: uma começará a 16 de novembro, outra durante o mês de março.
> § 1º Na primeira época serão submetidos a exame todos os alunos matriculados que não hajam perdido o ano por falta de frequência.
> § 2º Na segunda época só poderão prestar exames: a) os alunos que, por algum motivo de força maior, devidamente provado, não puderam prestá-los na primeira; b) os que forem em primeira época reprovados em uma só matéria ou dela não puderam ou não quiseram, por algum motivo prestar exame. (PARANÁ, 1917[a], p. 59).

Após esse percurso de dificuldades na aprovação dos exames da Escola Normal, João Nicolas, ao ser reprovado de modo consecutivo nas matérias do 2º ano, acabou desistindo e não concluiu o curso de normalista. Tal fato soma-se a uma mudança em sua vida pessoal, pois, no ano de 1918, ele firma um compromisso matrimonial com a normalista recém-formada Luiza Mathilde Rapp (1897-1977).[21] A seguir, o casal passou a residir na cidade

---

[21] Supõe-se que Luiza Mathilde Rapp (1897-1977) conheceu João Nicolas na Escola Normal, quando eram estudantes, pois Luiza Mathilde realizou sua formação docente entre 1910 e 1917. Foi colega, em algumas matérias, de sua cunhada Maria Nicolas. Lecionou em 1920 e 1921, no Grupo Escolar Custódio Raposo em Jacarezinho - PR. Após, em colônias de imigrantes no Paraná, e no Grupo Escolar Xavier da Silva, na cidade de Curitiba. Do casamento com João Nicolas perdeu o sobrenome Rapp, adquirindo o sobrenome do esposo. Do casamento nasceram sete filhos: Lisle, Adyr, Euterpe, Zoroastro, Clemente, Terpsichore e Antonio. Os filhos seguiram carreiras diferenciadas, a saber: enxadrista, ator, músico, comerciante, professor etc.

de Jacarezinho - PR, onde Luiza Mathilde e João Nicolas lecionaram por um período no Grupo Escolar Custódio Raposo,[22] que tinha como diretor o primo de João Nicolas, Phidias Borges da Cunha (1988 - ?).[23]

Figura 6 – Luiza Mathilde Nicolas e seus filhos

Fonte: imagem gentilmente cedida pelo neto de Luiza Nicolas, sr. Jubal Sérgio Dohms

[22] Luiza Mathilde Nicolas foi transferida da cadeira mista de Nova Tyrol, município de Deodoro, para a do sexo feminino da cidade de Jacarezinho. Decreto n.º 216, de 25 de março de 1919 (PARANÁ, 1919).

[23] Phidias Borges da Cunha (1888-?) tornou-se diretor do Grupo Escolar Custódio Raposo em maio de 1917. Phidias era primo de primeiro grau de João Nicolas. Em seu diário, Maria Nicolas relatou um episódio muito marcante de sua vida, que será apreciado posteriormente, em que aparece a presença do primo Phidias. Embora Nicolas não cite o sobrenome do seu primo, ao observar o livro de matrículas da Escola Normal referente ao ano de 1906, nota-se que o responsável legal pela matrícula de Phidias era o pai de Maria Nicolas. E ao realizar alguns cruzamentos de datas citadas por Nicolas do período de sua convivência com o primo, que morava em sua casa, percebe-se que coincide exatamente ao momento em que Phidias Borges da Cunha realizava seus estudos na Escola Normal, ou seja, os anos de 1906 a 1909 (NICOLAS [19--]b); (LIVRO DE MATRÍCULAS, 1906). Por meio de uma pesquisa em um site de genealogia, descobrimos que Phidias Borges da Cunha é filho de uma irmã de Josepha Nicolas. Os pais de Phidias Borges da Cunha são Alfredo Borges da Cunha e Efigenia da Rocha. Ele casou-se com Olga Del Vecchio, em 16 de fevereiro de 1915, em Jacarezinho - PR (FAMILYSEARCH, 2021).

Além dos percalços para a conclusão do curso de normalista, a responsabilidade do enlace matrimonial pressupunha uma autonomia financeira para o sustento da família constituída. Assim, a continuidade dos estudos normais, que eram realizados em período integral, das 8h às 17h,[24] inviabilizaria o exercício de uma profissão por João Nicolas.

Sobre a inserção de João Nicolas no magistério público, ela ocorre quando o inspetor escolar interino da cidade de Jacarezinho - PR, Ernesto Fernandes, encaminha um ofício, no dia 06 de maio de 1919, ao secretário do Interior, Justiça e Instrução Pública, em que solicita a nomeação de João Nicolas para atuar como professor na 2ª cadeira do sexo masculino, no Grupo Escolar Custódio Raposo, naquela localidade. No referido ofício consta a informação de que João Nicolas era estudante secundarista da Escola Normal. O despacho do documento indica que a nomeação de João Nicolas deveria ser lavrada (DEAP n.º 1740, ofício, 1919, p. 97).

No ano de 1920, João Nicolas foi surpreendido, ao final do mês de maio, com a informação de que seus vencimentos, desde o dia 11 de março daquele ano, estavam suspensos. A notícia era de que por meio de um decreto realizado pelo governador do estado, João havia sido exonerado de suas funções docentes. Diante de tal informação, João Nicolas escreveu uma carta para o secretário-geral do estado, informando sobre seu desconhecimento do presente decreto e da destituição do cargo, pois continuava lecionando normalmente. Assim, solicitava o pagamento de seus vencimentos. Junto ao pedido, anexou comprovantes da sua atuação como normalista, tais como: atestado do inspetor escolar local, listagem com nomes e frequência de seus estudantes (DEAP n.º 1767, ofício, 1920, p. 74).

Ao buscar o decreto de exoneração de João Nicolas no Diário Oficial, descobri o motivo de sua destituição do cargo de normalista no Grupo Escolar Custódio Raposo, de Jacarezinho, bem como que João não foi o único normalista a ser deposto do cargo. O Decreto n.º 356, de 10 de março de 1920,[25] em seu teor, enunciava que:

> O Presidente do Estado do Paraná atendendo a insuficiência da verba orçamentaria, exonera todos os actuaes professores

---

[24] O Decreto n.º 350, de 26 de maio de 1914, dispõe: "Art. 2º - O horário das aulas será organizado pela Congregação dos lentes do Gymnasio e da Escola Normal, distribuídos convenientemente os trabalhos dos dous estabelecimentos que funcionam no mesmo prédio, devendo as aulas funcionar diariamente entre 8 horas da manhã até ás 5 da tarde, reservado um intervalo de uma hora para descanso e refeição dos alunos" (DOE n.º 670, 1914, p. 1).

[25] O Decreto n.º 356, de 10 de março de 1920, foi publicado no *Diário Oficial*, em 12 de março de 1920 (DOE n.º 3044, 1920).

adjunctos de grupos escolares, escolas reunidas e isoladas do Estado, bem como, os interinos que se acham regendo cadeiras vagas.
Palacio da Presidencia do Estado do Paraná, em 10 de Março de 1920; 32.º da Republica.
CAETANO MUNHOZ DA RONHA
Marins Alves de Camargo. (PARANÁ, DOE n.º 3044, 1920, p. 1).

Ao ser exonerado do magistério público, depreende-se que João Nicolas passou a exercer atividades profissionais informais na cidade de Jacarezinho. Um recibo assinado por João Nicolas ao diretor do Grupo Escolar Custódio Raposo, Phidias Borges da Cunha, no ano de 1922, comprova tal afirmação. O conteúdo do recibo especifica a realização de serviços de colocação de telas e molduras nas janelas do citado grupo escolar (DEAP n.º 189, 1922, p. 189).

A sentença escolar que João Nicolas recebeu durante sua formação na Escola Normal e o incidente de sua exoneração inesperada do magistério público geraram uma aparente desistência da docência, pois, pelo que consta, João desenvolveu diversos trabalhos, entre eles, a profissão de cenógrafo junto ao seu pai e ao cunhado, Antonio Foggiatto[26] (esposo de Thereza Nicolas), na cenografia do Teatro Guaíra (O DIA, 1930). Ainda, seu neto Jubal Sérgio Dohms (2022) relatou que João Nicolas: "[...] era um homem habilidoso, tocava flauta, trabalhou em praticamente todos os cinemas de Curitiba como projetor de filmes, fazia rádios de galena, e participou do grupo de radioamadores" (DOHMS, 2022).

Ainda refletindo sobre o efeito dos exames escolares quando estudava na Escola Intermediária da Escola Tiradentes, durante a realização dos exames finais do 2º grau, Maria Nicolas recebeu o resultado de "aprovada com distinção". O ano em curso era o de 1912, período que precedia a entrada de Maria Nicolas na Escola Normal.

O exame da Escola Intermediária foi realizado por 16 alunas, sendo que oito foram classificadas como "aprovadas com distinção" e a outra metade "aprovadas plenamente". O exame foi acompanhado pelo diretor-geral da Instrução Pública do Estado, na ocasião, Claudino dos Santos,[27]

---

[26] Antonio Foggiatto e Thereza Nicolas tiveram apenas uma filha: Maria Efigênia Foggiatto (1932-2011), que, como a mãe, seguiu a carreira docente.

[27] Claudino Rogoberto Ferreira dos Santos (1862-1917) nasceu em Recife - PE. Foi advogado, escritor, jornalista, poeta, autor de obras didáticas e teatrais. Foi, também, fundador do Colégio Paranaense; diretor da Instrução Pública do Paraná; secretário de Estado dos Negócios, Interior, Justiça e Instrução Pública; juiz em Morretes e prefeito de Curitiba, em 1916. (CARNEIRO JÚNIOR; FERRERIA; CARNEIRO, 2017).

e pelo inspetor de ensino Enéas Marques dos Santos.[28] Ao término dos trabalhos, o inspetor de ensino realizou um discurso elogiando a atuação profissional da diretora da escola, Julia Wanderley, e o bom rendimento de suas/seus estudantes (A REPUBLICA, 1912).

Retomando a análise do contexto familiar de Nicolas, sua irmã caçula, Thereza Nicolas (1901-19?), era conhecida pelo apelido de "Santa". Thereza recebeu essa alcunha pelo fato de ser nascida na data em que a Igreja Católica celebra o dia de "todos os santos", ou seja, 1º de novembro.

Os desempenhos escolar e profissional de Thereza seguiu o *ethos* familiar, pois ela percorreu, igualmente, os caminhos do magistério. Thereza ingressou na Escola Normal no ano de 1918. Além da conclusão da formação docente, quatro anos depois estudou piano sem diplomar-se no Conservatório de Música do Paraná. Thereza, além de lecionar no ensino primário, foi professora de Música por meio do ensino particular (NICOLAS, 1977).

Numa época em que a educação formal como um todo ainda estava estruturando-se, Thereza Nicolas foi destaque principalmente no que tange à educação de adultos; por exemplo, quando, em 1952, ao atuar como diretora na Escola José de Carvalho, foi enaltecida por um periódico jornalístico. Na ocasião, Thereza foi descrita, pela reportagem veiculada no jornal *Diario da Tarde*, como uma pessoa de "[...] espírito abnegado, [e que merecia] os maiores louvores indiscutivelmente" (DIARIO DA TARDE, 1952, p. 5).

A Escola José de Carvalho era um estabelecimento que se dedicava à alfabetização de adultos em Curitiba. A reportagem supracitada noticiou a emocionante cerimônia de conclusão de curso das/os 22 estudantes adultos do ano de 1952. Além dos certificados, receberam prêmios doados por empresas e comerciantes locais (DIARIO DA TARDE, 1952).

Em 1957, após 35 anos de serviços prestados ao ensino paranaense, notadamente à campanha de alfabetização de adultos, a professora Thereza Nicolas aposentou-se, tida, na ocasião, como "figura das mais expressivas do magistério de nossa terra" (DIARIO DA TARDE, 1957[a], p. 6). Durante sua trajetória, ela recebeu louvores na Assembleia Legislativa do Paraná. Por meio do projeto do deputado Anísio Luz, obteve medalha de mérito da

---

[28] Enéas Marques dos Santos (1883-1961) nasceu em Curitiba e fez seus estudos básicos na mesma cidade. Formou-se pela Faculdade de Direito de São Paulo, em 1906. Exerceu os seguintes cargos: oficial de gabinete de Alencar Guimarães, então presidente em exercício do Estado, mantendo-se no cargo no governo seguinte, o de Xavier da Silva; promotor público da Comarca de Palmeira, de São José dos Pinhais e de Curitiba, e inspetor de ensino. Em 1916, assumiu a Secretaria d'Estado dos Negócios do Interior e Justiça e Instrução Pública (VARGAS; HOERNER JÚNIOR; BÓIA, 2011).

maçonaria, e homenagens da Câmara Municipal de Curitiba, pelo projeto do vereador Boanerges Marquesi.[29] Após a aposentadoria, Thereza Nicolas continuou atuando como docente na Escola da 5ª Cia Comunicações, no Batel, em Curitiba (DIARIO DA TARDE, 1957[a]).

Assim, permanecendo ativa, ainda no ano de 1957, Thereza Nicolas participou de uma reunião de mestres das escolas primárias, que tinha como finalidade discutir a criação de uma associação denominada Casa do Professor Primário. Essa reunião visava discutir a defesa dos direitos das/dos professoras/es da época, pois eles consideravam que a associação existente não estava cumprindo o seu papel. Na reunião foi deliberado pela constituição de uma comissão para estudos sobre a tramitação do processo de criação da nova organização, sendo Thereza Nicolas uma das integrantes dessa incumbência (DIARIO DO PARANÁ, 1957). Portanto percebe-se que, de modo discreto, Thereza, assim como os irmãos, envolvia-se em questões de ordem política.

Também em 1957, Maria Nicolas e Thereza Nicolas foram consideradas pioneiras da alfabetização brasileira. Em reportagem publicada, discutia-se sobre a questão da proibição do voto aos analfabetos. Sobre esse fato, Thereza Nicolas e Maria Nicolas posicionaram-se contra. A reportagem também debatia sobre a ajuda financeira concedida por adulto alfabetizado e aos seus respectivos professores, bem como sobre a produção de livros didáticos dirigidos ao público adulto; além disso, enaltecia a aceitação do livro *Páginas escolhidas*[30] (1956), de Maria Nicolas (STOBBIA, 1957, p. 2).

Sobre esse livro, Nicolas relata que, no ano de 1943, quando apresentava problemas de saúde em virtude de ensurdecimento, foi transferida para alfabetizar jovens recrutas que cumpriam o serviço militar no quartel do Exército, em Curitiba. Na ocasião, ela disse:

> No decorrer das aulas, notei o desinteresse dos alunos, pelos livros de leitura infantis. Então, sempre preocupada com a adiantamento dos meus alunos, tracei – "Páginas Escolhidas", leitura para adolescentes e adultos recém alfabetizados. Tirei duas edições. Foi aprovada pelo Ministério da Educação, mas não adotado no Paraná, apesar da indicação do saudoso

---

[29] Boanerges Marquesi Sobrinho nasceu em Curitiba - PR, em 24/05/1914. Eleito em 22/07/1951, tomou posse em 19/12/1951.

[30] O livro foi aprovado pelo Ministério de Educação e Saúde pelo Parecer n.º 502, de 11 de julho de 1951.

doutor Gaspar Vellozo[31], então, Secretário de Educação. Sempre alfabetizei por processo próprio, modéstia a parte. Processo rápido. (NICOLAS, 1984, p. 5).

Observei que a produção literária de Nicolas, especialmente no caso de livros didáticos, tem uma característica instrumental, ou seja, os materiais são oriundos de sua prática pedagógica. No entanto Nicolas, especialmente a partir do momento em que se vincula a associações ou pessoas influentes no espaço literário, busca, de alguma forma, notoriedade ao seu trabalho; tanto que, seguindo esse objetivo, não mede esforços pela busca de parceiros que financiem a publicação de suas obras.

Desse modo, mesmo com o valorizado diploma de normalista, na primeira metade do século XX e, posteriormente, com a licenciatura em Pedagogia, em 1950, suas obras não conseguem projeção suficiente a ponto de serem socializadas no espaço educacional, ou mesmo os livros didáticos serem adotados pelos dirigentes públicos como material de base nas instituições educacionais. Assim, seus trabalhos são inseridos em contextos mais amplos, mas não conseguem notoriedade no âmbito educacional.

Maria Nicolas adentrava locais dos quais tacitamente não lhe era autorizado fazer parte. Reflete-se que sua presença dava-se por uma infiltração e não necessariamente pela integração a essas estruturas. Em outras palavras, pode-se dizer que ocorria uma tolerância em sua estada nesses ambientes. Sendo assim, as barreiras de classe, raça e gênero recebiam uma roupagem menos excludente, todavia esses marcadores não permitiam que ela ocupasse posições de assunção.

Nicolas transitou em diferentes espaços e segmentos sociais; buscou formar alianças, desenvolveu estratégias e táticas, como a atuação voluntária em diversas instituições; contudo os obstáculos para publicar suas obras foram recorrentes.

---

[31] Gaspar Duarte Veloso (1903-1976) estudou na Escola Americana, no Colégio Santa Julia e no Ginásio Paranaense, bacharelando-se, em 1929, pela Faculdade de Direito do Paraná. De 1933 a 1938, esteve no cargo de diretor-geral de Educação do Paraná, durante o governo de Manuel Ribas (1932-1945). No período do Estado Novo (1937-1945), dirigiu o Departamento Estadual de Imprensa e Propaganda (DIP) do Paraná. Em 1947, tornou-se secretário de Educação, sendo, nesse mesmo ano, eleito vereador da capital paranaense na legenda do Partido Social Democrático (PSD), cuja liderança exerceu na Câmara Municipal. Foi também jornalista, dirigiu o jornal *O Dia* e atuou como redator da *Gazeta do Povo*, ambos em Curitiba. Foi, ainda, membro do Instituto dos Advogados Brasileiros, do Centro Paranaense de Letras e do Instituto Histórico e Geográfico do Paraná, tendo cursado também a Escola Superior de Guerra (ESG). (FGV/CPDOC, [200?], s/p).

Audre Lorde (2019) assevera que há uma "norma mítica" nas relações sociais de poder. Segundo essa autora, nos Estados Unidos fazem parte dessa norma aqueles que são caracterizados como: "[...] branco, magro, homem, jovem, heterossexual, cristão e financeiramente estável" (LORDE, 2019, p. 145). Os demais, que não se enquadram nessa descrição, estão à margem do poder.

No contexto brasileiro podemos aplicar igualmente o conceito de Audre Lorde para refletir sobre aspectos que sobrepujam as relações sociais, seja na atualidade ou, mais precisamente, no recorte temporal deste livro. Diante das dificuldades no trajeto profissional de Maria Nicolas, observa-se que as questões de classe, raça e gênero não impediam a presença de Nicolas em ambientes letrados, mas os estigmas associados a esses fatores operavam como obstáculos em suas ascensões profissional e social. Em diversas ocasiões, Nicolas descreveu situações que a impediram de realizar progressos e publicar seus trabalhos, como a seguir:

> Sempre atenta ao progresso dos educandos elaborei uma "Antologia Escolar", nos moldes das antologias de adultos. Pelas mãos do saudoso Senador Rubens de Mello Braga, deu entrada no Ministério de Educação. Devido falhas sanáveis do sistema ortográfico (cujas mudanças só nos causaram aborrecimento), foi engavetada ou queimada, para logo depois surgir livro semelhante de autor carioca. Mais uma vez perdi a oportunidade de servir os meus coletaduanos em benefício de outro autor, surgido após a entrega do meu livro para estudo. (NICOLAS, 1984, p. 5).

A escritora Conceição Evaristo (2017), em entrevista concedida à revista *Carta Capital*, relata as dificuldades concernentes à carreira literária para uma mulher negra no Brasil. Evaristo (2017) expõe que sua primeira obra ficou guardada durante 20 anos até ser publicada. A escritora e poetisa afirma, ainda, o quanto os estereótipos atribuídos à mulher negra agregam dificuldades para realizarem a publicação de seus trabalhos. Em suas palavras:

> Tudo para as mulheres negras chega de uma forma mais tardia, no sentido de alcançar tudo o que nos é de direito. É difícil para nós chegar nesses lugares. E eu fiquei pensando esses dias, quando foi que Clementina de Jesus aparece? Com mais de 60 anos... E a Jovelina Pérola Negra? A própria Ivone de Lara, quando ela vai ter mais visibilidade na mídia? E olha que estamos falando de produtos culturais que, entre aspas, "são mais democráticos". E a literatura, que é uma área mais do homem branco, apesar do primeiro romance ser de Maria

Firmina dos Reis, uma mulher negra, as mulheres negras vão chegar muito mais tarde [...] (EVARISTO, 2017, s/p).

Ainda sobre a atuação no meio educacional, Thereza Nicolas foi destaque no voto de louvor do deputado Arthur de Souza,[32] na Assembleia Legislativa do Paraná, em abril de 1957, na ocasião da realização do I Seminário Regional de Educação de Adultos do Paraná. Em seu discurso, o deputado ressaltou a participação da professora no evento, a importância da cartilha elaborada por ela e sua colaboração com subsídios colhidos de sua prática pedagógica como professora alfabetizadora. Durante o evento, Thereza tinha apresentado um trabalho sobre frequência escolar, com uma análise pormenorizada das causas e dos efeitos dos problemas decorrentes dessa temática (DIARIO DO PARANÁ, 1958). Thereza Nicolas não publicou seus materiais elaborados durante sua trajetória de normalista.

No ano seguinte, em 1958, Thereza participou do II Congresso Nacional de Educação de Adultos, no Rio de Janeiro. A delegação do Paraná ocupou a 6ª posição quanto ao número de congressistas, bem como se destacou ao ocupar o primeiro lugar na comunicação de trabalhos nesse congresso. No evento, Thereza Nicolas apresentou um trabalho juntamente aos demais profissionais que foram ao congresso.[33] Ao todo, a delegação paranaense contou com 39 congressistas (DIARIO DO PARANÁ, 1958).

Dada à importância do evento, o congresso contou com a presença de diversas autoridades políticas, tais como: secretários da Educação dos estados; o ministro da Educação, Clóvis Salgado da Gama; o representante da Unesco, Paulo Legrand; e o presidente da República, na época, Juscelino Kubitschek de Oliveira (DIARIO DO PARANÁ, 1958).

No congresso foram constituídas comissões de estudos que visavam analisar a evolução e estudar os problemas de organização e de administração da educação de adultos no Brasil, bem como refletir sobre seus programas, métodos e processos, finalidades, formas e aspectos sociais. O evento contou com a participação do educador Paulo Freire, que atuou

---

[32] Arthur Gotuzzo de Souza (1922 - 2006), atuou na Assembleia Legislativa durante 22 anos. Foi também: radialista em sua cidade natal, Ponta Grossa, e em Curitiba lançou, em 1947, o programa *Revista Matinal* na Rádio Clube Paranaense (PR-B2). Cursou Direito na Universidade Federal do Paraná, onde exerceu a advocacia na mesma cidade (LALA, 2006, *on-line*), Disponível em: http://www.assembleia.pr.leg.br/comunicacao/noticias/faleceu-o-ex-deputado-arthur-de-souza. Acesso em: 20 mar. 2021.

[33] Os outros professores que apresentaram trabalhos no evento foram: Raul Rodrigues Gomes, representado por Miriame de Araújo; Erasmo Pilotto, Dr. Júlio Moreira, Pedro Horokoski Rosa Sicuro, Constantino Faninini, Dirce Celestino do Amaral, Major Moacir Chaves, Dr. Felipe de Souza Silva, Jorge Garzuze, L. Romanoski, Nabor Morais da Silva Neto, Laise Wernecke, Rute Rocha Pombo, Elza Gabardo Costa, Elsi e Maria Cristina Gabardo Costa, Rosa Castro Franco e Magali de Paula Cardoso (O DIA, 1958).

como 1º vice-presidente da comissão que objetivava revisar os métodos e os processos da educação de adultos (O DIA, 1958).

Em continuidade à análise da trajetória de Thereza Nicolas, ainda é pertinente mencionar a solenidade comemorativa ao 25º aniversário de fundação da Caixa de Mútuo Socorro – 11 de julho, que aconteceu em 21 de julho de 1959, na qual Thereza foi uma convidada especial. Na ocasião, ela proferiu discurso sobre sua satisfação na participação no evento (O DIA, 1959).

A partir dessa breve exposição da trajetória dos irmãos e da irmã de Maria Nicolas, percebe-se que há traços semelhantes nas formações pessoal e profissional entre eles. As irmãs Thereza e Maria Nicolas, ao prosseguirem a carreira docente, assemelham-se mais em seus aspectos constitutivos; elas trilharam percursos diferenciados, contudo o magistério foi uma linha mestra em suas trajetórias.

Em relação aos irmãos, nota-se que a socialização primária e a formação escolar até a Escola Normal foram análogas. No entanto os dois irmãos (Paulo e João), pelo que foi observado, não progrediram na carreira docente. A essa questão há uma multiplicidade de fatores pessoais ou ambientais que podem estar associados; entretanto, ao refletir sobre os aspectos relacionados à condição social/racial e ao processo de feminização do magistério público primário, conclui-se que a probabilidade de prosseguimento na carreira docente, no ensino das primeiras letras, era maior para as mulheres.

É importante evidenciar que havia uma diferenciação entre as/os estudantes que se matriculavam na Escola Normal e no Ginásio Paranaense; o segundo era para aquelas/es alunas/os que tinham a pretensão de continuar os estudos no ensino superior. Para frequentar o nível de ensino subsequente ao ensino secundário, era necessário ter condições financeiras para tal, uma vez que os estudos eram realizados fora do estado do Paraná, em geral, na capital federal, no Rio de Janeiro, em São Paulo ou em Portugal.

Assim, para uma família que tinha a pretensão de que seus filhos progredissem em sua vida escolar, mas que tinha poucos recursos financeiros, o ingresso na Escola Normal era a melhor e a única opção. O investimento menor de tempo na finalização dos estudos somado à necessidade de professores normalistas no ensino público paranaense e, por conseguinte, opções vastas de trabalho e prestígio aos detentores do título de normalista, tornavam a Escola Normal uma instituição singular e apropriada para os intentos da família Nicolas.

1.3 BASTIDORES DA VIDA: *O QUE VIRÁ A SER A NOSSA FILHA?*

> Quando por desgraça, escreve Herr Wild-Queisner, dous esposos, em vez do rapaz desejado, veem aparecer uma filha, a alegria do casal fica reduzida de metade. As pessoas que se informam, dá-se a resposta invariável: *E' uma filha!* (um suspiro). E ás que vêm apresentar os seus parabéns: *Que pena que não seja um rapaz!* E isto dá-se até nas famílias onde já houve um ou dous rapazes antes da filha recém-nascida. (ALMANACH DO PARANÁ, 1899, s/p, grifos do autor).

Maria Nicolas era a terceira filha do casal Nicolas. Nasceu em 1899, depois do nascimento de dois meninos (Paulo e João Nicolas). Não é possível afirmar se em sua data natalícia seus familiares receberam felicitação igual ao excerto em epígrafe. No entanto, a partir dessa publicação no *Almanaque do Paraná* (1899), que trata de uma análise sucinta do livro *Was sol unsere tochter Werden?* (*O que virá a ser a nossa filha?*), pode-se refletir sobre o contexto de nascença da normalista deste estudo e correlacioná-lo à formação e à atuação profissional da mulher no quadro urbano de Curitiba no final do século XIX e início do XX.

O artigo crítico supracitado expressa que a intenção do escritor alemão Herr Wild-Queisner, ao realizar o lançamento desse livro, era instruir as famílias para que realizassem uma modificação na educação das moças alemãs e, assim, evitassem a visão preconceituosa apontada quando do nascimento de uma menina; ou seja, o livro assevera que as filhas poderiam ter uma profissão e, assim, serem independentes do pai ou do marido. O livro sugere a intervenção na educação formal das mulheres; como exemplo, aventa a substituição das aulas de piano, canto e desenho por geografia, cálculo e ginástica, "para endurecer o corpo e torná-lo resistente às fadigas da vida" (ALMANACH DO PARANÁ, 1899, s/p).

O livro, originalmente, foi escrito para subsidiar as famílias alemãs na orientação profissional das mulheres daquele país. Porém, ao ser reproduzido no *Almanaque do Paraná*, em 1899, demonstra que essa discussão igualmente se fazia presente nas terras paranaenses. Influenciados por correntes filosóficas, como o positivismo, a discussão sobre a presença feminina nos espaços público e privado era notável no período que corresponde ao nascimento de Maria Nicolas.

Com o aprimoramento da aprendizagem, caso as moças não encontrassem um bom casamento, na obra de Wild-Queisner há a indicação de que elas poderiam dedicar-se a uma atividade profissional. O autor do livro enumera 32 profissões que seriam, na época, "apropriadas" às mulheres, conforme o Quadro 3:

Quadro 3 – Das profissões indicadas às mulheres por Wild-Queisner (1899)

Profissões domesticas	Dama de companhia, governante, intendente ou mordoma, inspectora de jardim de crianças, enfermeira.
Profissões commerciaes	Caixa, guarda-livros, caixeira de armazém, modista de chapeos, costureira, viajante de commercio, gerente.
Profissões publicas	Empregada de caminho de ferro, telegrafista, empregada de telefone, professora.
Profissões artisticas	Mestra de musica, pintora, atriz, escriptora.
Profissões artístico-industriaes	Pintora em porcelana, pintora em vidro, pintora em tecidos, florista, lithographa, mestra de dansa, photographa

Fonte: elaborado pela autora com base no Almanach do Paraná, 1899

O Quadro 3 expõe várias profissões com as quais as moças poderiam adquirir certa autonomia para não ficarem na dependência dos pais, causando-lhes uma "alegria maior" em seu nascimento. As atividades femininas apresentadas por Wild-Queisner perfazem profissões que, em sua maioria, são uma extensão da vida doméstica.

A respeito da elaboração do livro de Wild-Queisner, da proposta da listagem de profissões para o exercício profissional feminino e da publicação no *Almanaque do Paraná*, é necessário realizar os seguintes questionamentos: a que mulheres o autor alemão e o periódico paranaense estavam se referindo? O desempenho de atividades profissionais femininas no espaço público curitibano estava destinado a qual mulher? Essas interrogações permitem um olhar específico às mulheres negras, no sentido de não universalizar a categoria mulheres, como se todas pertencessem a um grupo homogêneo, no qual suas integrantes pudessem usufruir das mesmas prerrogativas. Essa distinção histórica da categoria mulheres se faz necessária, uma vez que, segundo Sueli Carneiro (2003, p. 1), "[...] o discurso clássico sobre a opressão da mulher não tem reconhecido, assim como não tem dado conta da diferença qualitativa que o efeito da opressão sofrida teve e ainda tem na identidade feminina das mulheres negras".

Carneiro (2003) expõe o que ela denomina de "mito da fragilidade feminina", ou seja, o tratamento apregoado às mulheres de que elas necessitam de cuidados especiais. Contudo tal mito nunca foi reconhecido pelas mulheres negras, uma vez que elas nunca receberam tratamento especial por serem mulheres. É o que Sojourner Truth já dizia, em 1851, em seu discurso intitulado "Não sou eu uma mulher?",[34] nos Estados Unidos. (epígrafe do presente livro)

Nas palavras de Sueli Carneiro:

> Fazemos parte de um contingente de mulheres que trabalharam durante séculos como escravas nas lavouras ou nas ruas, como vendedoras, quituteiras, prostitutas [...] Mulheres que não entenderam nada quando as feministas disseram que as mulheres deveriam ganhar as ruas e trabalhar! (CARNEIRO, 2003, p. 2).

Sendo assim, a percepção do autor alemão Wild-Queisner ou do periódico jornalístico paranaense que republicou a lista de profissões, diz respeito às mulheres brancas, que viviam sob a tutela de seus pais ou esposos, e não necessariamente a mulher negra, pois, na maioria das vezes, a mulher negra necessitou trabalhar fora do recinto doméstico tanto quanto o homem, não sendo considerada como frágil. Inclusive, Angela Davis (2016) evidencia que durante o período escravista, em relação ao trabalho na lavoura, não havia diferenciação de gênero. A mulher e o homem eram vistos como unidades de trabalho lucrativas, por isso as atividades realizadas pelas trabalhadoras no campo eram semelhantes às dos homens.

Davis (2016) expõe que é equivocada a percepção de relacionar a mulher escravizada somente ao trabalho doméstico, pois sua forte presença era majoritariamente como trabalhadoras agrícolas durante o período escravista estadunidense. As mulheres escravizadas, em sua maioria, eram enviadas para as atividades laborais no campo desde pequenas, nos trabalhos que envolviam cultivo do solo, colheita de algodão, corte de cana e colheita do tabaco. Ainda, a autora afirma:

> A postura dos senhores em relação às escravas era regida pela conveniência: quando era lucrativo explorá-las como se fossem homens, eram vistas como desprovidas de gênero: mas, quando podiam ser exploradas, punidas e reprimidas

---

[34] Sojouner Truth tinha o nome de nascimento de Isabella Van Wagenen e, em 1797, foi tornada livre. "'Não sou eu uma mulher?' – mote do discurso feito por Sojourner Truth em uma convenção de mulheres em Akron, Ohio, em 1851 – continua sendo uma das mais citadas palavras de ordem do movimento de mulheres do século XIX" (DAVIS, 2016, p. 70). Um trecho do discurso encontra-se disposto na epígrafe deste livro.

de modos cabíveis apenas às mulheres, elas eram reduzidas exclusivamente à sua condição de fêmeas. (DAVIS, 2016, p. 19).

No Brasil, a historiadora Beatriz Nascimento (2021), em um estudo que versa sobre a mulher negra e o mercado de trabalho, fez, igualmente, uma reflexão histórica sobre o quanto a estrutura patriarcal colonial permeou e influenciou a vida da mulher negra nos séculos subsequentes. De modo similar à mulher escravizada estadunidense apresentada por Davis (2016), Nascimento (2021) expõe que as mulheres negras, durante o Brasil escravista, eram tratadas de forma semelhante aos homens, pois eram vistas essencialmente como unidades produtoras. A autora afirma que as mulheres trabalhavam não só nos afazeres da casa-grande, mas como produtoras de alimentos para os demais escravizados e nas atividades agrícolas, principalmente em regiões em que havia engenhos.

Em continuidade, Nascimento (2021) expõe que o papel de trabalhadora da mulher negra pouco se altera a partir do processo de abolição da escravatura. "A mulher negra, elemento no qual se cristaliza mais a estrutura de dominação, como negra e como mulher, se vê desse modo, ocupando os espaços e os papéis que lhe foram atribuídos desde a escravidão" (NASCIMENTO, 2021, p. 58). Desse modo, mesmo após mudança nas relações trabalhistas com a abolição da escravatura, os elementos de raça, classe e gênero ditam os destinos da mulher negra brasileira. Ela passa a ser recrutada no espaço urbano para os serviços domésticos ou permanece essencialmente como trabalhadora no campo (NASCIMENTO, 2021).

Lélia Gonzalez (2020) também elabora reflexões sobre a presente discussão. A autora infere que a mulher negra, em sua ação laboral, sofre um processo de "tríplice discriminação", ou seja, os fatores a ela associados, tais como raça, classe e gênero, influenciam em seu lugar e em sua força de trabalho.

De certo modo, apesar de as opressões impostas pela condição social feminina estarem associadas aos afazeres domésticos, a mulher negra foi obrigada a adaptar-se a essa nova configuração. Houve pouca modificação de sua situação social anterior, a da escravização, pois no contexto de liberdade, ela passa a ser uma "ama de leite assalariada", isto é, sua representação enquanto serviçal às/aos brancas/os permaneceu inalterada durante o período republicano; em sentido diacrônico, a empregada doméstica brasileira tem cor e classe definidas[35].

---

[35] "Segundo dados divulgados pelo Ministério do Trabalho e pelo Ministério da Justiça, na publicação *Brasil, gênero e raça* [2006], 'as mulheres negras ocupadas em atividades manuais perfazem um total de 79,4 %'. Destas, 51% estão alocadas no emprego doméstico e 28,4% são lavadeiras, passadeiras, cozinheiras, serventes" (CARNEIRO, 2011, p. 128).

Desde a sua infância, Maria Nicolas sentiu os efeitos da sua cor socialmente. No espaço formal de aprendizagem, diante de uma dificuldade escolar com o método de alfabetização de sua professora, ela retrata um episódio que exemplifica o papel atribuído às pessoas negras em suas relações sociais. Vale a pena relembrar e analisá-lo com maior profundidade:

> Certo dia, feliz dia, um primo Phidias que se educava em nossa casa, querendo me pôr em brios, disse ao final das lições, como sempre não sabida: "Titia (minha saudosa mãe) não se preocupe. A Maria não quer aprender, que não aprenda. A santa (minha irmã) será professora. Usará chapéu de pluma e flores (uso da época), anel, maleta no dedo, sapato de salto alto e a Maria irá atrás, de tamancos, carregando a cesta de compras da irmã!". (NICOLAS, [19--]b, p. 47).

Michael Pollack (1992) discute sobre os elementos constitutivos da memória, seja ela individual ou coletiva. Ele denomina que a memória coletiva relaciona-se aos eventos vividos por um grupo ao qual a pessoa pertence. Independentemente do tempo e do espaço, esses acontecimentos passam a fazer parte do imaginário coletivo daquele grupo e são incorporados pelas pessoas como se elas tivessem vivenciado determinadas cenas. Pollack denomina esse fenômeno de "vividos por tabela" (POLLACK, 1992).

O cenário que o primo Phidias expõe em sua fala demonstra um acontecimento "vivido por tabela" por Maria Nicolas, pois o simbolismo que evoca os objetos por ele mencionados, tais como chapéu de pluma, maleta e salto (elegância), anel no dedo (formatura) e, em oposição, os tamancos e a cesta de compras (vulgaridade), faz rememorar a servidão da mulher negra durante o período escravocrata.

Grada Kilomba (2019, p. 158), em sua tese de doutorado, ao pesquisar sobre situações do racismo no dia a dia de mulheres negras, cita que "[...] toda performance do racismo cotidiano pode ser vista como uma reatualização da história".

Nesse sentido, o cenário, os personagens e os elementos descritos no colóquio realizado por Phidias sintetizam uma condição histórica a que foi perpassado o trabalho da mulher negra, seja no período anterior ao nascimento de Maria Nicolas ou no tempo de seu crescimento.

O diálogo com o primo Phidias ficou registrado na memória e nas ações de Nicolas; ela inscreveu tal fato em seu diário e fez referência a ele em entrevistas concedidas a impressos jornalísticos durante toda sua vida. O seu esforço e o seu investimento nos estudos, a partir dessa dificuldade inicial em sua escolarização, e a percepção sobre o papel social da mulher negra despertada pela fala do primo, possivelmente estejam associados ao momento em que ela percebeu a diferenciação existente entre negros e brancos.

Alessandra Devulsky (2012) expõe que o contato inicial de uma criança racializada com o racismo é sempre traumático, circunstancial e imprevisível, e mesmo que a criança não perceba a discriminação sofrida ou existente, assimila a ideia de que as pessoas observam-na de modo diferente. Tal fato é o que Kilomba chama de reatualização da história, ou seja, a relação dialética existente entre o passado e o presente que se manifesta no racismo cotidiano.

> De repente, o colonialismo é vivenciado como real – somos capazes de senti-lo! Esse imediatismo, no qual o passado se torna presente e o presente passado, é outra característica do trauma clássico. Experiencia-se o presente como se estivesse no passado. Por um lado, cenas coloniais (o passado) são reencenadas através do racismo cotidiano (o presente) e, por outro lado, o racismo cotidiano (o presente) remonta cenas do colonialismo (o passado). A ferida do presente ainda é a ferida do passado e vice-versa; o passado e o presente entrelaçam-se como resultado. (KILOMBA, 2019, p. 158).

Maria Nicolas, como mulher negra e pela condição modesta de sua família, não é imune a essa apreensão. Ela traz, em seus atributos, a concretização do que Gonzalez (2020) específica como "tríplice discriminação" (raça, gênero e classe). Em outras palavras, a representação da mulher negra não era associada a atividades intelectuais, como a profissão de normalista, mas à imagem de alguém que estava predestinada a ser serviçal doméstica.

A partir de suas experiências infantis no Teatro Guaíra, da educação que recebeu e do valor da escola apregoado pelos pais, Maria Nicolas reagiu em desconformidade àquele cenário que seu primo Phidias desenhara para seu futuro.

> Oh! horror dos horrores! Não sei como não morri de desespero. A revolta foi tão grande que prometi aprender não deixando minha irmã me suplantar. Para isso na escola recorri aos colegas. Eles, naturalmente, com preguiça de soletrar, iam me ensinando sem soletrar. Seguiam o processo da silabação, destarte, passei a dar duas ou três lições diárias para a saudosa mestra D. Elisa França Bittencourt. Ainda me lembro de alguns colegas, meus benfeitores: Aristides Teixeira, Paraná Nanoni, Serafim Amaral (morreu adolescente) e Antônio

> Garcez. Os outros, não me recordo. O interessante é que jamais recorri ás meninas. Daí para frente ninguém mais se incomodou comigo. (NICOLAS, [19--]b, p. 47).

À vista disso, tem-se que a dificuldade inicial de Maria Nicolas com as letras propiciou uma consciência de sua posição social que, ao longo dos anos, será alicerçada pelo seu investimento nos estudos e nas pesquisas, e pela participação em diversos círculos culturais. Essa disposição para atividades intelectualizadas, em oposição à percepção da mulher negra subalterna, torna-se um princípio norteador de seus posicionamentos e de suas ações e configura-se como um estímulo para a superação de si própria e das condições advindas de seu meio que a impediam de ascender profissionalmente e de obter reconhecimento do seu trabalho.

A trajetória de uma pessoa é sempre ajustada às estruturas sociais e ao contexto histórico de seu tempo. No caso de Nicolas, tais fatores, naturalmente, não permitiam uma inversão drástica em sua realidade. Suas escolhas são orientadas pelas condições de seu meio e pela necessidade da realização de pactos com o grupo hegemônico; contudo suas perspectivas futuras fazem-na superar fronteiras, ir além dos limites impostos, seja na condição de mulher, negra ou pobre. Nota-se que sua persistência e seu investimento impuseram uma sobrelevação aos determinismos existentes em seus campos de possibilidades.

Nicolas inicia seu estudo secundário e ingressa na Escola Normal de Curitiba no momento histórico marcado pelo sistema político da Primeira República, que tinha suas bases na grande propriedade cafeeira e de criação, na economia primário-exportadora e no controle do poder político pelas oligarquias rurais.

Nesse contexto, o racismo recebia a roupagem científica, que buscava uma justificativa para a hierarquização das raças. Desse modo, a organização da Escola Normal, seu currículo, a legislação educacional vigente, o prestígio do título de normalista e a feminização do magistério público primário são marcos que compõem as linhas do próximo capítulo.

Por fim, com a utilização da capacidade sintética que os poemas expressam, trago a voz de Luciene Nascimento (2021), que exprime o sentir e a percepção das mulheres negras em suas vivências sobre a "tríplice discriminação", seja no trabalho ou nas relações cotidianas:

> Mulher tem que ser inteligente. Mulher preta
> Muito mais! Mas a gente abre o livro
> De história e nada ali satisfaz.

Não tem nenhum livro que diz
Que, pra uma preta, estudar feminismo
Pode ser uma tarefa infeliz.
Enquanto as brancas lutavam sem medo pelo
direito de trabalhar por elas,
nossas bisas acordavam cedo
e passavam as roupas delas,
cozinhavam as comidas delas, lustravam
os móveis delas
e cuidavam das crianças delas.
No feminismo acadêmico, um mar de onde
me levou... A sufragista veio firme,
mas a minha bisavó não votou. E até hoje
eu me confundo, tentando entender a treta:
Não votou porque era mulher ou não votou
porque era preta? Na academia ou fora dela,
que ao menos tenhamos sorte.
Todas sonhamos "um tempo em que não
tenhamos que ser tão fortes".
(NASCIMENTO, 2021, p. 23,24)

2

A ESCOLA NORMAL E A INSTRUÇÃO PÚBLICA PRIMÁRIA EM CARTAZ

Figura 7 – Ginásio e Escola Normal de Curitiba (1916)

Fonte: Boletim Casa Romário Martins – Coleção Julia Wanderley, 2005, p. 36

RECEITA PARA ARRANJAR NOIVO

Para o noivo arranjar, mesmo até as velhas,
Devem as moças proceder assim:
Avivar de seus olhos as scentelhas
E da á voz uns sons de bandolim...

Deixar as bocas mais do que vermelhas,
Trazer nas faces rosas de carmim,
E de preto pintar as sobrancelhas
Com auxílio do carvão ou do nanquim...

O colete apertar sem soltar queixas,
Comprar lindos sorrisos a um dentista
E trazer sempre crespas as madeixas...

Pós de arroz a granel, que dê na vista,
Espalhar no pescoço, nas bochechas,
E ser antes de tudo normalista...

Barão da Flor de Alface.[36]
(A BOMBA, 1913, s/p, grifo meu).

O poema de 1913 enumera várias exigências por meio de uma receita para a mulher "arranjar noivo". Em geral, os procedimentos estão associados aos cuidados com a aparência física, mas, no último verso, antes de qualquer atenção especial com a estética, as moças da época deveriam ser normalistas. Tornar-se normalista no início do século XX configura-se como um ponto nodal para as mulheres, não para conseguir um casamento, mas pelo desenvolvimento intelectual e pela possibilidade de inserção social, em um cargo prestigioso pela sociedade da época.

No ano de 1913, o progresso da cidade de Curitiba, nas palavras do viajante Nestor Victor (1913), era medido pelo comportamento de sua população. Nesse viés, a mulher é vista como modelar nas relações sociais; "senhoras distintas" serviam de referência para medir o grau de civilização da cidade. Observe:

> Achavamo-nos por acaso em frente a um grande estabelecimento de fazenda e armarinho, onde vi entrarem senhoras de distincção. Outra novidade para mim, disse eu. No meu tempo não havia senhora coritibana que viesse ás lojas sosinha fazer compras a esta hora. Parece coisa insignificante, não é? Mas póde-se, medir a civilisação de uma terra pela liberdade de movimentos que tenham nella as mulheres. E olhem: vejam

---
[36] Barão da Flor de Alface é o pseudônimo do poeta paranaense Rodrigo Júnior (1887-1964).

> que diferenssa entre o porte destas senhoras e o ar acanhado, profundamente provinciano que ellas tinham, em geral, ha vinte ou trinta annos atraz. Enquanto conversavamos, ia-se animando aos poucos o transito publico, e o que eu vira nas damas via analogamente nos homens: estes estavam ganhando outro andar, outra attitude, muito mais cidadã que a de outr'ora. Sensivel melhora no vestir masculino, e todos de barba feita, como no domingo antigamente. Dos que passavam, varios detinham-se para escovar as botinas no engraxate, (industria que não havia ali no meu tempo), si não as traziam luzindo de casa. E eu notava que os cumprimentos agora já eram mais comedidos e sobretudo menos familiares, sem a imcommoda facecia egualitaria de aldeia a que todos tinham de submetter-se ainda ha vinte annos atraz. (VICTOR, 1913, p. 121-122).

Utilizando-se de uma linguagem hiperbólica, Nestor Victor (1913) busca enaltecer a população da cidade de Curitiba. Entretanto, ao tecer elogios, o viajante deixa transparecer sua percepção etnocêntrica, pois, para ele, em virtude da presença dos imigrantes, a cidade de Curitiba tinha alcançado o progresso por meio do branqueamento das pessoas na ocupação demográfica da capital paranaense.

> Coritiba é hoje uma terra que se pode dizer contente. Depois, concorre muito para isso, aos olhos dos que vão ao Rio, **ver uma população geralmente nédia e corada como bem raro nós somos aqui.** Parece ainda aquella jovem Capital, assim, uma terra de engorda, onde se vive á farta e milagrosamente. (VICTOR, 1913, p. 123, grifo meu).

Na "contente" cidade de Curitiba, que se diz moderna pela autonomia dada às mulheres e pelas suas feições europeias, cresce a menina negra Maria Nicolas. A escola enquanto espaço de formação era igualmente um instrumento de veiculação do ideário do momento, corroborava para propagação dos valores em voga, como o civismo e o patriotismo, dentre outros; portanto o magistério era o baluarte na divulgação das concepções da jovem república curitibana, no qual Nicolas viveu enquanto aluna e professora. Assim:

> No Brasil da recém-proclamada República, o alienamento popular em relação ao regime estabelecido cria a urgência de sua legitimação. E, na necessidade de impressionar favoravelmente o imaginário popular, os republicanos engendram uma série de estratégias destinadas a consolidar, pela via racional, o novo momento sociopolítico (*sic*) do país. [...]

escola e mulher são utilizadas como veículo de reprodução dos objetivos maiores da nação. (TRINDADE, 1996, p. 87).

Maria Nicolas insere-se nessa atmosfera ao adentrar a Escola Normal,[37] espaço de projeção social e reconhecimento simbólico, uma vez que ao se tornar normalista, o seu diploma configura-se como um passaporte ao acesso a "lucros simbólicos" (BOURDIEU, 2013, p. 76), pois o documento designa a adoção de certas condições de existência pela aquisição da disposição estética de um determinado grupo. A formação na Escola Normal é um aspecto substantivo em sua trajetória, que lhe permitiu ir para além do espaço doméstico – lugar específico para muitas mulheres de seu tempo.

Nicolas cursou a Escola Normal de Curitiba entre os anos de 1913 e 1916. Em seu primeiro dia de aula, ao dirigir-se para a única instituição de ensino no Paraná que realizava a formação de professoras/es normalistas, encontrou pelo caminho seu vizinho, o Dr. Benjamim Pessoa.[38] Desse encontro surgiu um pequeno diálogo na forma de um aconselhamento, que ficou registrado na memória de Maria Nicolas.

Segundo a anotação em seu diário, o Dr. Benjamim orientou-a a manter-se sempre dedicada às lições, realizando-as de acordo com seus prazos. Nas palavras de Nicolas, foi um: "Abençoado conselho: seguindo à risca não perdi ano" (NICOLAS, [19--]b, p. 4).

O interesse demonstrado por Nicolas pelos estudos ao longo de sua vida exigiu-lhe constante investimento e dedicação, especialmente de tempo, portanto suas ações nos espaços de atuação são desencadeadas principalmente pela concordância com as regras do jogo.

Seu ingresso na Escola Normal configura-se, nos termos de Bourdieu (1996b), como o "entrar na vida"; por conseguinte, a aprovação em todas as disciplinas do curso, outorgando-lhe o diploma de normalista, patenteia seu "investimento inaugural" no jogo. Bourdieu (1996a, p. 27) conclui: "Essa crença no jogo, no valor do jogo, e de suas apostas, manifesta-se antes de tudo [...] no espírito de seriedade, essa propensão a levar a sério todas as coisas e os homens socialmente designados como sérios – a começar por si mesmo – e apenas esses".

---

[37] Atual Instituto de Educação do Paraná Professor Erasmo Pilotto.
[38] Benjamin Pessoa (1958-1928) nasceu em Bananeiras - PB. Cursou a Faculdade de Direito em Recife. Em 1891, mudou-se para o Paraná, onde iniciou a magistratura como promotor público de Antonina. Exerceu vários cargos, tais como: deputado estadual, juiz de Direito em Campo Largo, auditor de guerra e outros na cidade de Curitiba (NICOLAS, 1953).

Os primeiros passos de Nicolas na Escola Normal ocorreram como aluna ouvinte durante o ano de 1913. Utilizando-se do recurso de um requerimento à Instrução Pública, Nicolas solicitou a anuência dos legisladores para prestar exame das matérias que constituíam o 1º ano da Escola Normal, em fevereiro de 1914.

O Congresso Legislativo do Estado do Paraná, diante das provas de que Nicolas havia frequentado as aulas regularmente, na Escola Normal, durante o ano de 1913, deferiu seu pedido para realização dos exames por meio de um parecer[39] que permitiu a ela a continuidade dos estudos de normalista (A REPÚBLICA, 1913).

Em 26 de fevereiro de 1917, pelas mãos do diretor da Escola Normal, Sebastião Paraná, Maria Nicolas recebeu o título de normalista. Em conformidade ao artigo 325 do Código de Ensino de 1917, a composição de seu desempenho final foi registrada no verso de seu diploma, a saber:

Quadro 4 – Resultado do desempenho de Maria Nicolas no curso de normalista

Matérias	Notas (grau)	Resultado
Musica	9	Aprovada com distinção
Pratica Pedagogica	8	Aprovada plenamente
Trabalhos Manuais	7	Aprovada plenamente
Moral, Direito Patrio e Economia Política	6	Aprovada plenamente
Historia Geral	6	Aprovada plenamente
Historia do Brazil	6	Aprovada plenamente
Hygiene e Agronomia	6	Aprovada simplesmente
Francês	6	Aprovada simplesmente
Pedagogia	5	Aprovada simplesmente
Português	5	Aprovada simplesmente
Arithmetica	5	Aprovada simplesmente
Physica e Chimica	5	Aprovada simplesmente

---

[39] O parecer foi deferido pela análise do projeto n.º 20, que cita que a requerente apresentou todas as provas necessárias de que havia frequentado com assiduidade as aulas do 1º ano da Escola Normal. O deferimento foi assinado por Benjamim Pessoa, Celestino Junior e Ottoni Maciel. Note que Benjamim Pessoa é o mesmo que a estimula à dedicação aos estudos.

Geographia	4	Aprovada simplesmente
Historia Natural	4	Aprovada simplesmente
Chorographia do Brazil	3	Aprovada simplesmente
Desenho	3	Aprovada simplesmente
Gymnastica Sueca	-	-

Fonte: elaborado pela autora a partir das informações que constam no verso do diploma de normalista de Maria Nicolas – 26.02.1917

Nicolas foi admitida na Escola Normal, pois era aluna egressa da Escola Intermediária, anexa à Escola Tiradentes. Após cursar os dois anos exigidos, pela normativa, ela pôde adentrar o ensino secundário e tornar-se normalista. Segundo a legislação vigente, somente poderiam matricular-se na Escola Normal as/os estudantes aprovadas/os nos exames das matérias do 2º ano do curso intermediário: "Art. 188.º O curso intermediário será de dous anos, valendo para admissão á matrícula no Gymnasio a aprovação em exame das materias do primeiro anno e para admissão á matrícula na Escola Normal a aprovação em exame das matérias do segundo anno" (PARANÁ, 1915, p. 39).

Desse modo, antes de cursar a Escola Normal, Nicolas estudou por dois anos no ensino intermediário da Escola Tiradentes. Essa escola era regida, na época, pela professora Julia Wanderley, a qual, pela sua peculiar trajetória, possuía uma reputação valorada no meio educacional, o que elevava o status da escola por ela dirigida.

Figura 8 – Julia Wanderley ao tratar de matrículas para a Escola Normal (1913)[40]

Fonte: Boletim Casa Romário Martins – Coleção Julia Wanderley, 2005, p. 14

Ao realizar seus estudos na Escola Intermediária, Maria Nicolas chancela sua possibilidade de tornar-se uma professora normalista, pois Julia Wanderley incentivava que suas alunas frequentassem a Escola Normal. Ela própria auxiliava esse processo, realizando os trâmites e encaminhando pessoalmente as estudantes ao curso de formação de docentes (BOLETIM CASA ROMÁRIO MARTINS, 2005).

Nicolas, durante o seu percurso na Escola Intermediária, foi aluna da professora Julia Wanderley (1874-1918). Apesar de considerar a professora enérgica, ao descrever os procedimentos disciplinares da mestra, atenua a rigidez de Julia, considerando-a como "humana e justa".

---

[40] No manuscrito da foto é possível perceber algumas inscrições, como: "A Rua 15 de Novembro [ilegível], 26 de fevereiro de 1913 [ilegível] E. Normal". Na legenda da foto, publicada no Boletim da Casa Romário Martins, consta: "Rua 15, entre Marechal Floriano e Monsenhor Celso". Nas anotações, Julia informa que foi tratar das matrículas de alunas para a Escola Normal. 1913. Foto: Arthur Wischral (BOLETIM DA CASA ROMÁRIO MARTINS, 2005, p. 14).

> O que nos aborrecia, quando seus alunos, era nos deixar de castigo, quando algumas erravam a lição, muito embora houvéssemos sabido, isto é, respondido certo. Mas, em sua sábia compreensão não nos castigava, nem nada nos dizia, quando ressentidas com a injustiça, não respondíamos às suas perguntas após haver passado o prazo do castigo, de pé. Era humana. Justa. (NICOLAS, 1977, p. 182).

Tais adjetivos fazem-se presentes pelo cultivo de sentimentos de gratidão que Nicolas possuía pela sua professora, que serão discutidos posteriormente, quando Nicolas adentra o magistério público paranaense e passa a ser colega de classe de Julia Wanderley.

Devido ao falecimento de Julia Wanderley, Nicolas a substitui como professora no Grupo Escolar Tiradentes. No momento em que Nicolas inicia a docência no magistério público paranaense, em 1917, a sua primeira nomeação oficial foi para atuar na Escola Tiradentes, em uma das classes da Escola Intermediária. De ex-aluna, Nicolas torna-se colega de classe de Julia Wanderley, contudo a convivência entre ambas ocorreu por um período de tempo pequeno; o convívio foi abreviado pela enfermidade de Julia e seu posterior falecimento, em 1918.

Nicolas contou sobre o último contato com a mestra e, então, colega de profissão:

> Depois de operada, passando por alguma melhora, ainda visitou a sua Escola Intermediária. Estávamos dando aula: de pé, atrás da sua mesa, falávamos. Ao abrir-se a porta, vimo-la abatida, mas sorriu-nos. Quisemos falar-lhe, acenou com a mão que não, e foi andando para a sala da D. Maria Angela Franco. Ao meio da sala voltou-se e pronunciou para mim, estas últimas palavras: "Muito bem, Maria Nicolas, mas, mais devagar, mais vagar...". Virou-se e entrou na citada sala, daí só a vi no caixão mortuário. (NICOLAS, 1977, p. 182).

O falecimento de Julia Wanderley gerou significativa comoção na sociedade curitibana da época. Sua posição como diretora de uma importante instituição no cenário curitibano, seu pioneirismo no ingresso da Escola Normal, em uma época em que as mulheres não o faziam, o prestígio que possuía no meio educacional e o fato de morrer no auge de uma carreira promissora propiciam uma percepção mítica dessa profissional (Silvete Aparecida Crippa de ARAUJO, 2013).

Conforme discutido até o presente momento, durante o período em que Nicolas cursou a Escola Normal, essa era uma instituição importante na formação de professoras/es paranaenses. No intuito de refletir sobre sua organização escolar, nas linhas que seguem, será feita uma análise da composição curricular da Escola Normal, com a descrição do perfil dos professores de Nicolas, e a ponderação acerca do efeito do título de normalista e a estrutura educacional do Paraná nos anos iniciais do século XX.

2.1 O JOGO CÊNICO DA ESCOLA NORMAL

A Escola Normal foi criada pela Lei n.º 238, de 19 de abril de 1870, mas, em virtude de questões que envolviam principalmente recursos orçamentários, a proposta de sua criação, efetivamente, só saiu do papel nos anos finais da monarquia brasileira, com a Lei n.º 456, de 12 de abril de 1876 (MIGUEL, 2008).

Em seu estágio inicial, a Escola Normal apresentou diversas dificuldades, tanto em sua efetivação, abrindo e fechando algumas vezes, quanto ao número de matrículas. Por isso era comparada a uma "flor exótica", que não se adaptava aos ares curitibanos. Com algumas reformas na legislação, como a revisão da vitaliciedade do cargo dos professores não normalistas e a feminização do magistério primário, gradativamente a instituição assentou-se como referência na formação de professoras/es paranaenses. Da sua fundação até o ano de 1922, a Escola Normal funcionou no mesmo prédio do Ginásio Paranaense (MIGUEL, 2008).

Embora fatores de ordem econômica, política e social interferissem na efetivação da implantação da Escola Normal, durante seus primeiros anos de existência essa instituição foi consolidando-se gradativamente na formação das/os professoras/es paranaenses. Inicialmente, o curso de normalista perfazia o tempo de dois anos; passou para três anos e, em 1907, foi alterado para um total de quatro anos (Decreto n.º 479, de 10 de dezembro de 1907). Contudo, em virtude da revogação do presente dispositivo, a ampliação do número de anos na formação docente somente ocorreu com o Decreto n.º 350, de 26 de maio de 1914.

Ao adentrar a Escola Normal, Maria Nicolas teve a sua formação pedagógica regida por diferentes dispositivos legais. O Decreto n.º 350, de 26 de maio de 1914, pode ser considerado um prelúdio do Código de Ensino de 1915 no que tange à organização curricular do curso da Escola Normal. Ao ser sancionado, o presente dispositivo legal substituiu a norma em vigor estabelecida pelo Decreto n.º 93, de 11 de março de 1901.

No intuito de observar a evolução numérica quanto ao número de matrículas na Escola Normal, elaborei o Gráfico 1, pelo qual é possível observar o total de matrículas realizadas nessa instituição, desde os anos iniciais de sua implementação até o ano em que Maria Nicolas tornou-se normalista.

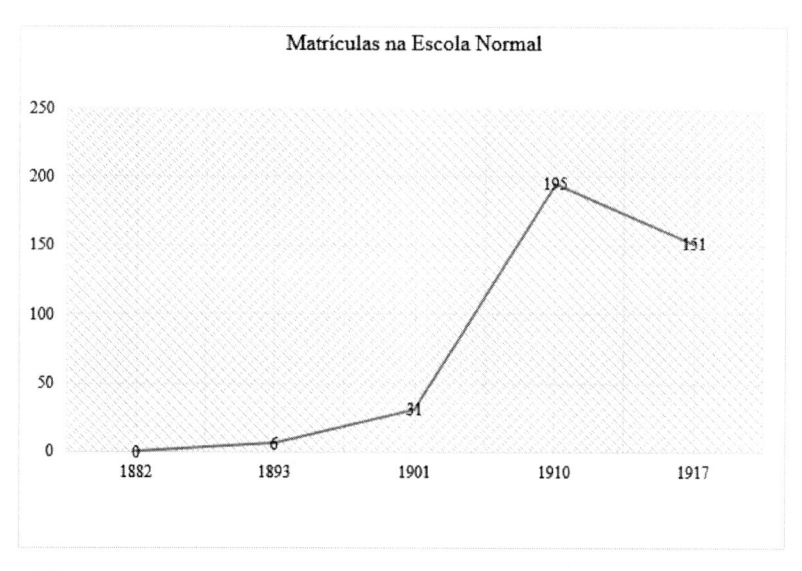

Gráfico 1 – Número de matrículas na Escola Normal (1882-1917)

Fonte: elaborado pela autora a partir do relatório do inspetor de ensino, Raul Gomes, de 1917

O Gráfico 1 demonstra a ausência de matrículas na Escola Normal em seus anos iniciais e um crescimento numérico significativo entre os anos de 1901 a 1910, variando de 31 para 195 matrículas, respectivamente. Durante os anos iniciais do século XX, ocorre a institucionalização das escolas públicas paranaenses com a criação dos grupos escolares; por conseguinte, há um aumento na demanda de professores normalistas. O aumento das matrículas efetivadas no primeiro decênio do século XX da Escola Normal reflete a distinção existente entre as/os professoras/es que possuíam o título de normalista aos que não eram detentores dessa prerrogativa.

A consolidação do aumento no número de matrículas da Escola Normal ocorreu especialmente por ser a única instituição responsável pela formação pedagógica dos professores paranaenses nos dois primeiros decênios do século XX. Outro fator que corrobora o aumento de matrículas no ensino secundário da Escola Normal diz respeito ao fato de não haver instituições de ensino superior naquele período. E mesmo após a existência de alguns cursos superiores, com a criação da Universidade do Paraná,[41] a democratização do acesso a essa instância de ensino não ocorreu de modo equânime ao longo do processo histórico dessa instituição.

O Quadro 5 expõe por exemplo, o quanto a presença feminina nos anos iniciais da Universidade do Paraná era assimétrica em seus números, pois, dos 143 estudantes matriculados, apenas sete eram mulheres, distribuídas em quatro dos sete cursos existentes, a saber: Direito (01), Medicina (01), Pharmacia (02), Odontologia (03).

Quadro 5 – Matrículas na Universidade do Paraná (1917)

Cursos	Matrículas	
	Masculino	Feminino
Direito	34	01
Commercio	03	00
Medicina	31	01
Pharmacia	10	02
Odontologia	06	03
Engenharia	44	00
Agronomia	08	00
Total:	136	07

Fonte: elaborado pela autora a partir do relatório do inspetor de ensino, Raul Gomes, de 1917, p. 195

Dada a impossibilidade de frequentar um curso superior, a Escola Normal para as mulheres era um espaço privilegiado de aquisição cultural e ascensão social. O caráter portentoso do diploma adquirido na Escola Normal faz referência às discussões delineadas por Bourdieu (2017, p. 28), sobre a nobreza escolar: "[...] a identificação do 'homem culto' e a aceitação das exigências que aí estão inscritas implicitamente – e serão tanto mais extensas quanto mais prestigioso for o título – constituem uma só e mesma coisa".

---
[41] A Universidade do Paraná foi oficialmente instalada em 19.12.1912. Em março de 1913, iniciaram as aulas, com 96 alunos e 26 professores, nos cursos a saber: Direito, Farmácia, Odontologia, Engenharia e Comércio (RATACHESKI, 1953).

Os dados apresentados no Gráfico 2 confirmam, em seus números, a valorização patenteada aos diplomas da Escola Normal pela sua raridade. Nota-se que houve um crescimento numérico expressivo entre os anos iniciais do regime republicano até o ano de 1917, especialmente no primeiro decênio, entre 1900 e 1910. Conforme dito, retrata a fase de reorganização do ensino paranaense, em que ocorreu a inserção do ensino seriado e a criação dos grupos escolares.

Assim, como incentivo à formação pedagógica e à nova organização do ensino secundário, o ano de 1906 culminou com a separação dos cursos entre a Escola Normal e o Ginásio Paranaense. O Gráfico 2 expõe um crescimento dos concluentes da Escola Normal, entre 1892 e 1917, que aconteceu de sete para 29 estudantes, respectivamente.

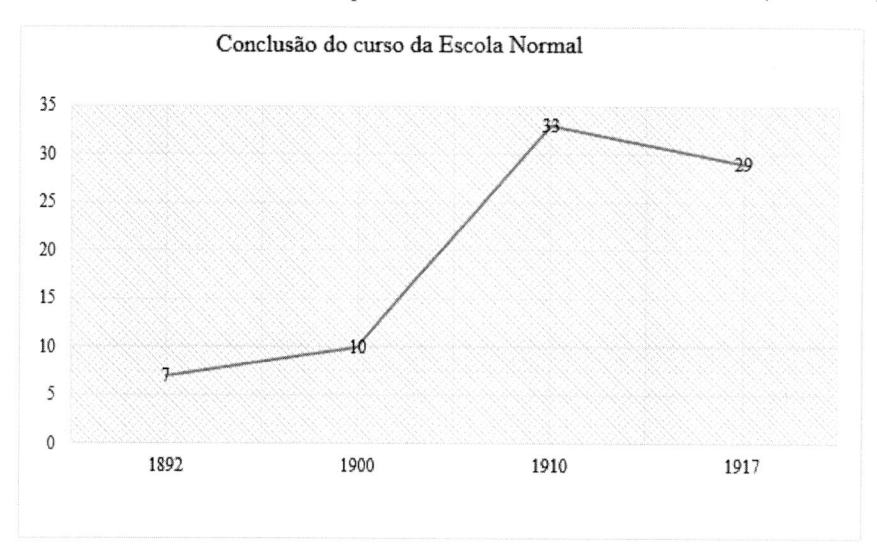

Gráfico 2 – Número de estudantes que concluíram o curso da Escola Normal (1892-1917)

Fonte: elaborado pela autora a partir do relatório do inspetor de ensino, Raul Gomes, de 1917

Observa-se, no Gráfico 2, que em termos de progressão numérica, ele é similar ao Gráfico 1, visto que houve um aumento do número de estudantes formados entre 1892 e 1917. Considerando a quantidade de matrículas em proporção à quantidade de estudantes que finalizaram o curso da Escola Normal; o percentual de estudantes que concluiu o curso entre 1901 e 1907 é pequeno quando mensurado pela quantidade de matrículas realizadas. Isto é, constata-se que, em 1901, há 195 matrículas para 33 diplomados, representando 16,9% do total e, em 1917, são 151 matrículas para 29 diplomados, perfazendo 19,2% do total.

O intervalo temporal em que houve o maior número de matrículas e concluintes na Escola Normal, ou seja, os anos iniciais do século XX, pode ser cotejado ao número existente de escolas públicas primárias no Paraná (Quadro 6), observando-se, especialmente, o aspecto daquelas que eram providas com professoras/es, fossem elas/es normalistas ou leigas/os, e aquelas que existiam, mas não havia nenhum profissional para ministrar o ensino, sendo consideradas como escolas vagas.

Quadro 6 – Número de escolas públicas primárias no Paraná (1900-1910)

Anos	Número total de escolas	Número total de escolas providas	Número total de escolas vagas
1900	337	269	68
1901	351	238	113
1902	340	196	144
1903	348	198	150
1904	374	203	171
1905	343	210	133
1906	351	218	133
1907	355	239	116
1908	355	247	108
1909	485	273	212
1910	514	288	226

Fonte: elaborado pela autora a partir dos relatórios dos Secretários de Governo do Paraná (1900 a 1910)

Observa-se, no Quadro 6, que houve um crescimento considerável de escolas criadas, totalizando o número de 514, ao final do decênio analisado, o que representa um acréscimo de 177 escolas no intervalo de 10 anos. A proporção de escolas providas e vagas cresceram de modo não semelhante entre si. Se, em 1900, havia 20,1% de escolas vagas em relação ao total de escolas criadas, já em 1910, essa proporção aumenta para 43,9% do total. Em síntese, mesmo com aumento significativo de normalistas que concluíram o curso da Escola Normal e com a contratação de professoras/es não diplomadas/os, as ações ensejadas no âmbito educacional não foram suficientes para atendimento da demanda do período.

Os governantes criaram novas instituições de ensino primário, cresceu o número de escolas providas, especialmente por professoras/es normalistas, mas o problema das escolas vagas, que não contavam com uma/um profissional reponsável pela docência, não foi resolvido. A criação de uma escola em determinada localidade só faz sentido quando há demanda de alunos que a frequentem. No entanto, mesmo com o aumento substantivo de escolas criadas, quando não providas, pela falta de professoras/es, elas não cumpriam seu papel. Desse modo, o quadro de precariedade no ensino público permanecia inalterado.

2.2 A ATUAÇÃO DOS DOCENTES DA ESCOLA NORMAL

A Escola Normal constituía-se como uma importante instituição no cenário intelectual de Curitiba. Quando Maria Nicolas iniciou seus estudos de normalista, a capital do Paraná configurava-se como um espaço político e de enunciação dos discursos republicanos acerca da modernização[42] da educação paranaense. Os professores da instituição recebiam as influências marcadas pelas disputas entre os grupos católico e laico. Assim, a vinculação institucional das/dos docentes e dirigentes na Escola Normal permitia a formação de alianças com fins de somar forças às suas bandeiras.

Em sentido ilustrativo ao exposto, em 1913, o periódico jornalístico *A Bomba*, que tinha como característica o humor crítico e irônico, trazia uma nota sobre a contratação do professor Laurentino Azambuja que, na concepção do jornal, dava-se pelo seguinte fato:

> Depois que se começou a propalar que o sr. Carlos Cavalcanti combinou de entregar o contestado ao sr. Lauro Muller, por intermédio do corretor Bartolomeu, o povo não perde mais esses pequenos factos...Assim, quando se deu a nomeação do dr. Laurentino Azambuja para o Gymnasio, logo assentou que a nomea-

---

[42] O período compreendido entre o final do século XIX e início do século XX constitui-se em um momento de mudanças na sociedade curitibana, de crescimento econômico, de disseminação de novas ideias e práticas culturais, que se manifestaram no interior de um projeto de modernização de Curitiba. A modernidade não representou uma inovação em um setor específico, mas todo um ideário de desenvolvimento social, educacional, político e econômico (ANDRADE, 2002).

ção foi por ter esse professor declarado, numa escola publica paranaense, que o contestado pertence a Santa Catharina!!!!
Como as opiniões do professor e do governo afinam, o snr. Azambuja foi nomeado...
E o povo, convenhamos dr. Pathé, tem lá sua pitada de logica...
Olá se tem! (A BOMBA, 1913, s/p).

A Escola Normal, nos anos iniciais do século XX, constituía-se como um espaço de propagação de valores, visões de mundo e de engendramento de discursos que culminaram com as reformas educacionais da década de 1920. Além das questões políticas que fervilhavam no momento, como a Guerra do Contestado,[43] tem-se, igualmente, o movimento anticlerical liderado pelo professor da Escola Normal, Dario Persiano de Castro Vellozo (1869-1937),[44] que obteve divergências com autoridades governamentais e sanções administrativas no exercício de sua função:

> Por decisão do Poder Executivo, de 8 de Março findo, foi suspenso, por 3 ½ mezes, das funções de seu cargo, o lente Dario Persiano de Castro Vellozo, *(sic)* visto ter incorrido nas penas do art. 127, § 1.º, letra C, art. 132, § 1.º e art, 134 do Regulamento que baixou com o Decreto 93 de 11 de Março de 1901. Em 24 de Junho reassumio o exercicio de seu cargo. (XAVIER, 1909, p. 53).

Em seu estudo sobre o professor Dario Vellozo, Maria Lúcia de Andrade (2002) evidencia os confrontos político-filosóficos como traços comuns na trajetória do docente e que suas posturas pessoais perfaziam ações em seu ambiente profissional. A influência do professor Dario Vellozo em seus

---

[43] "O nome Contestado não faz jus à complexidade do movimento que eclodiu no sul do Brasil, no ano de 1912. A contestação dos limites territoriais entre Paraná e Santa Catarina foi apenas uma das muitas fagulhas a despertar uma das maiores revoltas sociais ocorridas no campo, em território nacional. Apesar de insuficiente, o título diz muito sobre aqueles que possuem poder de registrar os feitos históricos, assim como sobre a prioridade política na resolução desse conflito: com a intervenção federal na região – ocorrida em setembro de 1914 –, urgia eliminar a disputa entre as lideranças políticas dos estados vizinhos e impedir que o movimento se alastrasse para além das fronteiras paranaenses e catarinenses. Tais disputas colocavam em risco o domínio das oligarquias e ameaçavam comprometer o jogo político nacional. [...] O ano de 1916 é registrado, oficialmente, como o fim do conflito social no Sul do Brasil. Nesse ano, ocorreu a prisão do último grande líder do movimento – Adeodato Ramos – e foi assinado o tratado de limites territoriais entre Paraná e Santa Catarina. Esse evento ocorreu no salão nobre do palácio presidencial no Catete, no Rio de Janeiro, e foi aclamado pela imprensa como marco da pacificação do conflito. Na ocasião da assinatura do acordo, estiveram presentes o então presidente da República, Venceslau Brás, o presidente do Paraná, Afonso Alves de Camargo, e o de Santa Catarina, Felipe Schmidt, além de outras autoridades civis e militares" (RODRIGUES, [200?], s/p).

[44] Vellozo nasceu no Rio de Janeiro, prestou exame de humanidades no Colégio Pedro II. Em 1885, mudou-se para Curitiba. Na Escola Normal ministrava a matéria de História Universal e do Brasil. Era maçom, grau 33. Em 1909, fundou o Instituto Néo Pitagórico, na localidade de Retiro Saudoso, em Curitiba. Foi poeta, prosador e jornalista. Publicou diversas obras e fundou os jornais *Revista Azul, Cenáculo, Esfinge, Ramo de Acácia, Mirto e Acácia, Pitágoras, Brasil Cívico, Pátria e Lar, Luz de Krotona* etc. Colaborou nas revistas *Clube Curitibano, A Escola, Revista Azul, Jerusalém* e outras (NICOLAS, 1969).

alunos, possivelmente ultrapassava aspectos meramente pedagógicos. Pela descrição da manifestação a seguir, no momento do retorno de uma suspensão imputada a ele, é perceptível uma efusiva afetividade e identificação ao trabalho do professor, sublinhada pela proclamação de "vivas" durante seu retorno à Escola Normal. Na ocasião, as/os estudantes o ovacionaram:

> Manifestação
> Os alunos do Gymnasio e da Escola Normal, por iniciativa do Centro dos Estudantes Paranaenses, promoveram hoje brilhante manifestação ao sr. Dario Vellozo, *(sic)* pelo facto de ir ele tomar conta da sua cadeira de lente daqueles cursos, apoz terminada a pena de suspensão que lhe foi imposta. Encorporados e precedidos da banda de musica do 2.º de cavalaria, foram os estudantes buscar o seu ilustre professor Á Aquidabam, onde falou o sr. Tiburcio de Carvalho, 2.º orador do Centro e dahi acompanharam-no até ao edifício do Gymnasio, vivando-o constantemente. As escadarias desse estabelecimento de ensino se achavam guarnecidas de alumnas da Escola Normal que cobriram de flores o manifesto, erguendo enthusiasticos vivas. (DIARIO DA TARDE, 1909, p. 2).

Diante do exposto, pode-se considerar que a Escola Normal era um microcampo de poder dos espaços socialmente constituídos em Curitiba. As/os professoras/es, com suas diferentes formações e percepções políticas, dividiam-se entre as ideologias em voga. Pela falta de autonomia própria desse espaço, diante de um determinado posicionamento individual, as/os agentes que estavam circunscritos naquele lugar poderiam ser silenciados, punidos ou ovacionados.

Ainda é importante evidenciar a atuação das/os docentes da Escola Normal junto ao estado na regulação das leis que regiam a instrução pública do Paraná. Essas/es profissionais compunham as comissões para elaboração de leis, decretos e regimentos paranaenses, cuja influência ocorria de forma direta na prática escolar da educação primária.

A revista *O Olho da Rua*, por meio de suas críticas, na ocasião da aprovação do Decreto n.º 479, de 10 de dezembro de 1907, não poupou sua afiada opinião em relação aos professores da Escola Normal, que compunham a comissão de elaboração do dispositivo legal supracitado, a saber: professores Alvaro Jorge, Affonso Augusto Teixeira de Freitas e João Lagos. No entendimento da revista:

> Uma comissão de três nulidades foi encarregada de organizar o regulamento da instrucção publica. Como era de esperar esse regulamento sahiu um prodigioso amontoado de imbecilidades. De prompto recebeu a reprovação de todos os que

> realmente se interessam pelo desenvolvimento intelectual dos nossos jovens patrícios. E apesar de tudo foi aprovado e ahi está e vae entrar em vigor, aniquilando por completo o pouco que há feito de bom relativamente ao ensino. [...] Uma reforma completa do mostrengo é exigida. E ao congresso que no louvável intuito de melhorar a instrução votou a lei que autorizou a confecção de um remodelamento do ensino publico compete analysar e expurgar da obra dos srs. Teixeira de Freitas, Lagos e Alvaro Jorge, tudo que ella tem de nocivo, isto é, fazel-a desaparecer, regeital-a por completo. (OLHO DA RUA, 1908, s/p).

De acordo com Wanessa Godri de Oliveira e Elaine Rodrigues (2019), que realizaram um estudo sobre a representação da educação por meio das charges da revista *O Olho na Rua*, tem-se que:

> As críticas de O Olho da Rua não se limitaram simplesmente aos responsáveis pela elaboração do regulamento de Instrução Pública de 1907. São críticas ao próprio momento histórico vivido pelo Brasil em decorrência da dificuldade de efetivar uma instrução capaz de alfabetizar uma nação analfabeta, promover escolarização primária e, em concomitância, desenvolver um país republicano moderno e civilizado. (OLIVEIRA; RODRIGUES, 2019, p. 586).

No Quadro 7 é possível observar algumas características na composição do corpo docente da Escola Normal, no período em que Maria Nicolas foi estudante: nomes da/os docentes, matérias ministradas e o ano, embora alguns dados estejam ausentes, pois não foi encontrado um material que apresentasse a relação exata de professoras/es entre 1913 e 1916; mesmo assim, tem-se nominados 13 professores e uma professora atuante no período discutido.

Quadro 7 – Professora/es da Escola Normal (1913-1916)

NOMES	FUNÇÕES	1913	1914	1915	1916
Sebastião Paraná	Lente de Geografia e Corografia do Brasil	X	X	X	X
Dario Persiano de Castro Vellozo	Lente de História Universal e do Brasil	X	X	X	X
Eusebio Silveira da Motta	Lente de Português	X			
Emiliano Pernetta	Lente de Português			X	X

NOMES	FUNÇÕES	1913	1914	1915	1916
Lysimaco Ferreira da Costa	Lente de Física e Química	X	X	X	
Laurentino Argeo de Azambuja	Lente de Português e Literatura	X			X
	Lente de Português e francês		X	X	
Alvaro Pereira Jorge	Lente de Aritmética e Álgebra	X	X	X	X
Reinaldo Machado	Lente de História Natural	X	X		X
	Lente de Física e Química			X	
Affonso Augusto Teixeira de Freitas	Lente de Geometria, Aritmética e Trigonometria	X	X	X	
Padre João Baptista Peters	Lente de Francês	X			
	Lente de Latim e Grego	X	X		
Hugo Gutierrez Simas	Lente de Pedagogia e Lógica	X	X		
Luiz da Silva Bastos	Professor de Música e Canto	X	X	X	
Frederico Guilherme Lobe	Professor de Desenho	X	X		
Dulce Loyola	Professora de Prendas Domésticas	X	X	X	X

Fonte: elaborado pela autora a partir dos relatórios dos Secretários de Governo do Paraná de 1913, 1914 e 1916. Para o ano de 1915, utilizei como fonte o livro de Atas dos exames da Escola Normal

Vê-se a presença majoritária masculina na composição docente da Escola Normal; apenas uma professora é mulher, Dulce Loyola, que lecionava o conteúdo de prendas domésticas, área destinada exclusivamente ao perfil feminino.

Nas décadas iniciais do século XX, enquanto no magistério primário a tendência visava à crescente presença de mulheres na transmissão de conhecimento e formação das futuras gerações, nos cargos administrativos que envolviam ações de comando e hierarquia ocorria o inverso, pois, em detrimento da presença feminina, perfazia a masculina nos cargos mais altos da máquina pública. Sabendo-se da importância da Escola Normal naquele contexto, é perceptível notar que a presença majoritária de professores homens está associada tanto à oportunidade reservada aos homens de terem uma formação acadêmica de nível superior quanto à sua influência e à ação política no meio curitibano, legitimadas pelo patriarcalismo de sua voz masculina.

No Quadro 7 é possível notar que havia uma diferenciação entre as funções exercidas pelas/os professoras/es, regulamentação prevista pelo Decreto n.º 93, de 11 de março de 1901, que discriminava as/os professoras/es da seguinte forma: "Art. 191º. Os funcionários do corpo docente do Gymnasio terão todos a categoria de lentes cathedraticos, com exceção dos que lecionarem desenho e gymnastica, que serão: o primeiro, professor e o segundo mestre" (PARANÁ, 1901, p. 130).

Tal diferenciação insidia tanto no status quanto na remuneração desses profissionais. Os professores de Desenho e os mestres de Ginástica recebiam metade dos proventos dos lentes catedráticos da Escola Normal – vencimento anual era de 2:400$000 réis. O alemão Frederico Guilherme Lobe, professor de Desenho, insatisfeito com a situação, em 1914, encaminhou um requerimento ao secretário da Instrução Pública, a fim de receber aumento em seus vencimentos, contudo não foi possível localizar se o pedido foi atendido. Mas infiro que, pelas recorrentes mudanças de professores nessa área, tal situação não foi modificada.

Ainda, com menor remuneração encontravam-se os professores de Música e de Trabalhos Manuais, no caso 1:800$000 réis por ano. A matéria de Trabalhos Manuais era ministrada por uma professora.

Quadro 8 – Vencimentos dos professores do Gymnasio e Escola Normal

CATEGORIA	VENCIMENTOS ANNUAIS – RÉIS		
	Ordenado de cada um	Gratificação de cada um	Total de cada um
Professor Cathedratico	3:200$000	1:200$000	4:800$000
Professor de Desenho	1:600$000	800$000	2:400$000
Professor de Gymnastica	1:600$000	800$000	2:400$000
Professor de Musica	1:200$000	600$000	1:800$000
Professora de Trabalhos Manuaes	1:200$000	600$000	1:800$000
Inspector de alumnos	1:600$000	800$000	2:400$000

Fonte: Código de Ensino de 1915, p. 64

A distinção entre o grupo de docentes não se fazia apenas pela alcunha que recebiam, ou seja, aqueles que eram chamados de lentes e os de professores ou mestres, mas igualmente nas percepções das/os alunas/os daquele estabelecimento. Sobre tal fato, nas memórias de Maria Nicolas, há o relato de algumas passagens de quando era estudante da Escola Normal; como exemplo, têm-se a descrição da metodologia de trabalho do lente catedrático Dr. Euzébio Silveira da Motta:

> [...] na matéria que prelecionava, então? [...] Explicava com clareza e erudição. Condescendentemente inquiria. Como era bom fazer exame com o dr. Euzébio! [...] Entretanto, o bondoso mestre desfrutava inabálavel prestígio perante os alunos, a quem tratava paternalmente. Jamais se negou a dar explicação, fora das aulas, aos alunos que lh'a pedissem, ou se mostrou enfadado com tal pedido. (NICOLAS, 1954, 121).

Ainda sobre a distinção dos professores da Escola Normal pelos diversos fatores apresentados até o momento, Bourdieu (2003) apregoa que o espaço social é construído de acordo com as posições de seus agentes. Elas são diferenciadas pelo volume de capital que eles têm, portanto, os vínculos sociais de um grupo em um mesmo campo de atuação são consolidados à medida que ocorre uma simetria entre os capitais econômico e cultural. Assim, entende-se que a dessemelhança nos salários das/dos professoras/es, de alguma forma, tinha um sentido simbólico, refletido nas relações interpessoais e na formação de grupos por afinidades.

Nesse sentido, infere-se que o capital cultural possuía um peso significativo no espaço da Escola Normal. É notável a associação dos lentes catedráticos em diversos espaços culturais; seus membros aproximavam-se de instituições que os diferenciavam ainda mais, como: o Clube Curitibano, o Instituto Histórico Geográfico e Etnográfico do Paraná, o Centro de Letras do Paraná, a Academia Paranaense de Letras, dentre outros. Eles próprios são os pioneiros na organização e criação desses espaços, que eram circunscritos a um pequeno grupo da elite intelectual curitibana.

Quadro 9 – Perfil dos professores da Escola Normal

Nomes	Data nascimento e falecimento	Local de nascimento	Profissão do pai/avô	Formação superior	Relação com a imprensa	Relação com a política
Sebastião Paraná	19/11/1864 08/03/1938	Curitiba - PR	Capitão	Bacharel em Letras - Rio de Janeiro	Colaborador em diversos jornais	Deputado Congresso Legislativo do Estado
Dario Persiano de Castro Velloso.	26/11/1869 28/11/1937	Rio de Janeiro - RJ	Comerciante no RJ, segundo prefeito eleito de Curitiba, período de 1895-1896		Fundou jornais: *Revista Azul, Cenáculo, Esfinge, Ramo de Acácia, Mirto e Acácia, Pitágoras, Brasil cívico, Pátria e Lar, Luz de Krotona*. Colaborou em diversas revistas.	
Eusebio Silveira da Motta	30/01/1847 22/09/1920	Curitiba - PR	Delegado, médico O avô era desembargador	Direito - São Paulo		Deputado em 1874, oficial de gabinete do governo do Estado
Emiliano Pernetta	03/01/1866 19/01/1921	Pinhais - PR	-	Direito - São Paulo	Jornalista no Rio de Janeiro, em *Cidade do Rio e Novidades*. No Paraná, redator da revista *Victriz*	Redator dos debates da Assembleia Legislativa

Nomes	Data nascimento e falecimento	Local de nascimento	Profissão do pai/avô	Formação superior	Relação com a imprensa	Relação com a política
Lysimaco Ferreira da Costa	1º/12/1883 23/07/1941	Curitiba - PR	O pai foi prof. da Escola Normal e escriturário da Fazenda. O avô foi capitão da marinha portuguesa	Engenharia (1917) - Curitiba		Secretário da Secretaria da Fazenda, Indústria e Comércio. Diretor da Caixa Econômica Federal do Paraná
Laurentino Argeo de Azambuja	1853 1923	Bahia		Medicina		
Alvaro Pereira Jorge	27/02/1871 10/02/1927	Mato Grosso		Engenharia		
Reinaldo Machado	05/02/1868 27/07/1918	São Francisco - SC	Político	Medicina - Rio de Janeiro	Redator chefe do *Diario da Tarde*, Jornalista independente	Deputado - Assembleia Legislativa do estado do Paraná
Affonso Augusto Teixeira de Freitas				Engenharia		
Padre João Baptista Peters	1849 1921	Polônia			Colaborador da *Gazeta Polska*	

Nomes	Data nascimento e falecimento	Local de nascimento	Profissão do pai/avô	Formação superior	Relação com a imprensa	Relação com a política
Hugo Gutierrez Simas	23/12/1883 27/10/1941	Paranaguá - PR	Farmacêutico	Farmácia e Direito - Rio de Janeiro	Jornalista em *Diario da Tarde* e *Comércio do Paraná*	Deputado - Congresso Legislativo do Estado
Dulce Loyola						
Luiz da Silva Bastos					Diretor da revista *O Sol*, quintento musical	
Frederico Guilherme Lobe		Alemanha				

Fonte: a autora (2022)

Sobre o perfil dos docentes da Escola Normal, nota-se que os lentes catedráticos e professores são nascidos, majoritariamente, em meados da década de 1860 e início da década de 1880, ou seja, em um período de muitas mudanças nos cenários político e ideológico brasileiro. Em sua maioria, os professores da Escola Normal eram brasileiros, de diferentes regiões do país, sendo que dois deles eram estrangeiros: Padre João Baptista Peters e Frederico Guilherme Lobe.

A formação superior dos lentes catedráticos consistia, na sua maior parte, em Direito, seguida de Engenharia e Medicina. Além das atividades de docência, eles eram colaboradores na imprensa, em diversos periódicos jornalísticos, e, em algum momento de suas carreiras, atuaram na administração do estado, seja no Congresso ou na Assembleia Legislativa, como auxiliares de governo ou em cargos de confiança, por meio de indicação política.

Assim, infiro que os professores de Nicolas eram agentes de intersecção entre o meio político e o intelectual curitibano. Além do trabalho na Escola Normal, igualmente desenvolviam outras funções, fosse em repartições públicas ou estabelecimentos particulares.

Ciente da importância e do grau de influência dos professores da Escola Normal, quando Nicolas iniciou seus primeiros escritos, buscou assentimento de seu trabalho na opinião deles, como estratégia e forma de legitimação simbólica à sua produção intelectual.

> Sempre gostei de escrever e, quando escrevia algo, mostrava-os aos Professores Desembargador Hugo Simas, Doutor Azevedo Macedo e Doutor Sebastião Paraná, todos de saudosa memória, e que sempre achavam bons os meus escritos. Eu não me conformava. Achava que devia haver erros, porém, no sentido de me estimularem, os bondosos Mestres, não os apontavam. Só me aconselhavam a continuar. (NICOLAS, 1984, p. 3).

Essa passagem em sua vida demonstra a importância dos professores em sua fase inicial como escritora, em 1934. Mesmo que eles não realizassem críticas, o endosso concedido motivou-lhe a prosseguir com seus escritos. O breve relato de Nicolas demonstra não apenas uma insegurança inicial em relação à sua produção e à sua posição no meio literário curitibano, mas a influência intelectual que esses professores exercem em seus discentes. Essa influência está presente não apenas na formação pedagógica de Nicolas como normalista, mas, sobretudo, no prosseguimento do seu desenvolvimento como escritora.

2.3 A ORGANIZAÇÃO CURRICULAR DA ESCOLA NORMAL

Ao observar o currículo da Escola Normal, decidi realizar uma análise comparativa entre os decretos que organizaram as matérias do curso da instituição, a saber: Decreto n.º 93, de 11 de março de 1901;[45] Decreto n.º 479, de 10 de dezembro de 1907,[46] Decreto n.º 350, de 26 de maio de 1914 e o Decreto n.º 710, de 18 de outubro 1915.[47] Ao comparar esses dispositivos legais, notei que havia uma similaridade em relação à nomenclatura das matérias. Saliento que nas quatro fontes não consta a carga horária anual, por isso a interpretação que segue diz respeito a uma análise das matérias em relação ao seu ano de oferta no currículo da Escola Normal.

É importante evidenciar que o Decreto n.º 479, de 10 de dezembro de 1907, não foi efetivamente implantado na instrução pública; após inúmeras críticas, o presente regulamento vigorou apenas por um mês, de 16 de janeiro a 26 de fevereiro de 1908 (SOUZA, 2004). Houve, ainda, no período de 1901 a 1915, a aprovação de importantes marcos legislativos, como a Lei n.º 1236, de 2 de maio de 1912, que estabelecia limites de idade para os dois sexos nas matrículas em escolas. No entanto tal dispositivo não atende ao objetivo que se deseja nas linhas a seguir.

Portanto segue uma análise do currículo da Escola Normal durante a formação de normalista de Maria Nicolas. Nesse sentido, a apreciação a seguir permitiu observar quais questões permeavam a formação docente em diferentes momentos da história educacional paranaense, assim como perceber os aspectos constitutivos na formação de normalista de Maria Nicolas. Quando Nicolas adentrou a Escola Normal, esta era regida pelo Decreto n.º 93, de 11 de março de 1901, e quando ela finalizou o curso, foi sob a legislação exarada pelo Decreto n.º 710, de 18 de outubro 1915.

---

[45] O Decreto n.º 93, de 11 de março de 1901, é um Regulamento de Ensino da Instrução Pública do Estado do Paraná, aprovado pelo presidente do estado na época, Francisco Xavier da Silva, e do secretário de Estado dos Negócios do Interior, Justiça e Instrução Pública, Octavio Ferreira do Amaral e Silva. O documento regulamenta os ensinos primário, normal e secundário, com descrição das matérias e conteúdos para cada nível de ensino.

[46] O decreto foi "suspenso pelo Congresso Legislativo Estadual sob a alegação de falta de consistência nas bases estabelecidas. Com a suspensão desse regulamento, voltou a vigorar o regulamento de Instrução de 1901" (OLIVEIRA; RODRIGUES, 2019, p. 582). Na ocasião, o governador era Francisco Xavier da Silva e o diretor-geral de instrução pública, Arthur Pedreira de Cerqueira.

[47] O Decreto n.º 710, de 18 de outubro 1915, conhecido como o Código de Ensino, é assinado pelo governador do Paraná, Carlos Cavalcante Albuquerque, em sua gestão, que ocorreu de 1912 a 1916, e pelo diretor-geral da Instrução Pública, Claudino Rogoberto Ferreira dos Santos, em 1915.

Quadro 10 – Matérias de Português e Francês do currículo da Escola Normal – Paraná

Matérias \ Anos	1901			1907				1914				1915			
	1º	2º	3º	1º	2º	3º	4º	1º	2º	3º	4º	1º	2º	3º	4º
Português	X	X		X	X			X	X	X		X	X	X	
Revisão de português			X												
Noções de literatura						X									
Francês	X	X		X	X			X	X			X	X		

Fonte: elaborado pela autora com base nas informações dos Decretos: n.º 93, de 11 de março de 1901; n.º 479, de 10 de dezembro de 1907; n.º 350, de 26 de maio de 1914; e n.º 710, de 18 de outubro de 1915

As matérias[48] dispostas no Quadro 9 apresentam poucas modificações em sua configuração no periodo analisado. Correlata à área de Português, houve a inserção da matéria de Literatura em 1907, e a sua exclusão, posteriormente, em 1914 e 1915. Os decretos de 1914 e de 1915 explicitavam, ainda, que o ensino de Português deveria ser acompanhado de exercícios de alocução, redação e acrescidos de noções de latim, no 3º ano, para assim haver melhor compreensão da etimologia das palavras da língua portuguesa.

Sobre a presença da língua francesa no currículo da Escola Normal, ela está presente desde o período monárquico, pois possuía um status social de ser um idioma exemplar. Além disso:

> A eleição do francês como língua estrangeira mais importante não se explica apenas pela forte influência sobre as concepções da intelectualidade paranaense de autores franceses, [...]. Ela explica-se também pelo fato de se encontrar no idioma traduções de autores de línguas diversas. Ilustra-o as obras de Stuart Mill, outro pensador influente no meio intelectual paranaense, [...], e cujas obras estavam traduzidas para o francês. (SOUZA, 2012, p. 210).

Dada a importância das reformas educacionais ensejadas no período educacional analisado, notei que em relação ao ensino da língua francesa, ele manteve-se de forma inalterada na formação das/os professoras/es normalistas.

---

[48] Será utilizado o termo "matéria" uma vez que essa era a nomenclatura em vigor no período analisado.

Quadro 11 – Matéria de Matemática do currículo da Escola Normal – Paraná

Anos / Matérias	1901			1907				1914				1915			
	1º	2º	3º	1º	2º	3º	4º	1º	2º	3º	4º	1º	2º	3º	4º
Elementos de álgebra até as equações do 1º grau e complemento do estudo de Aritmética					X			X	X			X	X		
Elementos de Geometria	X														
Elementos da Geometria plana					X										
Geometria plana										X				X	
Elementos da Geometria no Espaço						X									
Geometria no Espaço											X				X

Fonte: elaborado pela autora com base nas informações nos decretos: n.º 93, de 11 de março de 1901; n.º 479, de 10 de dezembro de 1907; n.º 350, de 26 de maio de 1914; e n.º 710, de 18 de outubro de 1915

Na matéria de Matemática, os conteúdos de aritmética receberam maior ênfase a partir de 1914, sendo inexistente em 1901. Percebe-se que, nos decretos de 1907, 1914 e 1915, houve a inserção do conteúdo reservado à Geometria, permanecendo, assim, sua disposição de modo similar em ambos os dispositivos legais. Sobre isso, em 1913, o diretor-geral da Instrução Pública, Francisco Ribeiro de Macedo, refletiu (na ocasião ele trabalhava na proposta de reformulação da legislação educacional do período):

> Este programma, quanto pelo menos ao estudo da Geometria, não apresenta grave incoveniente de figurar essa materia lógo no 1.º anno, em que os alunos ainda não têm o preciso desenvolvimento intellectual para assimilá-la; e em condições de não ser possível ensinar-se a parte plana completa que della se exige no regulamento projectado; porquanto o estudo da Arithmetica ali se faz concumitantemente com o da Geometria, e apenas até a theoria das fracções. (MACEDO, 1913, p. 21).

Os dispositivos de 1914 e de 1915, de modo similar, especificavam que o ensino de Geometria deveria ser a partir de exercícios práticos, e aplicar-se-iam às teorias essenciais, complementadas com as noções de trigonometria retilínea.

Quadro 12 – Matéria de Geografia do currículo da Escola Normal – Paraná

Matérias \ Anos	1901			1907				1914				1915			
	1º	2º	3º	1º	2º	3º	4º	1º	2º	3º	4º	1º	2º	3º	4º
Geografia Física e Cosmografia	X									X		X			
Geografia Geral (parte física)					X			X							
Geografia Política, Corografia do Brasil e do Paraná		X													
Geografia Geral (Parte Política)						X			X					X	
Corografia do Brasil e do Paraná e Cosmografia							X								
Corografia do Brasil										X				X	

Fonte: elaborado pela autora com base nas informações nos Decretos: n.º 93, de 11 de março de 1901; n.º 479, de 10 de dezembro de 1907; n.º 350, de 26 de maio de 1914; e n.º 710, de 18 de outubro de 1915

Em Geografia, o decreto de 1907, em sua composição, enfatizava maior número de conteúdos ligados à Geografia Geral (parte física e parte política), o que permaneceu praticamente igual em 1914, e decresceu em 1915, com a exclusão dos estudos relacionados à parte física dessa matéria. O último decreto visou abordar mais os conteúdos de ordem política da Geografia Geral, com ênfase nos conhecimentos descritivos da superfície da terra, do território e da população do Brasil.

A professora Annette Clotilde de Portugal Macedo (1894-1963) rememorou, em seus escritos, as aulas do professor de Geografia, o Dr. Sebastião Paraná, da época em que ela era estudante da Escola Normal. A percepção que ficou do professor foi de que ele tinha o seguinte encaminhamento metodológico:

Austero, sem maldade. Alunos e alunas eram tratados paternalmente. Dava suas aulas com enfase, mas com clareza inexcedível. Gostava de aplicar termos pouco usados, cuja significação explicava, obediente á sua vocação de ensinar. Prendia a atenção. Diariamente antes da preleção arguia os alunos sobre pontos anteriores, a respeito dos quaes contava anedotas e episódios históricos. (MACEDO, 1952, p. 226).

Quadro 13 – Matérias de Física e Química do currículo da Escola Normal – Paraná

Anos / Matérias	1901			1907				1914				1915			
	1º	2º	3º	1º	2º	3º	4º	1º	2º	3º	4º	1º	2º	3º	4º
Elementos de Física e Química		X													
Elementos de Física						X									
Elementos de Química							X								
Física										X				X	
Química											X				X

Fonte: elaborado pela autora com base nas informações nos Decretos: n.º 93, de 11 de março de 1901; n.º 479, de 10 de dezembro de 1907; n.º 350, de 26 de maio de 1914; e n.º 710, de 18 de outubro de 1915

Em relação aos conteúdos de Física e Química (Quadro 13), nessas matérias percebi que a alteração ocorrida foi apenas em relação ao ano de sua oferta, com desmembramento em matérias distintas, em 1907: elementos de Física e elementos de Química e, depois, nominada de Física e QuÍmica. As especificidades das matérias são similares nos decretos de 1914 e 1915; ambos apregoam o estudo de Física e de Química Experimental, tendo sempre a observância de suas aplicações aos conhecimentos relacionados à higiene e à agricultura.

Quadro 14 – Matérias de Mineralogia, Botânica, Zoologia e História Natural do Currículo da Escola Normal – Paraná

Matérias \ Anos	1901			1907				1914				1915			
	1º	2º	3º	1º	2º	3º	4º	1º	2º	3º	4º	1º	2º	3º	4º
Elementos de Mineralogia, Botânica e Zoologia						X									
Revisão de História Natural, elementos de Agronomia e Higiene						X									
História Natural									X						
Higiene e Agronomia										X					
História Natural; Noções de Higiene e Agronomia;															X

Fonte: elaborado pela autora com base nas informações nos Decretos: n.º 93, de 11 de março de 1901; n.º 479, de 10 de dezembro de 1907; n.º 350, de 26 de maio de 1914; e n.º 710, de 18 de outubro de 1915

A matéria de elementos de Mineralogia, Botânica e Zoologia foi inclusa no decreto de 1907 e excluída nos demais dispositivos legais. Sobre o conteúdo de História Natural, abordam-se os aspectos de agronomia, nos decretos de 1907, 1914 e 1915. Observei que as escolas do início do século XX tinham por finalidade o desenvolvimento moral e intelectual da sociedade da época, por isso a tese eugênica encontrou, no ambiente escolar, um terreno fértil para sua efetivação. Assim, a matéria de higiene configurou-se como uma preocupação recorrente, prevista nos decretos analisados. Embora não apareça como matéria em 1901, sua importância é endossada, como conteúdo igualmente, nos relatórios dos diretores da instrução pública.

Quadro 15 – Matéria de História do currículo da Escola Normal – Paraná

Matérias \ Anos	1901			1907				1914				1915			
	1º	2º	3º	1º	2º	3º	4º	1º	2º	3º	4º	1º	2º	3º	4º
Elementos de História Universal, História do Brasil e do Paraná		X													
História Universal						X									
História Geral da Civilização										X				X	
História do Brasil e do Paraná							X								
História da Civilização no Brasil e do Paraná											X				X

Fonte: elaborado pela autora com base nas informações nos Decretos: n.º 93, de 11 de março de 1901; n.º 479, de 10 de dezembro de 1907; n.º 350, de 26 de maio de 1914; e n.º 710, de 18 de outubro de 1915

Quanto à matéria de História (Quadro 15), nos decretos analisados, percebi que a terminologia é similar em relação à nomenclatura das matérias dessa área no que se refere à história do Brasil e à história do Paraná, exceção apenas dos vocábulos "universal" e "geral", acrescidos do termo "civilização". Os decretos de 1914 e 1915 seguem a mesma organização do decreto de 1907.

O decreto de 1915 específica, em seus artigos, quais conteúdos deveriam ser abordados na área de História Geral da Civilização, ou seja, o ensino consistiria na narração e na apreciação dos acontecimentos religiosos, políticos, literários, artísticos e científicos de cada período histórico. Ainda, deveria ser estudado o progresso ou do "estacionamento" da civilização, apreciando os homens que contribuíram para a humanidade, tanto na América quanto no Brasil.

Possivelmente, o interesse de Maria Nicolas pelas biografias e feitos de vultos da história, quando lança seu primeiro título didático, *Porque me orgulho de minha gente*, datado de 1936, advém do período de sua formação escolar, marcada pelo ensino cívico, em especial de suas aulas na Escola Normal, lecionadas pelo professor Dario Vellozo.

Quadro 16 – Matérias de Prendas Domésticas e Trabalhos Manuais do currículo da Escola Normal – Paraná

Anos / Matérias	1901			1907				1914				1915			
	1º	2º	3º	1º	2º	3º	4º	1º	2º	3º	4º	1º	2º	3º	4º
Prendas Domésticas	X	X	X	X	X	X	X								
Trabalhos Manuais								X	X	X		X	X	X	

Fonte: elaborado pela autora com base nas informações nos Decretos: n.º 93, de 11 de março de 1901; n.º 479, de 10 de dezembro de 1907; n.º 350, de 26 de maio de 1914; e n.º 710, de 18 de outubro de 1915

A matéria de Prendas Domésticas ou Trabalhos Manuais destinava-se exclusivamente às mulheres. Não é o intuito fazer uma análise semântica acerca da mudança de nomenclatura ou da história dessa matéria, no entanto é salutar observar a mudança de sentido ensejada em sua terminologia. Ao observar o Quadro 16, vê-se que, nos decretos de 1914 e 1915, o termo "prendas domésticas" foi alterado para "trabalhos manuais". Essa alteração ocorre possivelmente para demonstrar que os conhecimentos adquiridos na matéria não eram apenas para atuação da mulher no espaço circunscrito ao lar, mas para ampliar seu alcance e demonstrar caráter artístico-pedagógico.

> O ensino de Trabalhos Manuaes, por enquanto, so será ministrado ás alumnas, consistindo: a. no ensino da arte de coser, em suas mais uteis aplicáveis domesticas, bordar, etc, b. na pratica dos trabalhos aplicáveis no ensino infantil (tecelagem, modelagem, cartonagem, etc.). (PARANÁ, 1915, p. 43).

Essa matéria era ministrada pela professora Dulce Loyola; sobre ela, Maria Nicolas, enquanto sua aluna, recordou:

> A prof.ª Dulce Loyola após os estudos primários, preparou-se em prendas domésticas: trabalhos manuais; flores, costuras, bordados à mão; crochê de linha e de lã. [...] Bondosa e paciente. No final do ano de 1915, ela realizou como era de praxe, expressiva exposição de trabalhos manuais, que lotaram o amplo salão de festas da Escola. (NICOLAS, 1977, p. 91).

Quadro 17 – Matérias de Desenho, Música e Ginástica do currículo da Escola Normal – Paraná

Matérias \ Anos	1901			1907				1914				1915			
	1º	2º	3º	1º	2º	3º	4º	1º	2º	3º	4º	1º	2º	3º	4º
Desenho	X	X	X	X	X	X	X						X	X	
Desenho Linear									X				X		
Desenho de Objetos										X					
Desenho de Objetos e Ornatos											X				
Música				X	X	X	X	X	X	X			X	X	X
Ginástica	X	X	X								X				

Fonte: elaborado pela autora com base nas informações nos Decretos: n.º 93 de 11 de março de 1901; n.º 479, de 10 de dezembro de 1907; n.º 350, de 26 de maio de 1914; e n.º 710, de 18 de outubro de 1915

A matéria de Desenho está evidenciada em todos os decretos analisados, ofertada de modo contínuo nos três anos iniciais de formação do currículo da Escola Normal. Vê-se que, em 1914 e 1915, o conteúdo de Desenho é distribuído por modalidades ou temas: linear, objetos e ornatos. Consta que, em 1901, os trabalhos ocorriam na Escola de Bellas Artes e Indústrias do Paraná, fundada por Mariano de Lima e dirigida, posteriormente, por Maria da Conceição Aguiar. Sobre essa escola e sua dirigente, Nicolas relatou:

> […] D. Mariquinha – como era conhecida, foi aluna distinta, tendo conquistado, sucessivamente, as medalhas de ouro, de prata e de bronze, na qualidade de primeira aluna de aplicação e aproveitamento. Mais tarde essa escola decaiu, por falta de seu organizador, vindo a fechar as suas portas em 1906. Tempos depois, ressurgiu, com outro nome – Escola de Belas Artes, tendo Mariquinha como diretora e professora. Em 1916, visando atender ao melhor preparo da mulher, criou os cursos de Corte e Costura, Flores, bordados à mão e à máquina, continuando o de Pintura e Desenho. Passou, então, a denominar-se "Escola Profissional Feminina". A partir de 1930 […] recebeu a denominação atual de: Escola Profissional Feminina "República Argentina". (NICOLAS, 1977, p. 243).

Atendendo ao decreto de 1915, a matéria de Desenho passou a ser realizada na Escola Normal, com um professor específico para tal função. O conteúdo foi distribuído em três anos: no 1º ano, Desenho Linear; no 2º ano, as aplicações ornamentais do Desenho Linear e a Cartografia e, no 3º ano, o Desenho Anatômico.

A inserção dos conteúdos da matéria de Música na formação das normalistas ocorreu a partir do decreto de 1907. Tal fato advém do objetivo da sua inserção no ensino primário, por meio dos cânticos escolares, sendo ofertada na maioria dos anos do currículo da Escola Normal.

Por ser formada nesse modelo curricular, Maria Nicolas, em sua atuação profissional, comparou as mudanças ocorridas ao longo do tempo no ensino de Música, e explicitou sua opinião: "Em geral os tempos mudam para melhor, mas em relação ao canto escolar, achamos que foi para pior. As crianças quase não brincam mais de 'cantiga de roda' [...] Em geral, só folguedos juninos são repetidos anos após anos...". (NICOLAS, 1977, p. 144).

Sobre a matéria de Ginástica, ela é enfatizada em 1901 e ausente na grade de 1907, contudo não desaparece do currículo (Quadro 17). Em 1915, não há especificação acerca de qual ano escolar ela seria ofertada, no entanto o dispositivo legal estabelece que haveria exercícios físicos para todas/os as/os alunas/os. A matéria visava a atividades sistemáticas da ginástica sueca para todas/os as/os estudantes e exercícios militares, de esgrima e outros análogos, exclusivamente para os meninos.

Quadro 18 – Matérias de Noções de Moral e Pedagogia do currículo da Escola Normal – Paraná

Anos / Matéria	1901 1º	1901 2º	1901 3º	1907 1º	1907 2º	1907 3º	1907 4º	1914 1º	1914 2º	1914 3º	1914 4º	1915 1º	1915 2º	1915 3º	1915 4º
Pedagogia, noções de moral, de direito pátrio e economia doméstica			X												
Noções de moral, direito pátrio e economia doméstica							X								
Noções de moral, direito pátrio e economia política										X					X

Matéria \ Anos	1901			1907				1914				1915			
	1º	2º	3º	1º	2º	3º	4º	1º	2º	3º	4º	1º	2º	3º	4º
Pedagogia	X	X		X	X	X									
Pedagogia (parte geral)									X				X		
Pedagogia (parte especial)										X				X	
Prática Escolar						X	X								
Prática Pedagógica								X	X	X	X	X	X	X	X
Exercícios Práticos	X	X	X												

Fonte: elaborado pela autora com base nas informações nos Decretos: n.º 93. de 11 de março de 1901; n.º 479, de 10 de dezembro de 1907; n.º 350, de 26 de maio de 1914; e n.º 710, de 18 de outubro de 1915

No Quadro 18, de modo similar ao que ocorreu em Prendas Domésticas e Trabalhos Manuais, houve uma mudança de nomenclatura, o termo "Economia Doméstica" foi alterado para "Economia Política". Isso perfazia a visão dual em relação ao papel da mulher na sociedade curitibana, no entendimento da necessidade de instruí-la para a vida pública, com conteúdo de cunho patriótico, sem, no entanto, alterar de forma drástica as funções inerentes à vida doméstica. Assim, prescrevia o conteúdo específico do tópico sobre economia política, em 1915:

> O ensino de Moral e de Economia Política será limitado aos princípios fundamentais dessas sciencias; o de Direito Patrio consistirá principalmente em commentarios á Constituição Federal da Republica Brasileira e á Constituição do Estado do Paraná, tendo-se em vista principalmente dar a conhecer os direitos e os deveres do cidadão. (PARANÁ, 1915, p. 43).

Quanto à Pedagogia, coração da Escola Normal, houve mudanças relevantes nos decretos analisados. O decreto de 1901, no 3º ano enfatizava a parte teórica somada às noções de moral, direito pátrio e economia doméstica, e previa também a matéria de Pedagogia no 1º e no 2º ano. Nota-se que, nos regulamentos de 1914 e 1915, a Pedagogia desmembrou-se em parte geral e parte especial, além dos conteúdos de prática pedagógica.

A prática escolar ou pedagógica era prevista em todos os anos do curso nos decretos de 1914 e 1915. Sob a orientação de um lente responsável pela matéria, as/os estudantes deveriam desenvolver seus conhecimentos práticos de pedagogia nas escolas da capital. Em 1915, a parte prática era prevista no art. 229, que dizia: "[...] § 1º Os exercícios práticos de pedagogia serão feitos na Escola Modelo, e constarão de ensino, de exame e de escrituração escolar, e realizar-se-ão em todos os anos do curso" (PARANÁ, 1915, p. 137). Como, na época, os professores normalmente eram designados para escolas que não tinham a função de secretária e de diretora, em sua formação, as/os alunas/os recebiam conhecimento sobre escrituração escolar.

Assim, atendendo às solicitações dos diretores da instrução pública, houve ênfase no aspecto da prática escolar em 1907 e, especialmente, nos decretos de 1914 e 1915, sob a denominação de Prática Pedagógica. Essa mudança decorre de uma percepção mais pragmática do curso de formação de professores, já que, de acordo com os relatórios dos secretários de governos, esses documentos enfatizavam a necessidade de criação de uma escola específica para as atividades práticas do curso de normalista. Os decretos de 1914 e 1915, ao estabelecerem uma percepção de formação voltada para a prática pedagógica, prescrevem que:

> O ensino de Pedagogia, comprehendendo noções essenciaes de Psychologia e de Logica applicadas, será mais pratico do que teórico, no intuito de incutir nos habitos dos futuros professores a arte de ensinar com o menor esfôrço e com o maior resultado, imprimindo á escola primaria caracter essencialmente educativo. (PARANÁ, 1915, p. 43).

Atendendo às solicitações realizadas desde a criação da Escola Normal, em 07 de junho de 1916, foi inaugurada a Escola de Aplicação, anexa à Escola Normal. A professora Annette Clotilde de Portugal Macedo assumiu a direção desse estabelecimento e era supervisionada por seu pai, o lente de Pedagogia da Escola Normal, Dr. Francisco Ribeiro de Azevedo Macedo.

A Escola de Aplicação foi o local onde Maria Nicolas desenvolveu sua prática pedagógica, no último ano do curso normal. Após a conclusão do curso de normalista, em fevereiro de 1917, Nicolas continuou atuando como colaboradora espontânea na referida escola.

> Achava-me trabalhando na Escola de Aplicação, anexa à Escola Normal, dirigida pela grande mestra Annette Clotilde de Portugal Macedo, ao lado dos colegas: Felisberto Augusto Parracha, 4.º ano, Admée de Araújo, 1.º ou 3.º, Therezita Faria, 1.º ou 5.º, e eu, 2.º ano. (NICOLAS, [19--]b, p. 48-49).

Em 1918, ao ser designada para trabalhar no Grupo Escolar Tiradentes, ela encontrou-se novamente com a Prof.ª Therezita Faria (1896-1950),[49] quando, então, passava por dificuldades de relacionamento interpessoal com suas colegas de profissão do mesmo grupo. Diante dos momentos hostis, ela contou com o ombro amigo de sua colega.

> Therezita, amável, espírito alegre, sempre que nos via de aspecto triste, consequência de aborrecimentos com colegas, ela procurava todos os meios de nos ver alegres. Contava anedotas e só se satisfazia, quando nos via sorrir. Guardo no fundo do coração essa alma generosa e boa que foi Therezita Faria. (NICOLAS, 1977, p. 305).

Ainda sobre a diretora da Escola de Aplicação, Annette Clotilde de Portugal Macedo, seus caminhos encontrar-se-ão novamente com Maria Nicolas, em 1928, quando Nicolas assumiu o cargo de professora na recém-inaugurada Escola Maternal da Sociedade de Socorro aos Necessitados,[50] na qual Annette Macedo foi empossada como diretora (MACEDO, 1952).

Em relação à professora Annette Macedo, Nicolas demonstra afetividade à sua pessoa e revela: "Annette era uma criatura dotada de extrema sensiblidade e um coração todo amor e perdão. As criancinhas eram-lhe como a 'menina dos seus olhos'. Fora mestra na legítima acepção da palavra" (NICOLAS, 1977, p. 42).

Do mesmo modo, sobre a relação com Francisco Macedo, ela evidencia, em sua biografia, os feitos do seu professor na área educacional, como a abolição de castigos corporais, estímulo aos cânticos escolares e de exercícios físicos, em especial, à ginástica sueca. Ressalta a autoria de Francisco Macedo na elaboração do Código de Ensino de 1915, que teve algumas alterações em 1917; contudo vigorou a organização do ensino público paranaense até 1931 (NICOLAS, 1954).

Esse é um traço recorrente nas produções biográficas de Nicolas; elas são marcadas por um caráter laudatório e hagiográfico das personagens que constituem a sua obra. Sabe-se que, por muito tempo, a biografia tinha esse

---

[49] Em alguns documentos, seu nome aparece como Thereza Faria. Ela nasceu na Lapa, fez o curso primário em Paranaguá; na mesma cidade, estudou francês e espanhol. Ao se formar, em 1917, foi nomeada para escola mista do Barigui e, em 1918, passou a lecionar no Grupo Escolar Tiradentes. Depois, lecionou em Antonina e, a seu pedido, em 1920, transferiu-se para Jaguariaíva. Em 1933, assumiu a direção do grupo na mesma cidade. Retornou a Curitiba em 1945, onde passou a lecionar nas classes noturnas do Grupo Escolar Xavier da Silva (NICOLAS, 1977).

[50] A Sociedade de Socorro aos Necessitados foi uma iniciativa de cidadãos paranaenses, criada no ano de 1921. Atualmente, a Escola Maternal está localizada na Rua Vicente Machado, n. 599, Curitiba – PR, e desde 1956 tem a denominação de Escola Maternal Annette Macedo.

caráter. Nesse sentido, Nicolas não rompe com a tradição na produção do gênero. Assim, dependendo do alcance que a obra tem em seu meio social, constitui-se como uma homenagem às pessoas de seu convívio social, como é o caso dos professores e colegas da Escola Normal, bem como uma estratégia na solidificação de sua rede de sociabilidade.

2.4 QUEM ERAM AS NORMALISTAS E QUAL O EFEITO DESSE TÍTULO?

O relatório do diretor da Instrução Pública, apresentado ao final do ano 1882, mencionava que a Escola Normal de Curitiba não funcionava pela ausência de alunos matriculados (MARCONDES, 1882). No intuito de atrair estudantes, Moysés Marcondes, então diretor-geral da Instrução Pública, indicava a importância de a função do magistério ser exercida por mulheres nas terras paranaenses, pois, segundo a sua visão:

> E' um facto reconhecido pelos paizes os mais adiantados, que as mulheres são naturalmente mais bem dotadas que os homens para as funcções do ensino primário. Esta verdade é intuitiva desde que considerarmos que, para ser mãe, a mulher deve conhecer todos os recantos do coração e do espirito da creança. Além disto há outras vantagens, de importância social, no facto de ser o corpo docente constituído quase exclusivamente pelo elemento feminino. O magistério é uma carreira que oferece um modo de vida honesto que póde ser abraçado por muitas senhoras desamparadas e que servirá também de garantia á felicidade domestica de famílias pobres. (MARCONDES, 1882, p. 6-7).

O relato do diretor da Instrução Pública consolidou-se ao longo das primeiras décadas do século XX. Com o surgimento de espaços de socialização e comércio, eles configuram-se como locais de oportunidades de trabalho às mulheres de Curitiba. Elas, gradativamente, inserem-se nessa atmosfera da cidade, que visava ao novo, porém, perpetuava o conservadorismo educacional, com a delimitação de fronteiras na atuação profissional entre homens e mulheres.

A diferenciação na formação educacional de homens e mulheres era uma preocupação dos dirigentes políticos. Sobre essa discussão, Sebastião Paraná (1864-1938), então inspetor de ensino da Instrução Pública, proferiu:

> Uma das questões a que liguei grande interesse foi o regimen disciplinar. A este respeito disse o eminente estadista conterrâneo Dr. Manoel Francisco Correia, que admiravelmente se bateu na imprensa e na tribuna em favor da desenvolução do

> ensino no Brazil: <Que se pretende do menino? Que, como particular e como cidadão, trilhe o caminho do dever e da virtude. Que se pretende da menina? que seja o anjo velador do lar, a carinhosa promotora da educação da família. Pois o regimen disciplinar da escola deve ser o mais accommodado para que o menino forme-se o homem de bem e na menina a matrona exemplar. (PARANÁ, 1906, p. 18).

Na percepção da época, cabia à escola o papel de efetuar a transição entre o aprimoramento educacional da mulher para que, além do ambiente doméstico, ela pudesse atuar em outras instâncias, mas sem perder sua especificidade de "anjo velador do lar". É um contexto de divergências sociais marcado por diversas ambiguidades.

A profissão de normalista favorecia tanto as relações profissionais quanto as sociais. Seu protótipo é produto do tempo no qual foi elaborado. Se nos fins do século XIX, a Escola Normal não possuía alunas/os, gradativamente ocorreu a inserção da mulher no magistério, com presença majoritária nos anos posteriores, cuja função adquiriu um valor simbólico ao longo do tempo.

O diploma da Escola Normal agregava o capital cultural em seu "estado institucionalizado",[51] o que legitima uma "competência cultural" ao seu portador, fator ratificado, especialmente, pela escassez de pessoas que possuíssem tal título.

A Escola Normal de Curitiba era a única instituição no Paraná que certificava professores. Outras entidades similares só foram inauguradas na década seguinte, a saber: Escola Normal de Ponta Grossa, em 1924, e Escola Normal de Paranaguá, em 1927 (CORREIA, 2013). Por isso:

> Muitos anos serão ainda precisos para resolver a importante questão do preparo do professor normalista. A creação e próxima instalação das duas normaes, de Ponta Grossa e Paranaguá, virão sem dúvida apressar essa solução. A primeira escola poderá receber candidatos residentes nos municípios circunvizinhos que, após a conclusão do curso, irão reger cadeiras da região chamada dos Campos. A segunda fornecerá os elementos precisos para povoar de professores a região littoranea, para onde mui raramente aparecem candidatos,

---

[51] O capital cultural pode existir sob três formas: *no estado incorporado*, ou seja, sob a forma de disposições duráveis do organismo; *no estado objetivado*, sob a forma de bens culturais [...], que constituem indícios ou a realização de teorias ou de críticas dessas teorias, de problemáticas etc.; e, enfim, *no estado institucionalizado*, forma de objetivação que é preciso colocar à parte porque, como se observa em relação ao *certificado escolar*, ela confere ao capital cultural – de que é supostamente, a garantia – propriedades inteiramente originais (BOURDIEU, 2017, p. 82, grifos do autor).

em virtude do clima que é ahi completamente diferente do de serra acima. (MARTINEZ, 1923, p 16).

O estudo revela que entre a categoria das/os professoras/es paranaenses, poucos eram aquelas/es que possuíam a certificação para o exercício da profissão, de modo singular, nas cidades do interior, onde Maria Nicolas atuou por vários anos. Conforme seus relatos: "Papagaios Novos, vilinha – município de Palmeira. Fui a primeira normalista que por aí pisou" (NICOLAS, [19--]b, p. 9). "Era a primeira normalista que ia trabalhar em Fernandes Pinheiro; mas já havia escola em funcionamento na vila. Então abri aula na serraria" (NICOLAS, [19--]b, p. 4).

Durante o período em que Maria Nicolas cursou a Escola Normal, a instrução primária no Paraná apresentava a configuração resumida no Quadro 19, que exibe a quantidade de escolas públicas, providas, vagas e providas com e sem normalistas.

Quadro 19 – Número total de escolas paranaenses (1913-1916)

	1913	1914	1915*	1916
Número total de escolas públicas	504	671	-	770
Número total de escolas providas	319	327	-	387
Número total de escolas vagas	185	344	-	383
Número total de escolas providas com normalistas	175	176	-	195
Número total de escolas providas sem normalistas	144	151	-	192

Fonte: relatórios dos secretários de Governo (1913 a 1916)
* Não está disponível no sítio do Arquivo Público do Paraná o relatório referente ao ano de 1915

Os dados apresentados no Quadro 19 não podem ser considerados com exatidão, pois em seus relatórios os secretários de governo mencionam o recorrente extravio e a adulteração de informações pelos inspetores e professores da época, nos mapeamentos realizados, que, posteriormente, eram encaminhados ao setor de estatística da Instrução Pública. A inexatidão das informações era uma realidade presente à época, todavia, independentemente da multiplicidade de fatores que interferiam nessa composição numérica, é possível vislumbrar, com as devidas ressalvas, a composição educacional do período.

Os dados mostram que, em 1913, das 504 escolas existentes, 185 instituições não eram providas com professoras/es. Do total de 319 escolas restantes, apenas 175 possuíam professoras/es normalistas em seu quadro docente e 144 escolas estavam providas com professoras sem formação pedagógica. Em 1914, aumentou-se o número de escolas criadas para 671 unidades, contudo cresceu o número de escolas sem o provimento de professoras/es, totalizando 344 instituições, e a inserção de professoras/es normalistas ficou praticamente inalterada. Do mesmo modo, a situação permaneceu igual em 1916; houve o aumento de escolas públicas, totalizando 770 unidades, mas não ocorreu provimento de professoras/es leigas/os ou normalistas no universo escolar.

Em síntese, no Quadro 19 é possível ver o quão difícil era prover as escolas paranaenses com professoras/es, mesmo que fossem leigas/os e, ainda mais crítico, era empossar normalistas nas unidades educacionais. A situação era agravada pela falta de instituições formativas nas cidades afastadas da capital.

> Mas, ou porque não querem ou porque não podem, os normalistas, salvo raras excepções, não aceitam cadeiras em logares distantes de Coritiba. E isso é devido a só existir uma Escola Normal na Capital para todo o Estado, de sorte que raros são, de outras localidades, os moços ou moças que fazem o curso de normalistas, não lhes sendo possível ou conveniente depois ir reger escolas, sinão em logares próximos da capital. (MACEDO, 1913, p. 11).

Nesse sentido, as percepções atribuídas às/aos professoras/es normalistas são diferenciadas nas décadas iniciais do século XX, especialmente quando comparadas às/aos docentes leigas/os. As/Os estudantes egressos da Escola Normal adquiriam competências para além da docência, obtinham prerrogativas e posições distintas, bem como a validação da "nobreza cultural", adquirida pelo ensino formal. Sobre essa notoriedade, mesmo com ênfase ao gênero masculino, assim denominados "cavaleiros", Sebastião Paraná, na ocasião diretor da Escola Normal de Curitiba, comentou:

> A criação da Escola Normal foi autorizada pela Lei n. 456 de 12 de abril de 1876; sendo, em virtude desta lei, expedido o respectivo regulamento, datado de 16 de julho daquele anno, foi a Escola inaugurada à 31 de julho, pelo dr. Adolpho Lamenha Lins, então Presidente do Paraná. E' onde se apparelham, onde se armam cavaleiros os futuros mentores da puerícia paranaense. (PARANÁ, 1916, p. 230).

Sobre a distinção oriunda pela aquisição do diploma, Bourdieu (2013) denomina de "efeito de alocação". O autor expõe que esse efeito opera uma mudança na autoimagem da pessoa, incidindo em suas escolhas para posições mais ou menos prestigiosas, pois a escola impõe "[...] práticas culturais que ela não inculca, nem sequer exige expressamente, mas que estão incluídos nos *atributos estatutariamente associados* às posições sociais, cujo acesso é obtido por esses diplomas" (BOURDIEU, 2013, p. 29, grifo do autor).

Em alusão ao que expõe Bourdieu (2013), tem-se outra representação sobre os atributos associados à profissão de normalista na época em que Nicolas era estudante:

> Aventuras de um bacharel
> O dr. Pellado, bacharel do norte, resolveu pedir a Xandoca em casamento ao saber que ella era normalista. Para isso metteu-se numa fatiota nova, perfumou-se com agua florida. Engraxou os borzeguins e dirigiu-se á casa da pequena. Lá chegando atirou-se aos mimosos pésinhos da menina: Por piedade! Se não me conceder a sua mão suicido-me... Ao que a Xandoca, que era muito serigaita, respondeu com emphase: – Desventurado jovem, dar-lhe minha mão não posso, porque ficaria maneta... Mas espere aqui um momento. E trazendo do interior da casa o trabuco enferrujado do velho: Cumpra agora a sua palavra: aqui está um revolver para se suicidar. O Dr. Pellado empalideceu e todo tremulo afirmou com energia: Não faço agora porque ainda não jantei. Mas depois do jantar a senhora há de ver... E escafedeu-se. (A BOMBA, 1913, s/p).

Os atributos associados ao diploma de normalista possibilitam a ampliação de seu capital social.[52] A descrição "Aventuras de um bacharel" demonstra que ao tornar-se normalista, a mulher recebia autonomia para efetivar suas próprias escolhas. Assim, em hipótese, não estava subjugada aos comandos masculinos. A história explicita o prestígio simbólico advindo da posse do certificado que, no caso de Maria Nicolas, agrega capital cultural a sua trajetória no âmbito educacional, o que igualmente poderia contribuir para o aumento do volume de seu capital social. Para Bourdieu (2017, p. 67):

> [...] o volume de capital social que um agente individual possui depende então da extensão da rede de relações que

---

[52] "O capital social é o conjunto de recursos atuais ou potenciais que estão ligados à posse de uma rede *durável de relações* mais ou menos institucionalizadas de interconhecimento e de inter-reconhecimento ou, em outros termos, *à vinculação a um grupo*, como conjunto de agentes que não somente são dotados de propriedades comuns (passíveis de serem percebidas pelo observador, pelos outros ou por eles mesmos), mas também são unidos por *ligações* permanentes e úteis" (BOURDIEU, 2017, p. 67, grifos do autor).

ele pode efetivamente mobilizar e do volume de capital (econômico, cultural e simbólico) que é posse exclusiva de cada um daqueles a quem está ligado.

O Código de Ensino de 1917,[53] ano em que Nicolas inicia a docência no magistério público, expõe a valorização dos professores normalistas de modo distinto dos docentes que não eram formados pela Escola Normal. Essa diferenciação era apregoada a começar pela escolha de vagas. O dispositivo exarado no artigo 10º afirmava que as escolas urbanas ou suburbanas somente poderiam ser regidas por professoras/es normalistas. De modo semelhante, essa/e profissional era preferida/o ao provimento de vagas nas escolas rurais.

A diferenciação era visível nos aspectos funcionais. No que diz respeito à categorização dos profissionais, eram classificados em dois grupos distintos: "[...] A) Formados pela Escola Normal: normalistas. B) Não normalistas: provisórios, effectivos, adjuntos e subvencionados" (PARANÁ, 1917[a], p. 36).

Por conseguinte, as diferenças entre professoras/es normalistas e não formadas/os reincidiam, igualmente, na remuneração salarial. No Quadro 20 consta os valores do vencimento anual em réis, organizados em cinco categorias de professores: normalistas, efetivos, provisórios, adjuntos e subvencionados, bem como mostra o tempo de exercício das/os normalistas.

Quadro 20 – Remuneração salarial – Professores (1917)

Classificação	Salário anual em réis
Normalistas, até 10 anos de exercício	2:400$000
Normalistas, com mais de 10 anos de exercício	2:760$000
Normalistas, com mais de 20 anos de exercício	3:120$000
Professores efetivos de 1ª classe	1:440$000;
Professores efetivos de 2ª classe	1:800$000
Professores efetivos de 3ª classe	2:160$000
Professores provisórios	1:200$000
Professores adjuntos	960$0000
Professores subvencionados	720$000

Fonte: Código de Ensino do Paraná, 1917, p. 37, artigo 117

---

[53] O Código de Ensino de 1917 trata do Decreto n.º 17, de 09 de janeiro de 1917, que alterou parcialmente o Código de Ensino de 1915, Decreto n.º 710, de 18 de outubro de 1915.

Sem entrar no mérito acerca do poder aquisitivo e da valorização docente, por meio dos rendimentos salariais da época, apenas em uma análise simples, comparativa e numérica, é possível perceber a diferença visível entre os honorários das/dos professoras/es normalistas às demais categorias. Como exemplo: uma/um professora/or de 3.ª classe, que tinha o tempo de serviço docente acima de 20 anos, tinha o salário menor do que um normalista iniciante na profissão.

Mas quem eram as/os estudantes normalistas da Escola Normal nos primeiros decênios do século XX?

> A mulher paranaense já póde, desde alguns anos, aspirar uma profissão nobre, além dáquella que lhe foi fadada pela natureza no lar domestico. E o póde com espirito esclarecido e orientado pela sciencia, desligada dos ferrenhos e vetustos elos da rotina esterilizante e atrofiadora de um passado pouco remoto.
> Sou do número d'aquelles que desejam que o ensino primário deve ficar quase exclusivamente a cargo da mulher, aparelhada, por sua maior delicadeza e ternura, para desvendar aos olhos da criança os primeiros rudimentos da instrucção e educação extra-familia. (AMARAL, 1902, p. 1).

As palavras proferidas nessa citação fazem parte do discurso realizado em 29 de janeiro de 1902, pelo diretor da Instrução Pública e vice-governador do estado, Victor Ferreira do Amaral, em sessão solene de entrega dos diplomas às normalistas que terminaram o curso na Escola Normal. O diretor deixa evidenciado seu posicionamento em relação à presença da mulher no ensino primário, com um discurso que enaltece a figura feminina e a sua formação científica. Por meio do curso de normalista, vislumbra quem deveria pertencer ao corpo discente da instituição de formação de professores; em suas palavras: "[...] a mulher é a mestra natural" (AMARAL, 1902, p. 1).

Quando se observa os dispositivos legais que regulam a educação paranaense, notei, de modo explícito, a diferenciação existente na formação secundária entre aquelas/es que cursavam o Ginásio Paranaense e a Escola Normal, ou seja, é notória a separação entre tais alunas/os no que se refere a questões de gênero e dos fins estudantis.

O Decreto n.º 93, de 11 de março de 1901, menciona:

> Art. 136º. O Gymnasio Paranaense continua a ser o principal instituto de educação do Estado; é destinado a ministrar o ensino secundario e fundamental á mocidade, de modo a preparal-a convenientemente para matricula nos cursos superiores da Republica, e bem assim para a obtenção do grau de bacharel em sciencias e letras. (PARANÁ, 1901, p. 115).

Matricular-se no Ginásio Paranaense ou na Escola Normal era uma decisão tomada previamente, a partir da conjugação de diversos fatores, dentre eles, a possibilidade de prosseguimento nos estudos. Assim, aquelas/es que optavam em estudar no Ginásio Paranaense visavam à realização de um curso superior, e as/os que seguiam seus estudos pela Escola Normal vislumbravam o início das atividades profissionais, direcionadas à atuação docente. Afinal: "Art. 216º A Escola Normal é destinada a preparar professores para o ensino primário no Estado" (PARANÁ, 1901, p. 134).

Os fins e os objetivos a que se destinam o ensino do Ginásio Paranense e da Escola Normal, citados no Código de Ensino de 1917, pouco diferem do ano de 1901. Sobre o plano de estudos do Ginásio Paranaense, este é: "Art. 185 - Destinado a ministrar aos estudantes solida instrucção fundamental habilitando-os a prestar, em qualquer escola superior, rigoro exame vestibular, o curso do Gymnasio Paranaense será de cinco annos" (PARANÁ, 1917, p. 53). Enquanto o "curso da Escola Normal, [é] destinado á formação de professores para as escolas infantis, primarias e intermediarias do Estado, e dividido em quatro annos [...]" (PARANÁ, 1917, p. 54).

Sendo assim, sabe-se que a Escola Normal estava destinada, em geral, para as mulheres, enquanto o ginásio, aos homens, " a mocidade" que tinham posses para cursar o ensino superior. Tal fato explica-se pela presença feminina no magistério público, especialmente no ensino primário. O lente catedrático da Escola Normal, Hugo Simas, em seu artigo sobre a educação na escola primária, publicado na revista *Pátria e Lar*, assim se expressou: "Qualquer moça receosa do seo futuro, qualquer rapaz sem recursos para seguir carreira menos penosa, atira-se á Escola Normal, muitas vezes com incapacidade e falta de vocação pelo professorado, e sahe dalli armado em professor publico [...]" (SIMAS, 1912, p. 37).

As palavras de Hugo Simas revelam que, além do gênero, havia outra diferenciação entre as/os alunas/os da Escola Normal e do Ginásio Paranaense. Nas palavras do mestre, os meninos que se matriculavam na Escola Normal, em geral, possuíam poucos recursos financeiros, ou seja, questões envolvendo classe e atuação em profissões socialmente valorizadas influenciavam a escolha realizada pelos rapazes, quando optavam em serem normalistas. Mas, para as mulheres, será que tal fator também era relevante?

O estímulo para a frequência na Escola Normal, como se sabe, era direcionado às mulheres, entretanto não necessariamente para todas. Há que se especificar que era para um grupo em particular. A nota no periódico jornalístico de chamamento à matrícula na Escola Normal declara qual era o segmento feminino que deveria frequentar aquele espaço. Assim expõe: "Sabemos que este anno o curso da Escola Normal terá desusada frequencia, pois numerosas são as moças das melhores famílias que pretendem inscrever-se para aquele concurso" (DIARIO DA TARDE, 1903, p. 2). Depreendo que em sentido contrário aos estudantes homens "as moças das melhores famílias" (DIARIO DA TARDE, 1903, p. 2) que se matriculariam na Escola Normal não eram pobres ou negras.

Tal proposição é comprovada pelo conflito existente quando, por uma questão de economia, o governo decidiu que algumas matérias da Escola Normal seriam feitas na Escola de Belas Artes. Segundo Ruy Wachowicz (1983), as alunas da Escola Normal oriundas das principais famílias da capital recusavam-se a frequentar o outro estabelecimento de ensino que era destinado ao proletariado. Assim, Mariano de Lima, o diretor da Escola de Belas Artes, protestou:

> Com a maior sem cerimônia, apregoam os nossos inimigos que isto é a Escola de gente misturada, cremos que por nunca termos feito questão de gente de cor, mas sim de gente de caráter, mas não é razoável a injustiça e neste ponto protestamos em honra de todos os que fazem parte deste estabelecimento. (WACHOWICZ, 1983, p. 27).

Annete Macedo escreveu um livro intitulado *Crianças (enlevo do meu viver)*, em 1953. Nele, a autora narra episódios da vida de crianças e adolescentes de seu convívio social. O livro, composto por crônicas, é constituído a partir de observações de diferentes épocas, notas do tempo em que Annette cursou a Escola Normal, entre 1909 a 1911, e do momento da escrita da obra citada. Em uma dessas narrativas, Annete, sob o título *Chega-te aos bons*, expõe o diálogo entre duas moças, a saber:

> – Zélita – Para matrícula da Escola Normal devia haver uma seleção. Admitidas somente moças de *boa família*. Infelizmente há muita *mistura*.

> – Guida – *Mistura. Moças de boa família.* Não sei bem o que você quer dizer com essas expressões. Si se refere à posição social, está em grave erro. Pois conheço muitas mocinhas de família humilde e honrada tão dignas, ou mais, (conforme o caso) de que outras descendentes de famílias de posição de destaque na sociedade. Não direi que na classe alta não haja dignidade. A dignidade existe em qualquer classe social. Isto é, tanto entre ricos como entre os pobres.
> – Zélita – Não me refiro somente às classes sociais. Refiro-me à influência do meio, à influência perniciosa das más companhias (MACEDO, 1953, p. 140, grifos do autor).

Não se sabe a veracidade do diálogo, mas ele expõe o pensamento similar à nota publicada no jornal *Diario da Tarde*, em 1903. Na presente citação, alguns vocábulos indicam que havia uma segmentação entre as moças que frequentavam a Escola Normal, por isso a necessidade de uma seleção mais rigorosa nos exames de admissão. O diálogo ensejado exterioriza que havia muita "mistura". Essa "mistura" alude, possivelmente, às moças pobres e/ou negras, como é o caso de Maria Nicolas, de sua irmã e irmãos, que se infiltraram naquele recinto reivindicando o direito de obterem o título de normalista. Assim, não eram bem-vistos junto aos "bons".

O diálogo da presente citação traz em seu bojo que "a mistura" está associada a diferentes aspectos. A ideia principal centra-se na influência entre as diferenças humanas, considerando que as "más companhias" não eram somente por uma questão de classe. Ao se referir às "moças de boa família", implicitamente denomina quem teria o direito de entrar na Escola Normal, ou seja, aquelas que foram educadas no seio de uma família com posses, moças brancas e da elite curitibana.

Ao ampliar o olhar para os aspectos filosóficos que envolviam o presente diálogo, nota-se que as diferenças humanas, no início do século XX, sob a bandeira filosófica do positivismo, tornaram-se objeto científico dos pensadores da época. Assim, buscavam-se explicações científicas para justificar a supremacia branca. De acordo com Silvio de Almeida (2021, p. 29):

> A biologia e a física serviram como modelos explicativos da diversidade humana: nasce a ideia de que características biológicas – determinismo biológico – ou condições climáticas e/ou ambientais – determinismo geográfico – seriam capazes de explicar as diferenças morais, psicológicas e intelectuais entre as diferentes raças.

O autor ainda complementa que, nessa percepção positivista, a pele não branca e o clima tropical brasileiro eram vistos como ingredientes que favoreciam os "comportamentos imorais, lascivos, violentos e de pouca inteligência" (ALMEIDA, 2021, p. 29), presentes nos mestiços. Sendo assim, no pensamento identificado como racismo científico de Arthur de Gobineau, era preciso evitar a mistura de raças (ALMEIDA, 2021).

O racismo científico, presente nos anos iniciais do século XX, seja no comportamento individual ou no âmbito institucional, recebeu uma nova roupagem no período pós-década de 1930, caracterizado pelo ideário de democracia racial que, para Sales Junior, está alicerçada na cordialidade racial. "A cordialidade, por meio do não-dito racista, faz com que a discriminação social não seja atribuída à 'raça' e, caso isso ocorra, a discriminação seja vista como episódica e marginal, subjetiva e idiossincrática" (SALES JUNIOR, 2006, p. 232).

Em ambos os processos, no racismo científico e na democracia racial, especialmente no caso da mulher negra, houve um alijamento na participação social em espaços que somam atuação pública, cultura e poder. Lélia Gonzalez (2020, p. 44) assinala:

> O processo de exclusão da mulher negra é patenteado, em termos de sociedade brasileira, pelos dois papéis sociais que lhe são atribuídos: "domésticas" e "mulatas". O termo "doméstica" abrange uma série de atividades que marcam seu "lugar natural": empregada doméstica, merendeira na rede escolar, servente nos supermercados, na rede hospitalar etc. Já o termo "mulata" implica a forma mais sofisticada de reificação: ela é nomeada "produto de exportação", ou seja, objeto a ser consumido pelos turistas e pelos burgueses nacionais.

Ao observar os anúncios publicitários do ensino particular do início do século XX (Figura 9), reflete-se acerca de quem eram os/as normalistas que frequentavam a Escola Normal. Os anunciantes, sobretudo a partir da década de 1910, passam a utilizar em suas propagandas o argumento da "preparação para matrícula na Escola Normal" como uma estratégia no aumento do corpo discente de seus estabelecimentos.

Assim, considerando que quem frequentava o ensino particular eram as/os alunas/os que tinham bom poder aquisitivo para custear as despesas com o ensino, eram elas/es que, posteriormente, no caso das mulheres, passariam a frequentar a Escola Normal e, no caso dos homens, o Ginásio Paranaense. Nesse sentido, para a mulher negra entrar na Escola Normal havia uma tripla concorrência (patriarcal, racial e social), tanto dos seus colegas homens, negros e pobres, quanto das afortunadas moças brancas da elite curitibana.

Figura 9 – Anúncios publicitários do ensino particular

Conservatorio de Bellas Artes
(Fundado em 1894)

Cessando no mez de Junho proximo a subvenção, que era concedida pelo Estado ao Conservatorio de Bellas—Artes, resolveram os abaixo assignados continuar com os cursos de instrucção elementar e secundaria, musica, desenho e pintura, seguindo os programmas até aqui mantidos por esse instituto.
Cada alumno, á partir de 1.º de Junho, pagará a mensalidade de 10$000 adiantamente podendo aproveitar todos os cursos, inclusive linguas, musica, desenho e pintura.
Preparam-se alumnos para a frequencia na Escola Normal.
Curityba, 20 de Maio de 1904
Candida Klier d'Assumpção (directora)
Idalina Ribeiro
Luiza Czarnecki
Maria Deolinda d'Assumpção
Francisco Czarnecki.

30—2

Collegio Santa Julia
(Fundado em 1896)

Instrucção primaria e segundaria para ambos os sexos.
Internato — Semi-internato — Externato
Internato e semi-internato so para meninos
Prepara alumnos para a matricula nos cursos do Gymnasio e Escola Normal e lecciona todas as materias do primeiro, segundo e terceiro annos gymnasiaes para o que dispõe de um corpo docente de abalisados professores e de uma competente professora para direcção e inspecção da secção feminina.
As aulas se reabrem no dia 7 de Janeiro.
Enviam-se prospectos a quem solicitar.
O Director
Francisco de Paula Guimarães
(até 2. ordem) N· 773

Pof. Raul Gomes
Rua dos Operarios 142 (de 11 ao meio dia e de 5 ás 6 da tarde) Lecciona portuguez essencialmente pratico a rapazes do commercio, etc. ou theorico (curso completo). Tambem prepara alumnos para exames de admissão à Escola Normal. Pode acceitar cadeiras de ensino de portuguez ou geographia em collegios particulares.   N· 243

Fonte: anúncio do Conservatório de Bellas Artes (DIARIO DA TARDE, 1904, p. 3); anúncio do Collegio Santa Julia (A REPUBLICA, 1916, p. 4); Anúncio do professor Raul Gomes (A REPUBLICA, 1915, p. 3); Anúncio do Collegio Paranense (A REPUBLICA, 1910, p. 4).

Os critérios de raça e classe social não aparecem nos livros de matrículas da Escola Normal, por isso não é possível fazer um levantamento a partir dessas fontes, em termos quantitativos, da presença feminina pobre e negra nos bancos escolares da Escola Normal. No entanto, mesmo com a ausência de tais informações, não se pode negar que pessoas negras e pobres não estavam presentes. Tal fato é comprovado por escassas fontes iconográficas ou de estudos individuais que tratam da trajetória de mulheres negras, no início da Primeira República, no contexto paranaense, como é o caso do presente estudo. Na Figura 10 vê-se a imagem de professores diplomados pela Escola Normal no ano de 1928.

Figura 10 – Professores diplomados pela Escola Normal (1928)

Fonte: Memorial Lysimaco Ferreira da Costa. Pasta: Inspetoria Geral do Ensino, álbum de fotografias (1928)

No verso da fotografia consta somente a seguinte inscrição: "Diplomados pela Escola Normal". Não há identificação de quem são as pessoas que compõem a imagem, que se encontra arquivada em uma pasta identificada como sendo do ano de 1928, no memorial Lysimaco Ferreira da Costa, mas não se sabe ao certo se realmente é um registro fotógrafo desse ano ou se foi condicionada aleatoriamente naquele arquivo. Contudo é possível observar a presença de estudantes negros.

A Figura 11 corresponde ao ano de 1931. Nela nota-se a presença de uma normalista negra à esquerda da imagem, identificada como sendo a primeira engenheira negra do Paraná, Enedina Alves Marques (1913-1981).[54]

---

[54] Enedina Alves Marques cursou a Escola Normal de 1926 a 1931. Lecionou nos Grupos Escolares de São Mateus do Sul, Cerro Azul, Rio Negro; na Escola Isolada de Passaúna, município de Campo Largo, e na escola da antiga Linha de Tiro do Juvevê, em Curitiba. Diplomou-se como engenheira civil pela Universidade do Paraná, em 1945 (NICOLAS, 1977).

Figura 11 – Escola Normal Secundária (I.E.P.) (1931)

Fonte: acervo desconhecido. Disponível em: https://www.turistoria.com.br/a-singular-trajetoria-da-engenheira-curitibana-enedina-alves-marques. Acesso em: 19 dez. 2021

Assim, infere-se que havia presença de normalistas negras no corpo discente da Escola Normal, entretanto estar lá gerava incômodos ocasionados pela "mistura", uma vez que a percepção da época era de que "o lugar natural" da mulher negra não era nos bancos escolares da instituição responsável pela formação do magistério público, ou seja, o espaço daquelas que corresponderiam ao "braço" do estado na implementação dos valores republicanos.

De modo interseccional,[55] é perceptível que a função de normalista envolvia um status de poder as/aos detentoras/es de seu título. As professoras normalistas, tidas como instrumentos, atendiam tanto às especificações para a concretização das políticas educacionais estatais quanto à modificação cultural em relação ao papel da mulher na emancipação feminina do início do século XX. Por isso desejava-se que elas possuíssem características almejadas para a sociedade como um todo, ou seja, o papel regenerador da escola é atribuído de forma metonímica as/aos suas/seus normalistas.

---

[55] Em relação à interseccionalidade, Collins e Bilge (2021, p. 16) descrevem: "[...] em determinada sociedade, em determinado período, as relações de poder que envolvem raça, classe e gênero, por exemplo, não se manifestam como entidades distintas e mutuamente excludentes. De fato, essas categorias se sobrepõem e funcionam de maneira unificada. Além disso, apesar de geralmente invisíveis, essas relações interseccionais de poder afetam todos os aspectos do convívio social".

2.5 PERCURSOS DIFERENCIADOS DA ATUAÇÃO MASCULINA E FEMININA NO MAGISTÉRIO PÚBLICO

Sobre os provimentos de normalistas nas escolas públicas paranaenses em relação ao gênero, apresenta-se no Gráfico 3, o panorama no período entre 1890 e 1917, a partir do relatório do inspetor de ensino, Raul Gomes, elaborado em 1917.

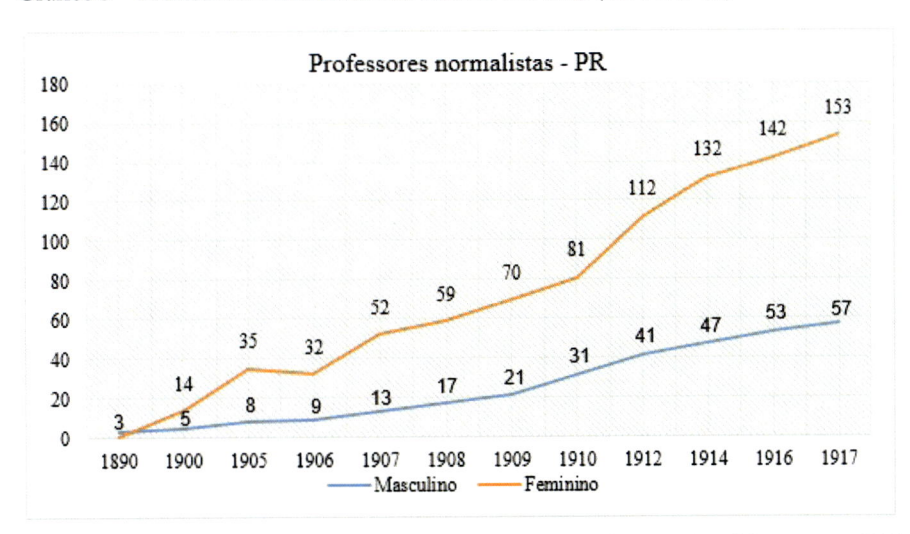

Gráfico 3 – Professores normalistas nas Escolas Providas (1890 a 1917)

Professores normalistas - PR

Ano	Masculino	Feminino
1890	3	0
1900	5	14
1905	8	35
1906	9	32
1907	13	52
1908	17	59
1909	21	70
1910	31	81
1912	41	112
1914	47	132
1916	53	142
1917	57	153

Fonte: elaborado pela autora a partir do relatório do inspetor de ensino Raul Gomes, em 1917

Sobre a presença masculina no magistério paranaense, o Gráfico 3 mostra um crescimento em sua composição numérica quanto ao número de homens que possuíam o diploma de normalistas. Contudo, ao comparar as duas categorias, masculina e feminina, nota-se que o número de normalistas mulheres aumentou de forma significativa, passando de zero, em 1890, para 153, em 1917. Há uma diminuta gradação no crescimento numérico de normalistas homens, de três professores em 1890 para 57 professores em 1917, que ocorreu de modo assimétrico ao das normalistas mulheres. O crescimento maior de matrícula dos professores homens verifica-se entre os anos de 1909 e 1912, percebendo-se, nos demais períodos, pouca alteração numérica em sua composição.

Por outro lado, do total de docentes, 210 entre mulheres e homens, em 1917, a quantidade de mulheres representa 72,8% do total de vagas providas por professoras/es normalistas no Paraná.

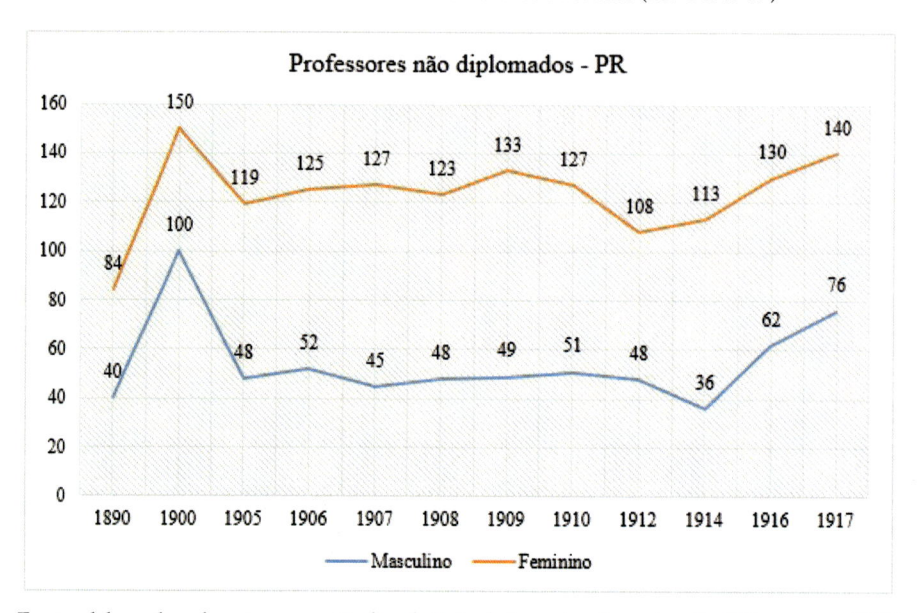

Gráfico 4 – Professores não normalistas nas Escolas Providas (1890 a 1917)

Fonte: elaborado pela autora a partir do relatório do inspetor de ensino Raul Gomes, em 1917

O Gráfico 4 apresenta a quantidade de professoras/es, homens e mulheres, também entre 1890 e 1917, sendo que, nesse grupo, das/os não diplomadas/os pela Escola Normal, a quantidade de mulheres também é maior do que a de homens, assim como nos dados ilustrados no Gráfico 3. A exemplo dos dados referentes ao ano de 1917, que apresenta 76 homens para 140 mulheres, isto é, 216 no total, perfazem nesse grupo a porcentagem de 64,8% de mulheres.

A análise comparativa entre os gráficos 4 e 3, das/os professoras/es diplomadas e das/os que não possuíam uma formação pedagógica específica, os/as leigas/os, respectivamente, permite observar que, em termos de números absolutos, a quantidade de professoras/es sem diploma era maior do que a das/os formadas/os pela Escola Normal, com destaque para o ano de 1900: 150 mulheres que atuavam sem diploma para 14 normalistas, e de 100 homens sem diploma para cinco professores normalistas.

Igualmente, a partir dos dados apresentados pelos gráficos 3 e 4, infere-se que o processo de feminização do magistério primário ocorreu de modo concomitante à formação pedagógica desse segmento. Entre 1900 e 1917, a variação de mulheres normalistas foi de 14 para 153, respectivamente, e, entre as professoras leigas, essa proporção variou de 84 mulheres para 140 mulheres, que, juntas, perfazem o total de 293 mulheres atuando na escola primária. Por isso, ao comparar o número de mulheres não diplomadas ao de normalistas, nota-se que o número daquelas que buscaram formação foi mais evidente do que o das professoras leigas. Para suprir a lacuna da falta de profissionais no ensino público, ambas as categorias eram contratadas. Mesmo assim, as mulheres não deixaram de investir em sua formação pedagógica.

Por outro lado, em relação aos homens, seja em termos absolutos ou em proporcionais, o número daqueles que não possuíam formação pedagógica no final do período analisado era superior ao dos que a tinha: 57 professores normalistas para 76 professores leigos (gráficos 3 e 4, respectivamente), o que demonstra a dissociação entre a formação pedagógica e o exercício da carreira docente entre os homens.

O Gráfico 5 realiza a junção dos números apresentados nos gráficos 3 e 4. Portanto têm-se o número total de professoras/es normalistas e não normalistas das escolas paranaenses entre o período de 1890 e 1917, categorizados pelo gênero:

Gráfico 5 – Total de professores normalistas e não normalistas nas Escolas Providas (1890 a 1917)

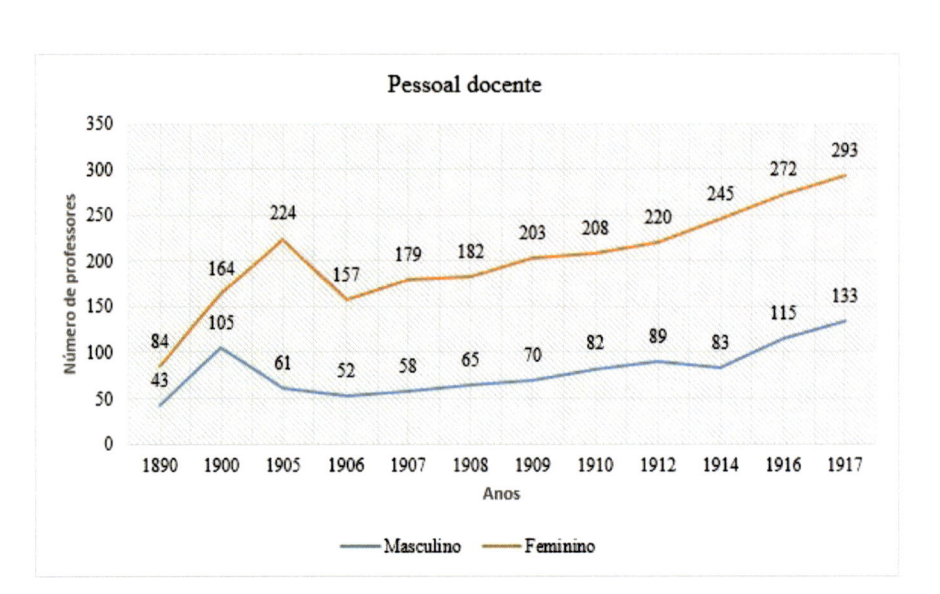

Pessoal docente

Dados do gráfico (Número de professores por ano):

Ano	Masculino	Feminino
1890	43	84
1900	105	164
1905	61	224
1906	52	157
1907	58	179
1908	65	182
1909	70	203
1910	82	208
1912	89	220
1914	83	245
1916	115	272
1917	133	293

Fonte: elaborado pela autora a partir do relatório do inspetor de ensino Raul Gomes, em 1917

O Gráfico 5 evidencia que a atuação masculina no magistério paranaense não era ausente, contudo, sempre ocorreu em menor proporção do que a feminina. A diferença foi praticamente constante ao longo dessas quase três décadas, ou seja, se a proporção entre mulheres e homens, em 1890, era de 66,2% para 33,8%, respectivamente, mensurada pelo total de 127 docentes, em 1917, aumentou para 68,8% de mulheres e para 31,2% de homens, do total de 426 professoras/es. Nos anos iniciais do ensino primário, a função era preterida pelos professores homens, pois eles visavam a cargos de comando na administração pública. Conforme o Gráfico 5, observa-se uma diminuição na procura dos homens pela profissão entre os anos de 1905 e 1914, apresentando-se uma variação mínima e máxima de 52 e 89 professores nesse período.

A professora Annette Macedo, durante uma preleção sobre a missão social da mulher brasileira, ocorrida no Centro de Letras do Paraná em 30 de abril de 1923, expôs sua opinião sobre o fato em discussão:

> Os homens do Paraná (perdoem-me eles a franqueza), só se resignam a exercer a função de professores primários como meio de vida transitório, enquanto não arranjam emprego

mais rendoso ou mais representativo ou... menos trabalhoso; ou como meio de vida permanente, só nos casos de incapacidade para o exercício de outra função julgada mais alta e mais cômoda. Ésta é a verdade nua e crua. (MACEDO, 1952b, p. 173).

Seu discurso representa a percepção do projeto republicano, que atribuía à mulher a responsabilidade na educação das futuras gerações, porém reservava-lhe os cargos inferiores no ensino público. Por meio do magistério, a mulher recebia autonomia no sentido de poder exercer uma função fora do recinto familiar, mas continuava condicionada aos mandos masculinos, uma vez que os homens, mesmo sendo uma minoria numérica, ocupavam as posições superiores na hierarquia administrativa do ensino público.

Com o intuito de observar regularidades e dar continuidade ao perfil das/dos estudantes que frequentavam a Escola Normal, fiz um levantamento sintético das trajetórias das/os estudantes que se formaram em 1916 e 1917. A escolha pela análise desses dois anos ocorreu a partir da exposição de uma listagem desenvolvida pelo diretor da Escola Normal, Dr. Sebastião Paraná (1864-1938), em 1916, na qual ele cita o nome das/os alunas/os e suas respectivas médias na matéria de Prática Pedagógica, realizada na Escola de Aplicação. Nela inclui-se Maria Nicolas.

A lista é composta pelo nome de alunas/os que estavam no penúltimo e no último ano de formação da Escola Normal, turma de Maria Nicolas. Assim, há nomes de estudantes que se formariam em 1916 ou em 1917. Possivelmente, por frequentarem juntos a Escola de Aplicação da Escola Normal, em sua maioria, são amigos ou conhecidos de Maria Nicolas, como o de sua futura cunhada, Luiza Mathilde (Raap) Nicolas.

Quadro 21 – Média da matéria de Prática Pedagógica da Escola de Aplicação da Escola Normal – 1916

N.	Relação nominal	Nota
1	Emygdio dos Santos Pacheco	8,5
2	Jocelyn de Souza Lopes	6
3	Randolpho Arzua	7
4	Manoel Macedo Souza	7
5	Adelermo Camargo	9,5
6	Pedro Daros	8

N.	Relação nominal	Nota
7	Dario Nogueira dos Santos	7
8	Antonio Saldanha de Loures	9,5
9	Francisco Schanoski	9,5
10	Etelvina Velloso	7
11	Almyra Loyola de Camargo	8
12	Ernestina de Oliveira Franco	9
13	Maria Hercilia de Azevedo	9,5
14	Maria Luiza Simas	9.5
15	Maria Augusta Rodrigues	9,5
16	Alcina Macedo Rocha	9,25
17	Thereza Faria	9,25
18	Juracy Alves Pereira Martins	9
19	Clotilde R. Motta	6
20	Dulce de Barros	9,25
21	Ayr Borges Carneiro	9,5
22	Admeé Golçalves de Araújo	9,5
23	Elisa Deocher	6,5
24	Zulmira Braga Rolim	9,5
25	Adelia Golçalves da Motta	10
26	Paulina Perotta	9,25
27	Dolores Nascimento	6
28	Marina Pinheiro de Castro	6
29	Mercedes Eleuteria da Silva	6
30	Virginia de Souza	10
31	Veronica Baggio	9,25
32	Maria Ernestina Torres	9,5
33	Maria Nicolas	9

N.	Relação nominal	Nota
34	Luiza Mathilde (Raap) Nicolas	6
35	Marina Alvares Soares	Perdeu o ano

Fonte: elaborado pelo diretor da Escola Normal, Sebastião Paraná, em 31.12.1916, p. 233

Importante evidenciar que, pelo fato de os exames finais ocorrerem entre dezembro e março, a lista de formandos variava em sua composição nos relatórios apresentados. Reafirma-se que são os nomes das/os estudantes que fizeram a matéria de Prática Pedagógica na Escola de Aplicação, por isso alguns nomes dos que se formaram em 1916 ou 1917 estão ausentes na lista, uma vez que realizaram a parte prática do curso em outras escolas públicas da capital.

Então, no sentido de observar a permanência ou a transitoriedade masculina e feminina no magistério, a rede de social de Maria Nicolas, quando ela realizava o último ano do curso de normalista, e o percurso desse professorado, foi feita a análise com informações da listagem apresentada, sendo ela composta de 35 estudantes, sendo: nove homens e 26 mulheres.

Do grupo masculino, percebe-se que Emydio dos Santos Pacheco não seguiu a carreira docente, pois seu nome não foi localizado em nenhuma nomeação para reger cadeiras públicas. Em 1924, ele tornou-se amanuense dos Correios e, a partir de 1939, passou a ocupar um cargo de chefia na mesma instituição (O DIA, 1939, p. 6).

Continuando a análise, dos nove integrantes do grupo masculino, quatro deles foram nomeados para regência de sala de aula: Jocelyn de Souza Lopes, Pedro Daros, Antonio Saldanha de Loures e Francisco Schanoski; contudo permaneceram menos de cinco anos no magistério primário. Após esse período, seguiram para outras profissões. Um deles, Pedro Daros, foi nomeado, em 1921, como diretor do Grupo Escolar Professor Serapião, em União da Vitória (PR). Apesar disso, mesmo ao adquirir um cargo de liderança no início de seu percurso profissional, preferiu abdicar de tal função e dedicar-se à medicina e, posteriormente, à política.

Os demais integrantes do grupo analisado seguiram a carreira docente, contudo não permaneceram por muito tempo no ensino primário, sendo nomeados como lentes catedráticos das Escolas Normais ou como inspetores escolares do Estado. Desse modo, é salutar observar os caminhos desses professores que permaneceram na função docente. Por isso, apresento uma síntese de suas trajetórias. São eles, os professores: Randolpho Arzua, Manoel Macedo Souza, Adelermo Camargo e Dario Nogueira dos Santos.

O professor Randolpho Arzua (1898-1954) realizou seus estudos primários em Paranaguá e cursou o 2º grau na Escola Republicana, em Curitiba. Ao finalizar o curso de normalista, em 1916, foi nomeado para lecionar no ensino primário, na Escola Isolada Paroquial de Paranaguá (1922). Lecionou brevemente em Ponta Grossa (1926) e, na sequência, seguiu a carreira docente como professor na Escola Normal de Paranaguá (1932). Em paralelo, ministrava aulas de piano no Centro Musical de Paranaguá, no qual tinha a função de secretário também. Atualmente, nomina uma rua e uma escola municipal em Paranaguá (NICOLAS, 1964).

Sobre seu colega de classe, Nicolas (1964, p. 87) expressou:

> Durante trinta e cinco anos Randolpho Arzua manteve-se à frente da catédra que dignamente ocupou. Estimado e respeitado pelos colegas e querido dos discípulos pela sua atitude bondosa, imparcial, justa.
> No decorrer de sua tão útil existência "Três coisas lhe preocupavam a vida. Três coisas lhe deram os mais belos momentos de felicidade. Três coisas lhe causaram aborrecimentos. O bem estar dos seus alunos, a grandeza e o progresso de Paranaguá e a projeção cada vez maior no cenário educacional do seu querido Colégio Estadual "José de Bonifácio" e Escola Normal "Caetano Munhoz da Rocha".

O professor Manoel Macedo Souza (?-?) finalizou o curso de normalista em 1916 e ocupou os seguintes cargos na cidade de Ponta Grossa: professor da Escola Noturna (1930), inspetor de ensino (1931), diretor da Escola Complementar Comercial (1932) e lente da Escola Normal (1932). Além da atividade docente, dedicou-se ao comércio.

O professor Adelermo Camargo (?-?) terminou sua formação na Escola Normal em 1916. Em 1918, foi nomeado como professor na localidade de Roxo Roiz.[56] No ano seguinte, contraiu matrimônio com a filha do prefeito da cidade e permaneceu na localidade como professor de uma classe masculina. Posteriormente, tornou-se inspetor escolar, em 1929, e no mesmo ano foi eleito prefeito da localidade citada. Atualmente nomina uma rua no município.

O professor Dario Nogueira dos Santos (1899-1980) tem uma trajetória marcada por atuações em diversos espaços da cultura paranaense. Ele iniciou a docência em 1918, na cidade de Prudentópolis - PR, onde

---

[56] Em 1913, a localidade paranaense de Roxo Roiz foi elevada à categoria de distrito e, em 1918, passou a ser município. O nome foi mudado para Marumby e, em 1929, o topônimo sofreu alteração, recebendo a denominação atual de Rio Azul (RIO AZUL, 1921, *on-line*). Disponível em: https://rioazul.pr.gov.br/site/. Acesso em 15 set. 2022.

permaneceu por pouco tempo. Mudou-se para a cidade de Paranaguá, local em que atuou como lente catedrático e secretário da Escola Normal, em 1929. Também exerceu a função de vice-presidente do Centro Musical, dentre outras atividades não escolares. A sua trajetória permite observar que, assim como seus colegas de turma, Dario não permaneceu por muito tempo no ensino primário.

Portanto constata-se que, após formarem-se pela Escola Normal, uma parcela dos colegas homens da turma de Nicolas, em seu primeiro decênio de atuação no magistério público, ascendeu sua posição para cargos hierarquicamente elevados, ausentando-se do ensino primário. Destarte, reitera-se que, ao observar a trajetória desse grupo de rapazes que se formaram no mesmo período de Maria Nicolas, vê-se que a atuação como professor primário não era uma função atrativa aos homens nem estimulada pelos dirigentes masculinos da época. Dos nove professores normalistas, somente quatro seguiram a carreira docente, os quais, em seu primeiro decênio no magistério, ascenderam para cargos mais valorosos e não permaneceram nos anos iniciais de ensino.

Essas informações expõem a responsabilidade delegada às mulheres no início do século XX, fase de estruturação do ensino nas escolas primárias paranaenses, assim como elucida a importância da atuação feminina nas bases da formação humana; contudo, nesse processo, valorização e importância não são sinônimos.

Em relação à trajetória do grupo feminino pesquisado que realizou a matéria de Prática Pedagógica na Escola de Aplicação, anexa à Escola Normal, durante o penúltimo e último anos de formação docente, ou seja, as professorandas de 1916 e 1917, nota-se uma dificuldade no levantamento das informações desse grupo, seja pelo montante de fontes levantadas pelo número maior de integrantes (26 mulheres) ou, principalmente, pelo fato de essas normalistas mudarem o sobrenome depois do casamento, o que geralmente acontecia logo nos primeiros anos após a obtenção do título de normalista. Assim, foi necessário mapear as relações matrimoniais.

Das normalistas analisadas, foram excluídos quatro nomes, a saber: a professora Adelia Gonçalves da Motta, que foi nomeada, junto a Maria Nicolas, no Grupo Tiradentes, porém faleceu em 1921. A professora Dolores Nascimento casou-se e foi morar no Rio de Janeiro. E, por fim, não foi possível acompanhar as trajetórias de Maria Augusta Rodrigues e Dulce de Barros, por terem muitos nomes homônimos.

Das 22 normalistas restantes (excluindo-se Maria Nicolas), nove foram nomeadas no ano seguinte de sua formatura, mas pela ausência de dados não foi possível mapear sua permanência no magistério. Foram encontradas informações acerca da permanência de oito normalistas no magistério público durante o primeiro decênio após a formatura. Assim, depreende-se que seguiram pelo magistério, embora sejam necessários mais dados para a verificação do tempo total de atuação dessas mulheres.

Em continuidade, verifiquei que do grupo total, quatro normalistas aposentaram-se como docentes, a saber: Etelvina Velloso, Maria Hercília de Azevedo, Admé Gonçalves de Araújo e Luiza Mathilde Nicolas (cunhada de Maria Nicolas – Figura 12). Portanto, em relação ao grupo feminino, o limitador de fontes foi um entrave para conclusões sobre a permanência e a mobilidade do grupo analisado, entretanto é possível verificar que, em média, metade dele atuou por um tempo significativo no magistério público primário.

Figura 12 – Ficha de identificação Luiza Nicolas

Fonte: imagem gentilmente cedida por Jubal Sérgio Dohms

No ano de 1967, a turma de formandos de Maria Nicolas, da Escola Normal, comemorou o Jubileu de Ouro de sua formatura. Foi realizada uma programação com missa de ação de graças e em intenção as/aos colegas falecidas/os, na Catedral Metropolitana de Curitiba. Também foi realizado um culto na Igreja Presbiteriana Independente e os presentes no evento finalizaram as comemorações com um almoço festivo.

O jornal *Diario da Tarde* publicou uma nota sobre o evento e assinalou os nomes das/os normalistas presentes nas comemorações. Ayr Borges Carneiro, Dario Nogueira dos Santos, Francisco Schanoski, Pedro Daros e Emilio dos Santos; [ilegível] Macedo Rocha, Jocelyn de Souza Lopes, Almyra Loyola de Camargo, Maria Hercilia de Azevedo, Maria Augusta Rodrigues, Dulce de Barros, Elisa Deocher, Zulmira Braga Rolim, Paulina Perotta, Dolores Nascimento Bracet, Mercedes Eleuteria da Silva, Virginia de Souza, Veronica Baggio, Emilia Viana, Maria Philomena de [ilegível], Maria da Glória Saldanha Loyola e Maria Nicolas (DIARIO DA TARDE, 1966, p. 11).

Figura 13 – Recordação da missa do Jubileu de Ouro

Fonte: acervo familiar de Antonio Carlos Zotto

Após a análise do percurso docente das/os colegas de Nicolas da Escola Normal, concluo que a feminização do magistério primário no Paraná é um processo que se iniciou desde a implementação da Escola Normal, no século XIX, haja vista a proporção entre homens e mulheres que compunham as/os matriculadas/os nesse estabelecimento, bem como se observa a importância do papel vocacional atribuído ao ofício de professora para as mulheres. Esse pensamento permaneceu inalterado durante os anos iniciais do século XX e culminou com a reforma da Escola Normal, em 1923, realizada por Lysimaco Ferreira da Costa, na época, diretor-geral da Instrução Pública. No documento-base da reforma, ele citou:

> Portanto, é fatal e promissor: à mulher paranaense está reservada a nobre missão de assegurar aos escolares, uma educação racional e de lhes ministrar o mínimo de conhecimentos concretos e úteis e que os inicie na vida laboriosa e fecunda, e que torne cada paranaense um fator real do progresso brasileiro. Ninguém mais apto que a mulher para o exercício de tão nobres misteres e a formação da mulher mestra deve ser o objetivo primordial das nossas Escolas Normais. (COSTA, 1923, p. 7).

Assim, depreende-se que muitas professoras, leigas ou normalistas, não tiveram seus nomes evidenciados em documentos oficiais por serem cerceadas de atingirem cargos mais altos na esfera pública e acabaram ficando apenas nas lembranças de seus alunos. Suas trajetórias asfaltaram a caminhada educacional paranaense, sendo marcadas por êxitos e dificuldades e tendo como característica um percurso trilhado pela ausência de apoio pedagógico ou escassez de recursos para as atividades concernentes ao ensino.

No próximo capítulo realizo uma reflexão sobre a inserção de Nicolas no ambiente escolar quando em seus anos iniciais, estudando em uma escola de ensino particular, denominada Escola Nocturna Republicana, bem como analiso o acesso da criança negra ao ambiente escolar e suas nuances. Ainda, apresento um breve contexto dos anos em que Maria Nicolas atuou como professora primária, quando o racismo, as ideias de higiene e a eugenia faziam-se presentes no ambiente educacional paranaense.

3

RACISMO E EUGENIA NO AMBIENTE EDUCACIONAL PARANAENSE

Figura 14 – Pintura de Armando Vianna, *Limpando metais*, 1923. Óleo s/tela, 99 x 81 cm

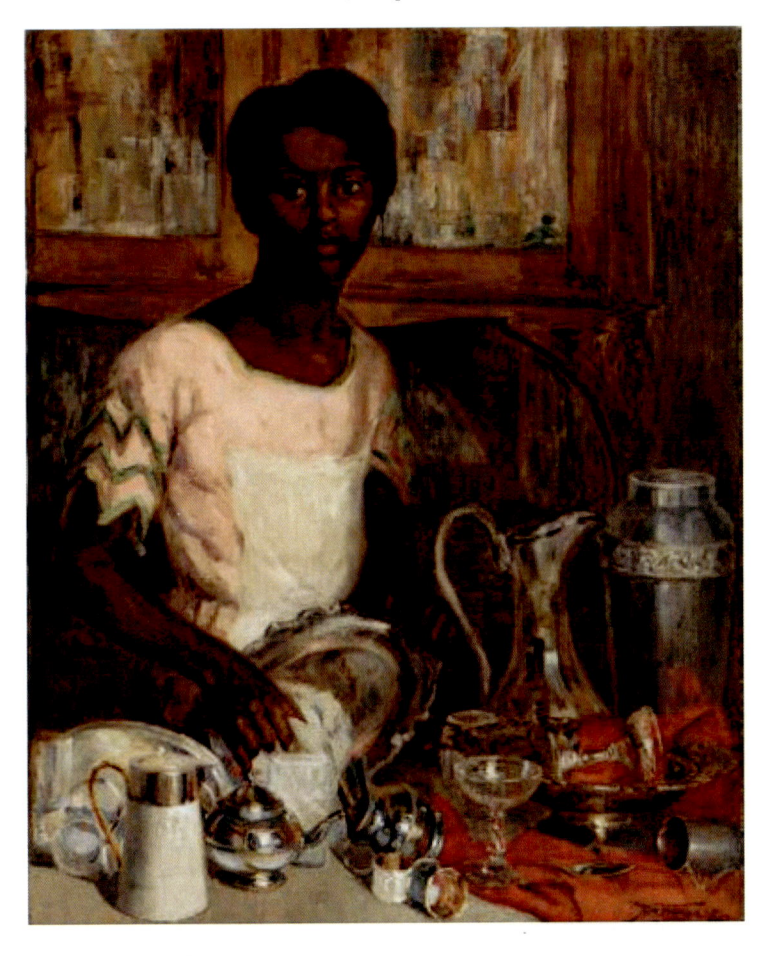

Fonte: Museu Mariano Procópio
FONTE: CHRISTO, M. V. de C. V. Negros em espaços brancos: três quadros, uma só história. Disponível em: https://periodicos.ufjf.br/index.php/nava/article/view/32498. Acesso em: 13 jun. 2021

> NEGUINHA METIDA
>
> Neguinha metida
> Costuma ser aquela mulher
> que não passa despercebida
> porque não está no ambiente
> para servir,
> não ri de piada ruim
> só pra não fazer desfeita
> e sabe a quem pertence
> o próprio nariz.
> (NASCIMENTO, 2021, p. 35)

Sobre os aspectos formativos de Maria Nicolas que permitem compreender acerca das disposições incorporadas ao longo de seu percurso, é oportuno refletir sobre os anos iniciais de sua vida escolar. Assim, como degraus que se sucedem, esses momentos iniciais são relevantes, afinal, a junção de seu patrimônio familiar cultural diversificado e o conhecimento outorgado pelas instituições de sua formação básica permitirão os aportes necessários para o ingresso de Nicolas na Escola Normal.

Desse modo, todas as etapas da vida escolar de uma pessoa e a multiplicidade de fatores intervenientes em sua trajetória são importantes, pois, nesse decurso de acumulação de experiências, "[...] o êxito no nível mais alto do *cursus* permanece muito fortemente ligado ao passado escolar mais longínquo, [...]. Em síntese, as cartas são jogadas muito cedo" (BOURDIEU, 2017, p. 58).

3.1 MARIA NICOLAS E AS PRIMEIRAS LETRAS

O contato inicial de Maria Nicolas com a educação formal ocorreu quando ela foi matriculada no período diurno, em uma escola particular de Curitiba, a instituição denominada de Escola Nocturna Republicana, dirigida pelos professores Fernando Augusto Moreira[57] e Rita Estrella Moreira.[58]

---

[57] Fernando Augusto Moreira (1867-1949) nasceu em Rio Bonito - MG. Quando se mudou para o Paraná, em 1894, atuou como tipógrafo, foi proprietário do jornal *A Republica* e fundador do *Diario do Paraná*. Após incêndio em sua residência, local onde funcionava os jornais, passou a atuar como inspetor de alunos na Escola Normal. Foi também orientador e fiscal de ensino da Escola Alemã; dirigiu o Instituto Comercial; foi um dos fundadores da Sociedade de Socorro aos Necessitados; irmão da Santa Casa de Misericórdia; membro da comissão que trabalhou pela proteção dos filhos dos lázaros; e um dos fundadores da Sociedade de Proteção aos Lázaros. De 1936 a 1947, foi diretor do Colégio Progresso. Escreveu famoso método de estenografia (NICOLAS, 1969).

[58] Rita Estrella Moreira (1869-1952) estudou no Colégio Sacre Cour, de Lisboa. Seus pais, Joaquim Duarte Estrella e Felicia do Bem Estrella, eram portugueses. D. Rittinha, como era chamada pelos íntimos, era a revisora do jornal *Diario do Paraná*, fundado pelo esposo, Fernando Augusto Moreira. Após a fundação da Escola Republicana, ela foi diretora da instituição junto ao seu marido (NICOLAS, 1977).

Para além da aquisição das primeiras letras, o seu ingresso nessa escola, em 1906, foi motivado para que ela desenvolvesse a socialização com outras crianças. Assim Nicolas narrou: "Nessa escola, com 6 anos e meio iniciei minha vida escolar. Fui enviada para brincar, me movimentar, pois eu era descorada e um tanto 'parada', apezar de possuir físico robusto. Deveria ativar-me, adaptando ao regime escolar" (NICOLAS, [19--]b, p. 40).

Na Escola Nocturna Republicana, Maria Nicolas desenvolveu amizade com Virginia Estrella Moreira (1893-1914), filha dos diretores da instituição. Por meio dessa amizade, o processo inicial de socialização no ambiente escolar foi favorecido. Como lhe era permitido uma liberdade maior, Nicolas transitava entre a escola e a casa da família Moreira. Segundo ela: "Eu fui feliz, pois Virgínia, filha do referido professor [Fernando Augusto Moreira], lá no quintal me chamava para ir devorar os quitutes que ela fazia. Então eu não voltava mais para a sala de aula" (NICOLAS [19--]b, p. 1).

Figura 15 – Família de Fernando Augusto Moreira (1910)

Fonte: Coleção Veronica Baggio Moreira FO 1609 – Acervo da Casa da Memória
Descrição da imagem: o casal Fernando Augusto Moreira e Rita Estrella Moreira com os filhos, em foto de 02.08.1910. Aparecem da esquerda para direita: Júlio, Virginia, Rita (sentada), Fernando, Sofia, Henrique e Carlos

Inicialmente, quando foi inaugurada, em 1904, a Escola Nocturna Republicana atendia somente às/aos alunas/os adultas/os no turno da noite, por isso tinha o vocábulo "nocturna" em sua denominação. Em 1906, junto ao ensino noturno, passou a ofertar o diurno, que visava a "divulgar a instrução primária e secundaria a ambos os sexos, maiores de 6 anos de idade, dispondo para esse fim de corpo docente idôneo e habilitado" (REGULAMENTO, 1918, p. 2).

A organização de ensino da Escola Nocturna Republicana perfazia cinco classes "[...] sendo que as quatro primeiras correspondem às quatro séries das escolas publicas do estado e a quinta ao curso intermediário, com o accrescimo de mais algumas materias que muito auxiliarão aos alunos na vida pratica" (REGULAMENTO, 1918, p. 4).

Apesar de o ensino diurno da Escola Nocturna Republicana destinar-se aos estudantes aptos ao ensino primário, uma observação em seu regulamento permite entender que seus dirigentes concebiam o primeiro ano de vida escolar como uma fase de menor rigor, no qual a criança deveria passar por um processo de adaptação ao meio escolar para compreensão de suas regras. Assim diz o regulamento da instituição: "Não serão acceitos á matrícula alunos menores de 6 annos de idade. Os alunos entre 6 e 7 annos não serão apertados nos estudos; estudarão quando tiverem vontade" (REGULAMENTO, 1918, p. 4).

Essa liberdade maior permite compreender o motivo pelo qual Nicolas tinha permissão para ausentar-se das aulas, não apenas pela amizade com a filha de Fernando Augusto Moreira e Rita Estrella Moreira, mas, igualmente, pela concepção pedagógica dos dirigentes da instituição.

A integração para as crianças menores de 7 anos visava atender o que se chama atualmente de fase pré-escolar, etapa que, na época, não tinha uma especificidade nos programas e métodos governamentais. Não havia instituições públicas para atendimento a essa fase de instrução formal, uma vez que, conforme apontado anteriormente, nem as necessidades do ensino primário eram supridas em sua totalidade:

> Continua sensível a falta de edifícios apropriados para o funcionamento das escolas desta cidade. E' verdade que aqui existem algumas casas escolares; essas, porém, são insuficientes para acomodar a considerável população escolar existente na futurosa e prospera capital do Estado. O grupo Xavier da Silva não satisfaz os fins a que foi destinado por

estar situado distante do centro, na extrema meridional da cidade, onde se nota pequena densidade de população escolar. (PARANÁ, 1906, p. 20).

O primeiro Jardim de Infância público da cidade de Curitiba surgiu exatamente na época em que Nicolas iniciou sua vida escolar, sendo inaugurado em 1906 e denominado de Jardim da Infância. Esse estabelecimento ficou sob a responsabilidade da normalista Maria Francisca Correia de Miranda.[59] Antes da inauguração do primeiro Jardim De Infância público de Curitiba, a diretora designada foi enviada para São Paulo com o intuito de buscar conhecimentos necessários para exercer a direção da supracitada instituição.

O Jardim da Infância, na época, atendia 60 crianças e tinha como objetivo "[...] fazer com que as creanças de quatro a seis anos recebam as primeiras noções educativas, e desde já se habituem a frequentar a escola" (A REPUBLICA, 1906, p. 2). Note-se que a concepção era tanto educativa, na aquisição de conhecimentos preliminares, quanto preparativa para o ensino primário, no sentido de munir os pequenos da disciplina necessária para adentrarem a etapa escolar subsequente, o ensino primário.

Em seus registros, Maria Nicolas disse que estudava na Escola Nocturna Republicana com isenção de mensalidade, por isso supõe-se que o diretor e a diretora da instituição eram amigos da família Nicolas, uma vez que o irmão mais velho de Nicolas, Paulo Leon Nicolas, também havia sido aluno da referida escola. Além disso, Maria Nicolas cita que o professor Fernando Augusto Moreira era "mestre na verdadeira acepção da palavra, não distinguia seus filhos, nem os alunos que não pagavam dos demais" (NICOLAS, 1969, p. 156). Nicolas ainda afirma que aprendeu a segurar corretamente a caneta com a professora Rita Estrella Moreira. Sobre a Escola Nocturna Republicana menciona:

> Os seus primeiros alunos não pagavam mensalidades, por serem pobres. Sua escola – Escola Republicana foi crescendo... crescendo... Esta casa de ensino mantinha um batalhão infantil, com o fim de incentivar o civismo no seio da criançada. Animado pelo mesmo ardor cívico, o prof. Moreira presidiu a tão útil instituição – Escoteiros. (NICOLAS, 1969, p. 156).

Em conformidade aos bons préstimos do estabelecimento no atendimento aos alunos desprovidos financeiramente, o inspetor escolar da

---

[59] Nas palavras de Nicolas (1977): "Maria Francisca Correia de Miranda era conhecida como Dona Pequena e pertencia a uma família abastada de Curitiba. Na inauguração do Jardim, estiveram presentes diversas autoridades governamentais do estado, inclusive o governador: Dr. Xavier da Silva" (NICOLAS, 1977, p. 271).

instrução pública, Sebastião Paraná, que também possuía uma proximidade com Fernando Moreira, o diretor da Escola Republicana, em seu relatório anual, assim descreveu a instituição:

> No Collegio Santa Julia e na Escola Nocturna Republicana há cursos primarios e secundarios. Estes estabelecimentos estão prestando relevantes serviços á instrucção da mocidade paranaense, bem como alguns outros aqui mencionados. O digno diretor da Escola Nocturna Republicana teve a gentileza de pôr a minha disposição 5 logares destinados a meninos ou adultos pobres. Este acto de magnanimidade foi por mim applaudido com alvoroço e sinceras demonstrações de agradecimento. (PARANÁ, 1906, p. 25).

Ainda sobre a Escola Nocturna Republicana, ela era uma das poucas instituições de ensino particular paranaense dirigida por um brasileiro.[60] A escola fazia parte da rede de ensino particular de Curitiba, composta, em 1906, por um total de 27 instituições,[61] em sua maioria de confissão religiosa católica.[62]

Em relação ao porte escolar, a Escola Nocturna Republicana tinha um total de 233 estudantes, sendo que a instituição com maior número de matrículas, a Escola Bom Jesus, contava com 264 discentes, e a menor, a Escola Nossa Senhora de Sião, comportava um total de 14 alunos (PARANÁ, 1906).

Portanto a Escola Nocturna Republicana era uma entidade importante no cenário educativo curitibano, seja pelo número de alunos atendidos ou pela sua reconhecida eficiência pedagógica, visto o número de estudantes aprovados nos exames de ingresso para a Escola Normal.

---

[60] Os colégios dirigidos por brasileiros eram: Collegio Paranaense – Dr. Marins Camargo; Collegio Santa Julia – Professor Francisco Guimarães; e Escola Republicana – Fernando Augusto Moreira (SILVA, 1901).

[61] Em 1906, os estabelecimentos particulares de ensino eram: Escola America, Escola Nocturna Republicana, Escola Nocturna Municipal, Escola de Artes e Industrias, Escola José Carvalho, Escola Dante Alighiere, Escola Allemã, Escola Allemã Particular, Escola da Immaculada Conceição, Escola São José, Escola Bom Jesus, Escola Parochial Polaca, Escola Feminina Italiana (Santa Felicidade), Collegio S. José (Hospicio N. S. da Luz), Collegio Santa Julia, Collegio Teuto Brazileiro, Collegio Santos Dumont, Collegio Paranense, Collegio Viana, Instituto Commercial, Collegio Santos Anjos, Collegio Soledade, Collegio Alemão (Rua do Rosário), Collegio N. S. De Sião, Collegio Particular Amelia Costa e Two Szkoly Eudowej (PARANÁ, 1906).

[62] Entre as instituições católicas masculinas, a primeira a ser criada foi o Seminário São José, em 1896. São, posteriormente, fundados o Colégio dos Padres Franciscanos (Bom Jesus – 1902) e o Colégio Santa Maria (Irmãos Maristas – 1925). Quanto às congregações femininas, a primeira a chegar em Curitiba é a dos Santos Anjos, em 1895. Seguem-se as Irmãs de São José (Francesas – 1896); as Missionárias Zeladoras do Sagrado Coração de Jesus (italianas – 1900); as Irmãs da Divina Providência (alemãs – 1903); as Filhas de Caridade de São Vicente de Paulo (polonesas – 1904); as Irmãs de Nossa Senhora de Sion (francesas – 1906); e as das Franciscanas da Sagrada Família (polonesas – 1906), fundando um número aproximado de 23 casas escolares, na cidade e nos arrabaldes (TRINDADE, Maria Etelvina, 1996, p. 26).

> Em Dezembro de 1905 foram submetidos a exames 17 alumnos candidatos á matrícula no curso normal deste estado, sendo todos approvados. Em 28 de Fevereiro de 1906 foram submetidos a exame no prédio da Escola Normal 10 alumnos preparados por esta escola candidatos á matrícula no curso normal, sendo todos approvados. Em 29 de Janeiro último foram submetidos a exame de 2.º grau 19 alumnos candidatos ao curso normal, sendo também todos aprovados. (DIARIO DA TARDE, 1907, p. 6).

Em continuidade, Maria Nicolas, após a fase de adaptação às normas do ensino primário, iniciou sua vida escolar. Em seus manuscritos, ela relatou suas primeiras impressões: "Depois de completar sete anos, iniciaram-me no estudo de verdade. Ganhei uma lousa pequena, metade de um lápis de pedra, a 'Cartilha Nacional' [...] e uma cesta de vime para guardar esse tremendo material!" (NICOLAS, [19--] b, p. 45).

A cesta de vime é um indício da classe social à qual pertencia Nicolas. A futura professora alfabetizadora e escritora, enquanto criança, manifestou dificuldades de adaptação ao método de alfabetização utilizado. Sentindo-se incapaz por não compreender a soletração nas junções silábicas, ela expressou seu dilema com as letras: "Foi assim: Fui uma menina muito apática; chorona e... muito burra!" (NICOLAS, [19--]b, p. 45). Ainda, de forma mais específica, exemplificou em que sentido ancorava-se tal dificuldade:

> Ah! o meu sofrimento a partir daí! A tal soletração não entrava na cabeça. Onde já se viu v+a dar va? E o e para onde ia? Para mim era vea. Na sua compreensão p+a era pea; d+o era deo e assim por diante... Cheguei a perder o prêmio de escrita para o Antônio Garcez, porque na minha burrice – escrevi a palavra ditada feijão – feigeão – Para mim e g era gea. Quantas lágrimas derramei sobre a inocente cartilha. Meu Deus! (NICOLAS, [19--]b, p. 46).

Sua capacidade de resiliência começa a ser desenvolvida a partir dessa primeira dificuldade encontrada no meio escolar. Assim, as microrrelações familiares têm um papel importante nesse processo de sua constituição, seja pela preocupação da mãe com sua aprendizagem, na contratação de pessoas para lhe ajudar, ou na comparação com a irmã:

> Minha mãe vivia triste, porque não sabia ler para me ajudar, então pedia às pessoas que iam à nossa casa para me ajudar;

> ensinando-me a lição. Essa ajuda nada adiantava, pois todo mundo usava esse processo de alfabetização (soletração) e esta não fora criada para mim.
> Aconteceu que minha irmã mais nova, [Thereza Nicolas] muito viva, decorava a lição que me ensinavam. Quando iam tomar a lição e eu não a sabia então mandavam-na ler. Ela toda prosa animada e mimada por todos recitava de cor a lição e eu de cabeça baixa chorando feito maluca. Todos escutavam elogiando-a, como se de fato ela lesse mesmo e eu me limitava a chorar. (NICOLAS, [19--]b, p. 46).

Sobre o contexto das escolas públicas existentes nessa época, nos relatórios dos secretários de governo analisados, é recorrente a citação sobre a escassez de recursos e investimentos no setor educacional; desde a construção do prédio ao provimento dos materiais, indica-se a falta dos itens indispensáveis ao ensino.

O fator social somava-se a esse cenário, pois a crescente população paranaense vivia em colônias no meio rural e tinha como característica a economia de subsistência. Em seu relatório anual de 1906, assim descreveu o inspetor da Instrução Pública, Sebastião Paraná:

> Todas as escolas publicas do Estado, com raras excepções, são frequentadas por diversos alunos paupérrimos. Vi-os nas escolas do litoral e do interior do Estado, quando inspecionei na qualidade de docente visitador. Vejo-os também aqui na Capital. São crianças quase maltrapilhas, sem livros, sem brilho no olhar, magras, anêmicas, rachiticas! A indigência dos paes as sacrifica. E assim mesmo vão á escola levando n'algibeira um retalho de livro e um pão de véspera para a refeição do recreio. (PARANÁ, 1906, p. 22-23).

Em 1911, a normalista Annette Macedo, no início de sua caminhada docente, foi lecionar em uma aprazível localidade campestre de Curitiba, na qual se achava situada a escola isolada de Retiro Saudoso.[63] Em visão análoga à do inspetor de ensino da instrução pública, a recém-normalista retratou as características de sua comunidade escolar:

> Meus alunos e alunas (era mixta a escola) se achavam atrasadíssimos. Filhos de lavradores, barriqueiros, pedreiros, carpinteiros. Suas mãis, em maioria, lavadeiras e costureiras.

---

[63] A escolha dessa localidade deu-se pelo fato de sua família possuir uma chácara em suas imediações (MACEDO, 1952). Atualmente, a região faz parte do bairro Santa Quitéria, em Curitiba - PR.

> Gente toda de bôa índole, dotada de alguma cultura moral mas rústica e iletrada. Católicos na maioria, alguns protestantes. Muitos de origem estrangeira – italiana, polaca, alemã. Muitos inveterados no alcoolismo, muitos no jogo. Todos fumantes. Alguns paupérrimos. (MACEDO, 1952, p. 45).

Nesse cenário, em geral, observa-se que ir à escola não era uma prioridade para as crianças pobres, visto que, desde muito pequenas, eram inseridas nas atividades produtivas junto aos demais familiares, seja no campo, por meio do trabalho agrícola, ou no espaço urbano, em atividades correlatas ao comércio.

À medida que os filhos cresciam, passavam a contribuir com a renda doméstica. Junto a isso, a situação era agravada pelas distâncias existentes entre as escolas e o lar dos pequenos, que eram dispensados da obrigatoriedade do ensino conforme a localização geográfica. Essa dispensa de frequentar a escola era dada aos meninos que moravam acima de dois quilômetros e às meninas que residiam a um quilômetro de distância da escola (PARANÁ, 1903).

Diante do exposto, concluo que as questões de classe, raça e gênero imbricavam-se mutuamente no acesso e na frequência escolar. Desde a abolição, em virtude da ausência de políticas de assistência aos ex-escravizados, eles tornaram-se excluídos dos processos produtivos e de sua riqueza derivada. A população negra, quando conseguia uma ocupação assalariada, era submetida a trabalhos de menor prestígio social e, por conseguinte, de baixa remuneração. Assim, constata-se que o segmento pobre da população, em sua maioria composto por negros, em um círculo vicioso, marcado pela ausência da interferência governamental e de oportunidades educacionais, perpetuou-se ao longo do século XX (FERNANDES, 2007).

Nestor Victor, em sua obra com viés laudatório, em relação aos feitos realizados pelo governo do Paraná, em uma visita a Curitiba no ano de 1910, observou que a cidade estava com outros ares. Ao questionar as modificações ocorridas, a resposta obtida pelo seu interlocutor – Emiliano Perneta – expõe o tratamento imputado às pessoas menos favorecidas:

> Os pobres e os sapos vão indo de cada vez para mais longe, dizia-me Emiliano Perneta com a perversidade de quem não pode perder uma boa frase, tanto mais quando, realmente, ella bem resumia a situação. Está ahi o motivo principal, acrescentou, porque não achas mais na cidade esse cheiro

> campesino de que falas, e de que eu me recordo: com os pobres vão-se distanciando também as culturas. (VICTOR, 1913, p. 127).

Se os pobres distanciavam-se do centro urbano de Curitiba, eles também ficavam longe do acesso aos serviços públicos essenciais. A intenção de promover a cidade de Curitiba como a "terra do futuro" ocorre de forma a excluir aqueles que destoam da imagem que se desejava construir; por isso pobres, negros e sapos não eram bem-vindos. A cidade, ainda campesina, tinha os sapos e sua população marginalizada como uma simbologia de retrocesso.

Em continuidade, há a explicação de como ocorreu o processo de modernização dessa urbe:

> Eu já tinha estranhado a falta dos meus velhos batrachios, que não me faziam, em todo caso, propriamente saudade.
> – Como foi que eles despareceram? perguntei a alguém.
> – Desappareceram naturalmente com as construções. (VICTOR, 1913, p. 127).

As construções na cidade ocorriam via medidas administrativas. Foi o que houve em Curitiba, no início do século XX, que buscou remodelar o seu quadro urbano. As transformações foram colocadas em prática por meio de diversas leis que versavam sobre a melhoria da infraestrutura, da urbe e de seu embelezamento, como a proibição da construção de edifícios com menos de dois pavimentos nas ruas centrais.[64] A administração estabeleceu ainda um controle mais rígido nos padrões construtivos quando, em 1913, criou a Comissão de Melhoramento da Cidade (CAMARA MUNICIPAL DE CURITIBA, 1902 a 1906). A Figura 16 mostra a planta de Curitiba, em 1914, com legenda que indica o trajeto do bonde, a rede de água e esgoto e a região que limitava o quadro urbano.

---

[64] Lei n.º 77, de 16 de abril de 1902 (estudos topográficos e hidrográficos); Lei n.º 84, de 10 de junho de 1902 (calçamentos de ruas e praças); Lei n.º 102, de 22 de janeiro de 1903 (prolongamento de linha férrea); Lei n.º 117, de 08 de outubro de 1903 (delimita o quadro urbano de Curitiba); Lei n.º 151, de 10 de outubro de 1905 (extensão de linhas telefônicas), Lei n.º 149, de 10 de outubro de 1905 (determina que as edificações que se fizerem nas ruas XV de novembro, Liberdade e Praça Tiradentes só poderão ser de dois ou mais pavimentos); Lei n.º 175, de 26 de abril de 1906 (providencia sobre colocação de postes nas ruas e praças); Lei n.º 177, de 16 de novembro de 1906 (proíbe a construção de casas de madeira em uma determinada área no quadro urbano) (CÂMARA MUNICIPAL DE CURITIBA, 1902 a 1906).

Figura 16 – Infraestrutura de Curitiba (1914)

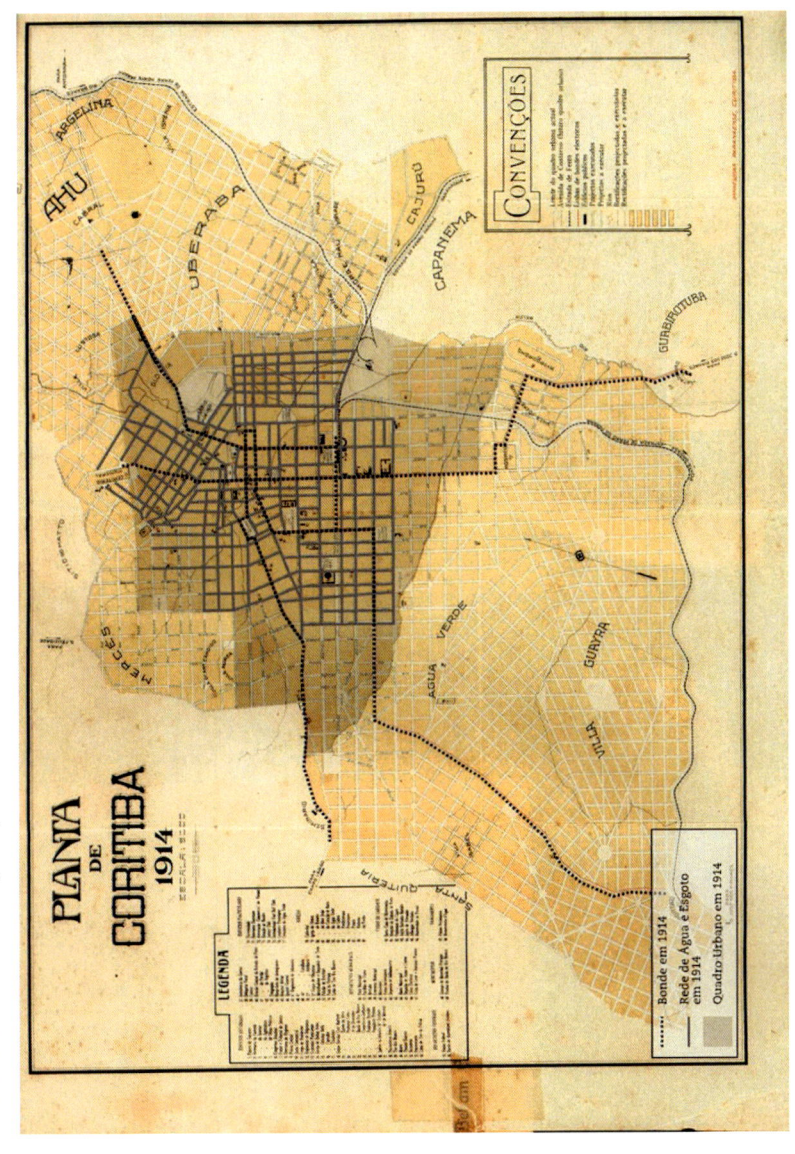

Fonte: planta de Curityba – 1914, apresentada em LAMBERT, Egydio. *O guia paranaense*, Curitiba, anno 1, n.º 1, 1917; Leis Municipais n.º 117/1903, 177/1906 e 341/1912; e Acto Estadual n.º 4/1909.

Em suas pesquisas sobre a questão social do negro em São Paulo, Florestan Fernandes (2007) afirma que houve pouca alteração nas configurações sociais no período pós-abolição. Sobre esse panorama, ele diz que, nas condições: "[...] de exclusão quase completa da vida econômica ativa, de desorganização social e de apatia, a população negra e mestiça praticamente permaneceu num status equivalente ao do liberto na ordem social escravocrata e senhorial" (FERNANDES, 2007, p. 12). Panorama que não é muito diferente em outras regiões do Brasil.

Uma passagem da vida de Maria Nicolas, quando ela atuava no ensino particular, ilustra a percepção sobre a população negra e o trabalho a ela relegado. Na simplicidade de apreensão de uma criança, é possível refletir sobre estereótipos imputados ao negro.

Na ocasião, um dos alunos de Maria Nicolas sentia-se indisposto para os estudos, o que fez a professora intervir sobre a presente situação. Ao chamar-lhe a atenção para as consequências da negligência em seu aprendizado, o diálogo exemplificou a percepção de uma realidade social e educacional do segmento que tinha o acesso à escola cerceado: "Certo dia disse-lhe: Affonso, quem não estuda, aprendendo a ler e escrever e fazer contas, fica preto. Você tão branco, corado, bonito, quer ficar negro? Perguntou-me curioso: Fica como o negrinho engraxate?" (NICOLAS, [19--]b, p. 40).

A resposta da criança demonstra uma explicitação da estratificação social existente em que raça e acesso aos meios letrados combinam-se no retrato do menino que exerce o ofício de engraxate. Pela comparação realizada, subentende-se uma exclusão do menino negro no ambiente escolar, uma vez que é possível perceber que ele não frequentava a escola, apenas trabalhava.

Observe-se o desfecho do diálogo:

> – Certo, respondi e você não vai querer ver isso, não é verdade? Ele me olhava e ficou, por uns instantes pensativo, acabando por me dizer: Então, a mãe da senhora é misteriosa.
> – Ué! Por que, diz isso? perguntei: Porque a senhora é mais preta que sua irmã (Ela era branca, inimiga dos estudos e eu mulata, muito estudiosa, modéstia à parte) e sua mãe diz que a senhora era melhor que sua irmã... (NICOLAS, [19--]b, p. 40).

Esse epílogo demonstra que as pessoas negras estudiosas, nos termos de Fernandes (2007), ao adquirir a cultura letrada "saíam de sua pele" e tornavam-se "brancas"; por isso a confusão na percepção do menino. Como Maria Nicolas, sendo negra, podia ser mais estudiosa que uma pessoa branca ou de pele mais clara que a dela? Para o menino, em sua percepção limitada pela idade, porém ampla em relação ao mundo em que vivia, era uma incoerência absurda.

Sobre os estereótipos, recorre-se à análise de alguns vocábulos existentes no senso comum, ainda na atualidade, tais como: *não tinha cara de bandido*; *hoje é dia de preto*; *preto quando não faz na entrada faz na saída*. Essas expressões decorrem da percepção negativada em relação aos negros. Elas possibilitam que o *não dito* misture-se ao *mal-dito* ou ao *mal-entendido*, em que o discurso racista esconde-se na linguagem pura, no enunciado em si (SALES JUNIOR, 2006).[65] Para Sales Junior (2006), a estigmatização racial acontece pelo uso da linguagem e não apenas pela força física. "O estigma é uma demarcação corporal de uma relação social de desigualdade, resultante de uma reificação dos processos de dominação/hierarquização" (SALES JUNIOR, 2006, p. 233).

Importante evidenciar que essas questões estavam postas igualmente no plano teórico do pensamento de intelectuais do século XIX e início do século XX, como os pressupostos do italiano Cesare Lombroso, que propunha estudos para reconhecimento de um criminoso pela sua aparência física. Seus trabalhos tratavam de eleger quem era mais vulnerável ao crime, a partir do estudo do tamanho e do formato do crânio da pessoa – a craniometria. Suas acepções receberam anuência no Brasil, especialmente pelo médico maranhense Raymundo Nina Rodrigues, que morava na Bahia (COSTA, 2011).

Para o historiador Hilton Costa (2011): "O racismo científico é um grande propositor e divulgador, com outras vestes, de uma antiga vulgata – o que é bom nasce feito! Ou seja, da ideia das aptidões natas, alguns grupos são naturalmente aptos a isso ou aquilo e não para outras coisas" (COSTA, 2011, p. 124). Essa premissa adentrou o ideário brasileiro por meio dos discursos médico-higienistas e eugênicos, aspectos que serão discutidos posteriormente.

À vista disso, independentemente da falta de escolas, indaga-se: será que o baixo número de crianças negras que frequentavam a escola tinha como uma de suas causas a percepção ensejada pelos eugenistas de que o acesso à escola seria uma prerrogativa apenas para o grupo branco, a fim de aprimorar as suas habilidades, que, na percepção deles, eram superiores ao grupo negro? Logo, como consequência, as poucas crianças negras que se inseriam nesses espaços tinham que se "branquear" para fazerem-se presentes?

---

[65] "A estigmatização pelo não-dito (piadas, injúrias, trocadilhos, provérbios, ironias...) é resultante de uma 'espiritualização da crueldade' – 'racismo espirituoso' [...]" (SALES JUNIOR, 2006, p. 233).

Fernandes (2007, p. 33) discorre sobre o "imperialismo da branquitude", que ocorreu durante a integração nacional das raças. O autor expõe:

> O negro foi exposto a um mundo social que se organizou para os segmentos privilegiados da raça dominante. Ele não foi inerte a esse mundo. Doutro lado, esse mundo também não ficou imune ao negro. [...] Todavia, em nenhum momento essas influências recíprocas mudaram o sentido do processo social. O negro permaneceu sempre condenado a um mundo que não se organizou para tratá-lo como ser humano e como "igual".

Nesse sentido, conclui-se que Maria Nicolas enfrentou processos de autoafirmação ou autonegação ao adentrar espaços pelos quais sua presença implicitamente era vedada. Esse fato também se explica pela ideia *habitus negro*, nos termos de Raul Vinícius Araújo Lima (2019), na qual o autor articula três sistematizações de análise: na primeira, o *preconceito de marca*, com base em Oracy Nogueira (2006); a segunda alicerça-se no que Ronaldo Sales Jr. (2006) denominou *não dito racista*; e a terceira na construção da ideia de *negro* e de *raça* defendida por Achille Mbembe (2018).

Para Lima (2019, p. 15, grifo do autor) a construção do *habitus negro* implica:

> [...] práticas, comportamentos éticos e morais, modos de apreensão cognitiva, modos de expressão corporal, disputas teóricas, simbólicas e políticas específicas de tempos e espaços. Isto é, pertencer a uma classe econômica também significa tudo isso – contudo, acredito na possibilidade de um *habitus negro*, porque há aspectos da vida social que extrapolam as lutas simbólicas mais perceptíveis.

Portanto o *habitus negro* e a própria ideia do *habitus*, em Bourdieu, envolve o modo como cada pessoa lida na prática com o espaço social que a rodeia, envolvendo aspectos de cunhos material, cultural e simbólico, no cruzamento entre diversos fatores, dentre eles classe, gênero e raça.

3.2 RESISTÊNCIA E EXCLUSÕES DA CRIANÇA NEGRA NA EDUCAÇÃO ESCOLAR

Nas linhas que seguem será feito um delineamento acerca da presença de negras/os no meio escolar, no sentido de promover uma reflexão sobre as dificuldades estruturais de acesso e de permanência desse segmento étnico no mundo letrado. Nesse sentido, a propaganda, intitulada *A asneira do moleque Benjamin* (Figura 17), contribui para a reflexão dos processos educativos da criança negra.

Figura 17 – A asneira do moleque Benjamin

Fonte: *Jornal das Moças*, Rio de Janeiro (1920)

Na imagem, publicada no *Jornal das Moças*, do Rio de Janeiro, em 1920, uma senhora branca pune com agressão física um menino negro por ele não ter feito um trabalho corretamente. Assiste à cena uma criança branca e um cachorro com características humanizadas, pois o animal anda sobre duas patas e sabe falar. O cão usa uma gíria em sua locução, a palavra "escovado", que supõe ser sinônimo da palavra inteligente.

O diálogo apresentado logo abaixo da imagem expressa o seguinte:

> Mamãe: – Moleque! Apanha para não seres avoado quando eu te mandar comprar pó de arroz é para não trazeres imitações, e sim, o legítimo pó de Arroz Lady.

> Benjamin: – Ahn!... Ahn!... a caxa e rotu tava paricido...
> Chiquinho: – Bem feito! Tava paricido porque tu não enxergas direito. O Pó de Arroz Lady é o melhor e não é mais caro. Chucha, moleque! (JORNAL DAS MOÇAS, 1920, s/p).

O trecho "A caxa e rotu tava paricido" mostra que o menino Benjamin não tinha miopia; na verdade, ele não era alfabetizado. Embora a cena seja uma propaganda, ainda assim é possível observar, de modo representativo, o tratamento dado às crianças negras. A imagem da Figura 17 mostra, além da violência explícita, o estigma herdado por Benjamin, de serviçal ou escravizado de ganho do período provincial, quando, pelas questões sociais e normativas, era vedado à maioria das crianças ou pessoas escravizadas frequentarem a escola.

Os escravizados recebiam diversas formas de trabalho e, quando não as realizavam adequadamente, era-lhes reservada a correção por meio da punição física. O menino da cena recebe o patrimônio de seus antepassados. Traz na pele marcas de sua genética; nos pés descalços, a herança de sua condição social e, na sua postura corporal, a desumanização inerente ao período escravocrata.

No entanto, apesar dos dispositivos legais impedirem a presença de escravizados nas escolas durante o Paraná provincial, a dissertação de Vicente Moreira da Silva (2013) expõe iniciativas educacionais a esse segmento da população, como a criação de escolas noturnas que eram direcionadas para operários e escravizados. A escola noturna era uma alternativa para que os alunos pudessem continuar suas atividades laborais durante o dia, sejam trabalhadores livres ou não.

Moreira da Silva (2013) elenca as escolas noturnas existentes no Paraná no período de 1872 a 1888, a saber: Escola Noturna de Ensino Primário para escravizados, criada 1872, e Escola Noturna gratuita para adultos livres, criada em 1874, ambas em Paranaguá. A Aula Noturna de Instrução Primária, destinada a operários e escravizados, em Curitiba, no ano de 1874; a Aula Noturna ao professor Lindolpho de Siqueira Bastos, em Morretes, de 1882; a Escola Noturna Municipal de Curitiba, em 1882; a Aula Noturna do professor Alfredo Luiz D'Oliveira Cercal, em Campo Largo, no ano de 1882; e a Escola Noturna Municipal de Curitiba, do Professor Miguel Lourenço Sheleder, em 1884.

Nesse panorama de instituições, Moreira da Silva (2013) apresenta quadros com listagens dos nomes de alunos, com suas respectivas idades e outras características, tais como: filiação, cor, estado civil, condição social, nome de seus senhores, ocupação, nacionalidade etc., variando-se a contemplação de tais aspectos nas listagens coletadas.

Das escolas criadas em Curitiba, a Aula Noturna de Instrução Primária, de 1874, era destinada a operários e escravizados. A criação dessa escola foi uma iniciativa de Damaso Correia de Bittencourt. No mapa de matrículas da escola consta um total de 23 alunos, sendo que, desse montante, dois eram libertos. Mesmo as aulas sendo destinadas aos trabalhadores diurnos, é possível detectar crianças negras junto aos adultos no período noturno.

> Embora as aulas noturnas fossem criadas com a finalidade da educação dos adultos, nota-se no caso dos escravos e mesmo em outras aulas onde se inseriam escravos e pessoas livres; a presença de crianças. Tobias, de 10 anos tinha ocupação que não conseguimos constatar pela ilegibilidade do documento e estava inserido na escola com alunos adultos. Essa situação foi prática constante nas aulas noturnas do Paraná, ou seja, o acréscimo da participação de crianças nas aulas e escolas noturnas, com preponderância na década de 1880. (MOREIRA DA SILVA, 2013, p. 118).

A partir da análise de Moreira da Silva (2013), surgem os seguintes questionamentos: por que elas estavam ali? Acompanhavam algum familiar adulto? Para uma possível correspondência, na listagem apresentada no trabalho analisado, o estudante Tobias não tinha sobrenome, era tutelado por D. Balbina, por isso, depreende-se que foi interesse de sua responsável que o menino fosse alfabetizado. Por que ela teria esse interesse? Seria porque a instrução melhoraria a qualidade dos serviços prestados pelo menino quando fosse comprar ou negociar algum produto, pudesse trazer benefícios a sua responsável? "Não traria o pó de arroz de marca diferente". Seria apenas por uma ação benemérita de D. Balbina? As fontes silenciam sobre tais questionamentos.

Ao analisar a presença de crianças[66] nos quadros elaborados por Moreira da Silva (2013), com base nos mapas de matrículas, elaborados pelos professores das respectivas escolas noturnas, têm-se as seguintes informações:

---

[66] Para não incorrer em anacronismos, é importante sublinhar que o conceito de criança era totalmente diverso da atualidade, especialmente no período escravocrata, em que as pessoas negras eram tidas como peças. Assim, a delimitação da idade na coleta dos dados foi opção minha, arrolando o número de crianças delimitando a idade delas em até 12 anos.

Quadro 22 – Número de adultos e crianças matriculadas nas escolas noturnas paranaenses (1872 a 1888)

Local das escolas	Ano*	Número de adultos	Número de crianças – até 12 anos	Total de alunos
Paranaguá	1874	30	00	30
Curitiba	1874	21	02	23
Morretes	1882	24	02	26
Curitiba	1882	29	22	48
Curitiba	1884	18	07	25
Total:	-	122	33	152

Fonte: elaborado pela autora a partir da dissertação de Vicente Moreira da Silva (2013)
* As escolas criadas em Paranaguá no ano de 1872, não constam no mapa do trabalho analisado, e a escola de Campo Largo, de 1882, em seu mapa de matrículas, foi omitido o item idade; por isso não constam no Quadro 22.

O Quadro 22 apresenta a quantidade de adultos e crianças matriculadas nas escolas noturnas paranaenses, entre 1872 e 1888, em que se nota um interesse pelas aulas noturnas para crianças, na cidade de Curitiba, totalizando 31 matrículas. Observa-se que, em 1874, havia somente duas crianças matriculadas. Embora sejam escolas e localidades diferentes, em 1882, na mesma cidade, o computo de matrículas para os menores de 12 anos foi de 22 crianças. No total de escolas analisadas, havia três crianças escravizadas, assim como três filhos de imigrantes italianos; as demais eram livres. Em todas as listagens encontra-se apenas o nome de uma menina que, pelo número de faltas computadas, não frequentou as aulas.

Sobre as causas que levaram essas crianças a matricularem-se em uma escola noturna destinada a pessoas adultas, não se sabe especificamente, mas várias hipóteses são aventadas, tais como o fato de talvez essa ser a única oportunidade de acesso educacional àquelas pessoas, em geral pobres, e, de modo especial, às crianças negras livres ou escravizadas. O autor complementa:

> Se durante o período de 1872 a 1888, e bem antes disso, os escravos foram proibidos de matricularem-se e frequentarem as escolas de Primeiras Letras na Província do Paraná, como nos comprovou as legislações analisadas desse período; é fato a se considerar, que com a regulamentação da Lei nº

330, de 12 de Abril de 1872, criando as escolas noturnas na província, destinadas aos adultos trabalhadores, fossem dadas as possibilidades que a 'Instrução Popular', estivesse também acessível ao escravo, como à população livre. (MOREIRA DA SILVA, 2013, p. 135).

Durante os anos iniciais do sistema republicano, o acesso à escola de uma forma geral continuou reduzido. As famílias abonadas normalmente pagavam professores particulares aos suas/eus filhas/os, e o grande contingente da população em idade escolar, conforme mostrado no Quadro 23 continuava alheio ao ensino formal.

Quadro 23 – Contexto educacional do Paraná (1890 a 1917)

Critérios \ Anos	População do Paraná	Crianças em idade escolar	Número de escolas providas	Número da população escolar que recebeu instrução	Número de escolas funcionando por 10.000 habitantes	Número de professor normalista por 1.000 habitantes
1890	243.655	48.730	127	3.810	5	0,001
1900	397.035	79.406	269	10.228	6	0,004
1910	572.375	114.474	290	15.936	5	0,019
1917	676.872	135.274	426	23.110	7	0,15

Fonte: elaborado pela autora a partir do relatório do inspetor de ensino – Raul Gomes, de 1917, p. 195

Raul Gomes, inspetor de ensino de 1917, em seu relatório, explicita a diferença notória entre a população em idade escolar e o número de crianças que recebiam instrução. Em uma época em que as taxas de natalidade paranaense eram altas, ao aferir os dados entre a população paranaense e o número de escolas funcionando por 10.000 habitantes, percebe-se que, enquanto a população do Paraná quase triplicou no período analisado, de 243.655 mil em 1890 para 676.872 mil em 1917, o número de escolas funcionando por 10.000 habitantes permaneceu praticamente inalterado, cinco em 1890 e sete em 1917. E ao equiparar esses dados ao número de normalistas existentes, torna-se ínfimo o número de estudantes que eram atendidos por professores com formação pedagógica.

Os dados apresentados nos relatórios dos secretários e inspetores da instrução pública, apesar de possuírem lacunas em seus apontamentos, demonstram um importante panorama da realidade educacional da época. Contudo, no que diz respeito ao recorte racial, existe uma ausência de informações sobre a presença e a assiduidade escolar da criança negra. Sabe-se que, mesmo com a proibição de sua frequência antes da abolição, nessa época existiam iniciativas de criação de escolas, como demonstrado por Moreira Silva (2013), no Paraná.

Conforme apontado nos relatórios dos secretários de governo e demais fontes analisadas, não há a categoria raça nas listagens de alunos que frequentavam as escolas públicas do período republicano. Na busca desse indício, recorri a outras fontes que, embora sejam apenas uma amostra de uma realidade pouco tangível, permitem reflexões sobre a educação da criança negra, já que a ausência das informações sobre raça também é um dado importante na realização desse mapeamento.

Em 1903, quando o jornalista carioca Tobias do Rego Monteiro (1866-1952),[67] em visita ao Paraná, conheceu colônias de imigrantes instaladas na região rural curitibana, ao adentrar uma escola polaca, narrou:

> Os alunos menores tinham ficado. Quando nos viram, puzeram-se em ordem nos bancos, meio espantados daquela invasão inesperada. Eram cerca de trinta, quase todos muito louros, os pés descalços, a roupinha bem tratada. Começámos a informar-nos das lições, regimen da escola, horas de estudo e recreio. Nenhum respondia sem levantar-se respeitoso. "Como te chamas?" As respostas choviam arrevesadas; muitos nomes polacos. Tres, de olhos mais scintilantes, cabelos escuros, deviam ter outra origem: eram filhos de italianos e brasileiros. A língua ligava a todos na pátria comum. Em meio deles agitava-se um **negrinho franzino,** muito vivaz, que extranhava com o olhar o embaraço de alguns, a quem interrogávamos. Foi um gosto ouvi-lo responder ás nossas perguntas, ve-lo intervir quando os brancos hesitavam. Elle estava ali sósinho, com a pelle de ébano, ligeiramente tocada

---

[67] Tobias do Rego Monteiro (1866-1952) nasceu em Natal (RN). Em 1886, foi para o Rio de Janeiro para cursar a Faculdade de Medicina. Ligou-se profissional e politicamente a Rui Barbosa, interrompendo o curso de Medicina no quarto ano para secretariá-lo e trabalhar como jornalista. Após a Proclamação da República, quando Rui Barbosa tornou-se ministro da Fazenda do governo provisório, tornou-se seu oficial de gabinete e, por indicação do jurista, trabalhou também no *Diário Oficial*. Redator político do *Jornal do Comércio*, entre 1894 e 1902, tornou-se um dos mais influentes e prestigiosos jornalistas do país. Como escritor, Tobias Monteiro recebeu o Prêmio Machado de Assis, da Academia Brasileira de Letras, pelo conjunto da obra. Colaborou em *A Republica, Gazeta da Tarde, Correio Paulista, O País* e *Diario de Notícias* (FGV/CPDOC, [200?], s/p).

> de outro sangue, e toda a sua vivacidade parecia protesto, esforço instinctivo, movimento de uma raça a debater-se nos últimos alentos, ante a invasão avassaladora de outras levas. (MONTEIRO, 1935, s/p, grifo meu).

Depreendo algumas informações importantes no relato do viajante Tobias do Rego Monteiro: primeiro, apesar da roupa "bem tratada", as crianças estavam descalças. Essa informação demonstra uma questão cultural, pois, por ser meio rural, era costume regional não usar sapatos; assim, o andar descalço exibe a pobreza daqueles meninos. Segundo, apesar de ser uma escola criada em uma colônia para os filhos dos imigrantes poloneses, todos falavam o mesmo idioma, a "pátria comum" era o Brasil. Os relatórios de governo demonstram que as escolas eram constantemente vigiadas sobre esse aspecto e as que não adotavam a língua portuguesa corriam o risco de serem fechadas.[68] Por fim, a presença de uma única criança negra: um menino estava lá, "sósinho, com a pelle de ébano". A criança que chamou a atenção do viajante demonstra ser um menino pouco desenvolvido fisicamente e mestiço, mas muito ávido para responder às perguntas do visitante.

O esforço da única criança negra presente nessa escola de imigrantes não era apenas para acertar as questões feitas, mas de pertencer igualmente àquele espaço. Nesse período, as/os negras/os que habitavam a capital buscavam estratégias de sobrevivência social, cada vez mais dificultada com a vinda de imigrantes para a cidade, pois Curitiba buscava ser uma cidade civilizada e, para isso, precisava ter a face branca dos europeus.

O viajante Nestor Victor, em sua obra ufanista sobre Curitiba, deixou transparecer a sua satisfação com o branqueamento ocorrido na cidade, quando, em visita a um Jardim de Infância no ano de 1910, visualizou os efeitos da imigração e da miscigenação na população curitibana.

---

[68] O Regulamento da Instrução Pública de 1901 assim regulava a obrigatoriedade da língua nacional: "Art. 5º, § 1º Quando taes institutos forem de instrucção primaria ou secundaria, o poder executivo tornará effectiva a obrigatoriedade do ensino da língua nacional, uma vez que esta disciplina não figure nos respectivos programas" (PARANÁ, 1901, p. 84). No Código de 1915, tem-se: "Art. 195º É obrigatorio em todos os institutos particulares do curso primario ou secundário nacionais ou estrangeiros o ensino da Lingua Portuguesa" (PARANÁ, 1915, p. 40). Em 1918, a lei n.º 1.775, de 03 de abril de 1918, decretava: "Art. 2º Nas escolas particulares será obrigatório o ensino da língua portuguesa, bem como serão ministradas em portuguez as disciplinas que o Governo determinar, de acordo com as circumstancias locaes. § Único - Ao Secretario do Interior, Justiça e Instrução Publica cumpre antes de autorizar a instalação e aprovar programas das escolas dirigidas por estrangeiros verificar, pelos delegados de ensino e Inspectores escolares, si a escola dispõe de professores que falem correctamente o portuguez" (DOE n.º 1.730, 1918, p. 1). Em 1920, foi sancionada a Lei n.º 2005, de 09 de abril de 1920, que dizia: "Art. 1º As escolas particulares estrangeiras que funccionam no Estado, são obrigadas a ensinar em língua vernácula, Historia do Brasil, Chorografia do Brasil, e a Lingua Portuguesa, de acordo com o programma do ensino oficial. Art. 2 º As aulas dessas materias devem ter a duração pelo menos de três horas por dia" (PARANÁ, 1920, p. 406).

Ao mesmo tempo, seu relato permite observar em que proporção havia crianças negras no espaço escolar curitibano na época em que Maria Nicolas era estudante:

> É um lindo espetáculo sob tal aspecto principalmente o da loura multidão que representam os pequenos alunos do Jardim da Infância onde estive. **A gente de côr entra ali apenas numa proporção de 2 a 3 por 100.** E é interessante verificar pelo livro de matrículas, como fiz, naquele estabelecimento e nas escolas primárias, a origem daquelas creanças referente a nacionalidades: brasileiros, italianos, polacos, alemães, austríacos, hespanhóis, turcos, belgas, francezes, suecos, ingleses, é o que se lê, inquirindo da respectiva paternidade. (VICTOR, 1913, p. 189, grifo meu).

Possivelmente, a realidade constatada pelo viajante Nestor Victor estende-se de modo igual pelo espaço paranaense. Contudo, em um relatório de 30 de março de 1922, apresentado pelo subinspetor de ensino, Levy Saldanha, consta a informação da existência de uma escola com o professor e todas as crianças negras. O registro foi feito durante uma visita de rotina em uma escola na região dos campos gerais do Paraná, em uma localidade circunscrita à jurisdição da cidade de Palmeira. Diz o subinspetor:

> Há grande distancia da cidade, no logar Santa Cruz, estive na escola do professor AMAZONAS G. DOS SANTOS, onde me foi dado apreciar um caso assaz interessante e fora do comum – o professor é homem de cor, de pelle bem escura, e os alunos em número de 32 são todos pretos, sem excepção de um só. (DEAP n.º 1887, 1922, p. 16).

Pelas palavras de Levy Saldanha, a organização da escola de Santa Cruz era uma exceção às demais instituições paranaenses, pois a presença de todas as crianças negras e do professor negro era um caso "fora do comum". O inspetor continua o relatório, descrevendo as condições físicas dos alunos e da escola, a saber:

> No interior da escola, tudo nos cerca denota pobreza extrema – as creanças paupérrimas; são rachiticas, doentias e tímidas e as suas vestes, quase nenhuma, a sala de aula, desprovida de assoalho, é sombria e mal ventilada; durante as chuvas, as aulas não podem funcionar, pois, as aguas penetram no interior por atravez das innumeras fendas existentes no telhado. (DEAP n.º 1887, 1922, p. 16).

Apesar da precariedade da casa escolar, das dificuldades de cunho social dos alunos e da falta de condições básicas para efetivação de um trabalho pedagógico, o subinspetor buscou desempenhar as funções inerentes ao seu cargo, com um olhar mais sensível para aquela dura realidade; assim, procedeu com a fiscalização e a análise do desempenho das/os estudantes, concluindo:

> Em logar como este, onde campeia a mizeria, onde todos luctam, em face de serias dificuldades, a nossa acção como inspectores do ensino deve ser restricta, subindo de ponto a exigirmos o que não é compatível com as posses de cada um. Assim, foi que, limitei-me a examinar os presentes, e ministrar ao senhor professor instrucções que visavam melhorar os methodos de ensino, jamais delle exigi casa confortável para a escola e vestes decentes para os alunos, o que seria prival-os de receberem a luz da instrucção.
> Com satisfação constatei que a classe é alfabetizada e revela outros conhecimentos, além da leitura. (DEAP n.º 1887, 1922, p. 16-17).

Seguindo os protocolos da visita, o subinspetor Levy Saldanha preencheu um formulário padrão, no qual é possível depreender outras informações da escola de Santa Cruz e de sua comunidade escolar. Quanto às matrículas: do total de 32 estudantes, 27 eram do sexo masculino e cinco eram do feminino; não havia classificação por série nem alunas/os com idade inferior a 6 anos e meio. Quanto ao edifício escolar: a propriedade era a casa do professor, que não recebia aluguel do estado ou da municipalidade; estava situada em local conveniente, onde não havia cemitério, casa de negócio ou lugar úmido; embora não tivesse assoalho, o ambiente cumpria a capacidade exigida de 5 m x 6 m de tamanho. O lugar onde a escola estava instalada era saudável e não comportava mais uma escola, ou seja, a Escola de Santa Cruz atendia de forma suficiente à população escolar daquela região. Quanto as/aos alunas/os: eram sadios, compareciam asseados e estavam regularmente adiantados em sua aprendizagem (DEAP n.º 1887, 1922).

Sobre o professor, Amazonas Gonçalves dos Santos, ele alegou que alguns pais não se interessavam pelo desenvolvimento escolar de seus filhos, e na questão funcional ele era um professor subvencionado pelo estado. Segundo a apreciação do subinspetor, o professor tinha algum preparo e um pendor natural para o magistério; era assíduo e comparecia vestido com decência, assim como era estimado e lecionava havia dois anos naquele lugar. O professor ainda cumpria com suas funções burocráticas, enviando os mapas escolares mensalmente, e não tinha nenhuma queixa a fazer; adotava os horários e livros oficiais, contudo não guardava as provas escritas até aquele momento e não tinha livro de matrículas, apenas o de chamada. A visita do subinspetor foi realizada em 18 de fevereiro de 1922 (DEAP n.º 1887, 1922, p. 52).

Em 12 de setembro do mesmo ano, o subinspetor João Rodrigues visitou novamente a escola do professor Amazonas Gonçalves dos Santos, mas não há detalhes de sua inspeção. Apenas deixou registrado que havia 28 alunas/os matriculadas/os, divididas/os por série, sendo: 13 na 1ª série, sete na 2ª série e oito na 3ª série. Por último, que a impressão do subinspetor foi de: "regular, o professor é trabalhador porém falta-lhe competência" (DEAP n.º 1952, 1922, p. 102).

Em 23 de março de 1923, ocorre uma nova visita do subinspetor João Rodrigues, que assinalou poucas informações sobre o fato, apenas de que, na ocasião, havia 22 alunas/os matriculadas/os e que sua impressão era "péssima" (DEAP n.º 1952, 1923, p. 185).

No dia 5 de abril de 1924, o inspetor João Rodrigues encaminhou um ofício para a Inspetoria Geral de Ensino, informando que o professor Amazonas Gonçalves dos Santos resolvera não continuar mais como professor; assim, era necessária a cassação da subvenção estadual da escola de Santa Cruz (DEAP n.º 2044/2045, 1923, s/p). Desse modo, pelo Decreto n.º 465, de 26 de abril de 1924, foi extinta "[...] a subvenção concedida a escola particular do logar denominado 'Santa Cruz', município de Palmeira" (DOE n.º 3879, 1924, p. 1).[69] Não se sabe se outro professor deu continuidade às aulas naquela comunidade escolar nem os motivos da desistência do professor Amazonas. Pelo que se observa, ele não continuou na carreira do magistério, pois não foi encontrado o seu nome em nenhum ato público.

Em uma pesquisa nos periódicos jornalísticos sobre a trajetória do professor Amazonas Gonçalves dos Santos foram encontradas pouquíssimas informações. Não há indícios de que ele tenha sido normalista e, no edital citatório publicado no jornal *A Republica*, consta um indício de sua origem familiar, assim como explica o fato de o professor e todas as crianças da escola Santa Cruz serem negras. O edital faz parte de uma disputa de terras, da qual o professor Amazonas é um dos suplicantes. O artigo 1º menciona:

> Que os suplicantes são senhores e possuidores de partes dos campo e matto na antiga Fazenda Santa Cruz, sita neste muni-

---

[69] Para mais informações sobre o processo de subvenção nas escolas paranaenses ver: *A subvenção escolar no Paraná e a nacionalização do ensino nas áreas de imigração (1899-1938)*, das autoras: Valquíria Elita Renk e Elaine Cátia Falcade Maschio.

> cípio, partes estas que se acham pro indiviso entre legatários, herdeiros e sucessores da finada D. Maria Clara do Nascimento, conforme os títulos que exhibem. (A REPUBLICA, 1914, p. 3).

Ao informar que os suplicantes são os herdeiros de Maria Clara do Nascimento, depreende-se que os antepassados do professor Amazonas Gonçalves, seus pais ou avós, eram pessoas escravizadas, pertencentes a essa senhora. Inclusive, encontra-se o sobrenome Gonçalves na genealogia de Maria Clara do Nascimento, assim como a de que as/os alunas/os daquela comunidade escolar descendem dos trabalhadores escravizados ou libertos da Fazenda Santa Cruz.

Antes de morrer, Maria Clara do Nascimento deixou metade de seus bens, incluindo a Fazenda Santa Cruz, para as pessoas que lhe prestavam serviços na fazenda, ou seja, escravizados e alguns libertos (HARTUNG, 2005).

Após a abolição, a escola era a única via de acesso à ascensão social das crianças pobres e negras. Todavia, conforme já demonstrado no Quadro 23, esse recurso era limitado. Por isso, nas décadas iniciais da República, o que ocorreu foi uma continuidade do sistema anterior, no qual grande parcela da população continuou alijada do acesso aos meios culturais e à educação escolar. Situação agravada quando se focaliza o olhar para a criança negra que, em geral, pertencia a grupos economicamente desfavorecidos. Portanto existia uma dupla desigualdade – social e racial – no acesso à escolarização. Um ciclo de pobreza e discriminação que se perpetuou continuamente.

Rosa Fátima de Souza (2006), em seus estudos sobre as origens dos grupos escolares no Brasil, verificou que, nos grupos escolares da capital de São Paulo, a porcentagem de alunos filhos de imigrantes era de duas a três vezes maior às dos filhos de brasileiros matriculados. Assim, no ano de 1909, dos alunos matriculados nos 92 grupos do estado, 60,94% eram filhos de estrangeiros e 39,06%, filhos de pais brasileiros. A pesquisadora concluiu:

> Pode-se dizer que os grupos escolares atenderam, nas primeiras décadas de sua implantação, a alunos provenientes das camadas populares, no entanto, daqueles setores mais bem integrados no trabalho urbano. Desse contingente estavam excluídos os pobres, os miseráveis e os negros. As fotografias da época revelam a pequena presença de crianças negras nas classes dos grupos escolares, e isso se explica pelas péssimas condições sociais em que se encontrava a população negra nessa época. (SOUZA, 2006, p. 78).

As figuras 18 e 19 corroboram a análise da presença de crianças negras no universo escolar republicano em Curitiba. Recorri a fontes iconográficas, pois elas permitem a visualização e a constatação do que se tem discutido até o presente momento. Portanto, em proporções mínimas, é possível detectar a existência de jovens e crianças negras em escolas públicas paranaenses no início do século XX.

Figura 18 – Classe escolar – 16 de outubro de 1900

Fonte: acervo da Biblioteca da Munesp/SBEE

Na fotografia, realizada em outubro de 1900, observo que são todas meninas, dispostas em uma fila, uma ao lado da outra; por isso tem-se somente o enquadramento parcial das alunas (Figura 18). No entanto é possível identificar, seguindo o critério de cor da pele, que há duas meninas negras entre as estudantes. As alunas estão ordenadas pelo tamanho, usam vestidos longos de cor clara (costume higienista da época); a maioria possui cabelos compridos e presos no alto da cabeça; usam sapatos; e algumas estão com uma cesta ou maleta nas mãos.

Nessa imagem, Julia Wanderley, professora e diretora da classe fotografada, está ao lado direito da imagem, e usa vestido longo e de cor escura. No segundo plano da imagem há outras pessoas posicionadas à frente do edifício escolar, contudo não é possível identificá-las. Na fachada do prédio está inscrita a denominação da instituição: Escola Tiradentes.

Figura 19 – Classe escolar – 06 de outubro de 1905

Fonte: acervo da Biblioteca da Munesp/SBEE.

Na Figura 19, o enquadramento da imagem permitiu que a turma da Escola Tiradentes fosse retratada em sua totalidade. A diretora (Julia Wanderley) está sentada ao centro; ao seu lado, há uma professora em pé, o que demonstra uma relação de poder e distinção entre as duas categorias profissionais. Percebe-se que, entre as crianças, há meninos e meninas. Elas estão dispostas rigidamente e ordenadas em frente ao edifício escolar, sendo que a maioria são meninas. Os meninos menores estão agrupados ao lado esquerdo, enquanto os maiores ficaram em segundo plano da imagem. Na foto analisada, observa-se que a maioria das crianças é branca, no entanto também é possível verificar crianças negras inseridas nesse grupo.

As figuras 18 e 19 revelam um conjunto de informações em sua composição, mas tantas outras são omitidas. Não se tem a informação acerca do motivo pelo qual foram realizadas, por quem e nem quem são as pessoas presentes nas cenas. Apenas identifica-se a figura central de Julia Wanderley e que as imagens são compostas por discentes e docentes da Escola Tiradentes, em sua maioria, crianças brancas.

Em seus estudos sobre imagens escolares, Rosa Fátima de Souza (2001, p. 78) expõe:

> Na memória das escolas públicas, as fotografias inscrevem-se na imanência do tempo presente, nos acontecimentos significativos para professores, alunos e funcionários partícipes dessa temporalidade do agora, e assim, ela se constitui em um instrumento de memória institucional e de recordação, e poucas vezes, como instrumento de história. Dessa forma, o anonimato, a ausência de datas e nomes que as identifiquem são indicativos de uma funcionalidade que se inscreve na ordem afetiva dos significados compartilhados e escapa à lógica do documento e do arquivo.

A ausência de informações adicionais no documento iconográfico configura-se como uma limitação na utilização desse artefato como fonte histórica (SOUZA, 2001), porém é possível identificar alguns aspectos importantes, ou seja, apesar das lacunas existentes, no sentido de identificar quem são as crianças nas imagens analisadas, percebe-se que existia um número reduzido de crianças negras no ambiente escolar do início do século XX. Essa informação, a priori, inexistente em documentos oficiais, é relevante na compreensão da exclusão social do negro na educação e na sociedade brasileira. Seja durante o império ou no período republicano, o acesso à escola era limitado para poucos, que, em geral, tinham classe e raça definida.

3.3 CENAS DE UMA VIDA: ¿QUÉ COSA ES SER NEGRA?

Em seus registros, Maria Nicolas autoidentifica-se como negra. Embora não apresente de forma explícita as discriminações de raça e gênero em suas relações sociais, seus manuscritos assinalam algumas passagens em que é possível perceber tais aspectos. Em seu diário, ela relatou episódios de racismo. Nicolas dizia não gostar de um de seus vizinhos, pois, quando era criança, ao caminhar pela rua, ouvia dele a seguinte récita:

> O pintor que pintou Maria,
> Pintou Thereza também,
> Que culpa tem o pintor
> Se Maria não saiu bem.
> (NICOLAS, [19--]b. p. 9).

Todos são iguais, filhos do mesmo "pintor", mas Maria não se saiu tão bem quanto a sua irmã. Seu corpo carregava a "marca da cor", que Oracy Nogueira (2006) denominou de preconceito *de marca*. Nogueira (2006, p. 301, grifo do autor) elenca 12 aspectos para distinguir os tipos de preconceito racial, o preconceito racial de marca e o preconceito racial de origem, considerando o contexto no Brasil e nos Estados Unidos, respectivamente. Nas palavras do autor:

> 9. *Quanto à reação do grupo discriminado*: onde o preconceito é de marca, a reação tende a ser individual, procurando o indivíduo "compensar" suas marcas pela ostentação de aptidões e característicos que impliquem aprovação social tanto pelos de sua própria condição racial (cor) como pelos componentes do grupo dominante e por indivíduos de marcas mais "leves" que as suas; onde o preconceito é de origem, a reação tende a ser coletiva, pelo reforço da solidariedade grupal, pela redefinição estética etc.

Seria um infortúnio pessoal ou coletivo a sensação de não pertencimento racial? A comparação com a irmã de pele mais clara deixa visível a intenção dos versos e expõe o racismo de seu autor. Nos termos de Nogueira (2006, p. 303, grifo do autor) o preconceito camufla-se pela estrutura social:

> 11. *Quanto à estrutura social*: onde o preconceito é de marca, a probabilidade de ascensão social está na razão inversa da intensidade das marcas de que o indivíduo é portador, ficando o preconceito de raça disfarçado sob o de classe, com o qual tende a coincidir; [...].

A antipatia de Maria Nicolas pelo seu vizinho é uma ação natural da discriminação por ela vivida, pois os versos ditos pormenorizam a antinomia entre brancos e negros ao comparar Nicolas e a irmã, que apresentava os traços fenotípicos parecidos com o pai, de origem europeia. Eles esboçam não apenas a diferença de cor da epiderme de Maria Nicolas; também reafirmam sua origem e retratam o pessimismo historicamente existente no Brasil em relação aos traços morfológicos e culturais de origem africana. O preconceito racial, associado ao comportamento cultural, igualmente é mencionado por Nogueira (2006, p. 304, grifo do autor):

> [...] é visto como um elemento cultural intimamente relacionado com o *ethos* social, isto é, com o modo de ser, culturalmente condicionado, que se manifesta nas relações interindividuais, tanto através da etiqueta como de padrões menos explícitos de tratamento.

O preconceito de raça pautado na aparência do indivíduo (traços físicos, fisionomia, gestos, sotaque) é dito *de marca* e atualiza o termo "preconceito de cor" explicitado por Nogueira (2006). Nesse aspecto, as colocações do autor remetem ao debate de Alessandra Devulsky (2021) sobre colorismo. A autora expõe que o colorismo é um desdobramento do racismo, no qual ambos constituem-se como uma ideologia que se pauta na superioridade branca. Nesse processo social complexo há uma hierarquia social, segundo critérios eurocêntricos, perfazendo uma categorização entre os que se aproximam ou se distanciam dos traços culturais e fenotípicos do colonizador:

> O colonizador é a régua e a regra. O colonizado é o espaço a ser invadido; o sujeito a ser escrutinado por critérios construídos algures; aquele que por definição é o negativo do outro, a exceção. Ele deve ser expurgado para dar espaço aos valores intrínsecos à europeinidade. Assim, o branco se firma como parâmetro etnocêntrico. (DEVULSKY, 2021, p. 30).

O corpo é esse espaço de materialização das heranças biológica e cultural, que expressa a identidade racial. Há vários elementos que se conjugam para identificação do pertencimento racial, tais como larguras, espessura, contornos, curvaturas e formatos, bem como texturas do cabelo. No entanto,

> [...] o fator predominante na escala racial discriminatória permanece sendo o da cor. É a quantidade de melanina na epiderme de um homem ou de uma mulher, na maior parte das vezes, o que ressalta de modo mais arguto qual será o local predeterminado na economia dos afetos e na distribuição de riquezas. (DEVULSKY, 2021, p. 49).

Assim, com referência ao episódio sobre o tom de pele de Nicolas, ela, quando rememora o acontecimento, já próxima de seus 80 anos, não discute sobre a conotação do preconceito racial existente nos versos recitados, pois, ao longo de sua vida, presume-se que incorporou o estigma negativo, ao justificar: "Acontece que tenho (sic) irmã chamada Thereza e, por sorte, sou mais feia do que ela!" (NICOLAS, [19--]b. p. 9). A percepção de Nicolas remete a:

> Os séculos de cultura oral, experiências, produtos culturais e, sobretudo, de políticas públicas racistas foram capazes de modelar valores e morais que reduziram mulheres ao espaço familiar, mas que violentaram ainda mais as mulheres negras de pele escura, para as quais, mesmo neste espaço, as dificuldades constituir-se-ão em um duplo jugo de acepções negativas acerca de suas competências e de sua estética. (DEVULSKY, 2021, p. 54).

O tempo de vivência de Nicolas da infância e da juventude iguala-se aos períodos em que o ideário higiênico e as premissas da eugenia adentraram as discussões da formação da identidade nacional. Enquanto grupo, as pessoas negras sentiam os efeitos de tais proposições. Isso explica a autopercepção negativa de Nicolas em relação às suas características físicas, uma vez que as interpretações sobre a miscigenação brasileira apregoava os mestiços como "plasticamente feios".[70] Portanto ela não conseguiu romper individualmente com tais proposições, o que é compreensível para o período desse estudo. Posteriormente, a fase adulta ela vivencia em um contexto no qual a chamada "democracia racial", de modo arguioso, substitui as falácias eugênicas. Na voz poética de Nascimento (2021, p. 86-87), esses momentos podem ser considerados como:

> Nessa fala eu acrescento:
> nossa estrutura social foi forjada no sofrimento
> houve esforço intencional
> atuante, fraudulento,
> apoio internacional à tese do branqueamento
> descolorindo e respingando
> tinta de sangue e caneta
> se não branqueou os corpos
> alvejou as almas pretas
> impôs ao traço apagamento.

A individualidade de Nicolas na infância rendeu outras situações desagradáveis, pois, socialmente, os traços africanos são apregoados como padrão inverso da beleza. Assim, em um processo de assimilação dos valores coletivos, em várias passagens vê-se que ela considerava-se "feia" na vida adulta; termo que se configura como um eufemismo em suas relações sociais para designar a sua negritude. Outras figuras de linguagem e de negação – além do eufemismo –, como metáfora, metonímia, ironia e pergunta retórica expressam o uso figurado na fala e comunicam o preconceito racial, em que "o significado racial interdito pode ser dito [...]" (SALES JUNIOR, 2006, p. 241).

No ambiente escolar, naturalmente, o quadro não era diferente, pois esse é um espaço onde as diferenças estão presentes. Em 1909, Maria Nicolas estudava na Escola da Professora Itacelina Teixeira. Rememorando essa época, em seu diário ela registrou o seguinte acontecimento:

> [...] Alzira Basseti, minha colega mais adiantada e muito bonita. Bondosa, quando lhe cabia a vez de tomar minha lição, na Escola da Prof. Itacelina Teixeira, jamais me deu nota abaixo de bom, apezar de, às vezes eu titubear nas respostas,

---

[70] Renato Kehl (1889 -1974) reconfigurou as discussões do movimento eugênico brasileiro. Com a aproximação dos programas eugênicos em outros países, sobretudo o da Alemanha e o norte-americano, conquistou autoridade científica e legitimação de seu discurso. Em sua percepção, o mestiço era a principal causa do atraso do Brasil. A obra de sua autoria *Lições de eugenia*, de 1929, ilustra a presente discussão (SOUZA, 2019).

ao contrário das outras que sentiam prazer em me humilhar. (NICOLAS, [19--]a. p. 11).

A tonalidade da pele da amiga de Nicolas é desconhecida. Contudo, pelo desfavorecimento ao acesso de crianças negras na educação formal durante o início do século XX, pelo sobrenome de origem italiana e pelas características denotadas à amiga por Maria Nicolas, que utiliza um adjetivo antagônico ao de sua autodenominação, penso que Alzira Basseti era branca.

Com exceção da amiga nominada no episódio, o relato marca as hostilidades existentes entre Nicolas e suas colegas no ambiente escolar durante a infância. Essa passagem evidencia as dificuldades de relacionamento com outras meninas em seus anos iniciais de escolarização.

Em outra passagem, um aluno de Nicolas, que parecia possuir um sotaque alemão, reforçou o estereótipo imputado as/aos negras/os:

> Num dos dias de aula em que ele [o aluno] se achava tomado de "preguicite", os números muito mal feitos, apezar de saber fazê-los bem.
> – O! Bernardo! disse: – Que números feios você fez! fico triste com isso. Hoje não vou alegre para casa. Ele olhou bem para o meu rosto, depois para os números, respondendo: – A senhora tem razon! Os números está mais feio que a senhora... (NICOLAS, [19--], p. 24].

A incorporação do estigma acontece em um nível subconsciente da pessoa pelas vivências sociais que lhe são proporcionadas. Por meio dessas práticas, conceitos e preconceitos são naturalizados, passando a fazer parte dos imaginários individual e coletivo. Por isso Nicolas, desde a infância, na comparação com a irmã e, posteriormente, em seus espaços de atuação, sentiu as diferenciações existentes entre brancos e negros, o fato de ser sua cor associada ao que é feio e inferior. Ao mesmo tempo em que pessoas negras buscam romper esses padrões, elas também incorporam-os e reproduzem-os.

Patricia Hill Collins e Sirma Bilge (2021) lembram, por meio da ferramenta analítica da interseccionalidade, que a autopercepção das diferentes formas de preconceito é diferenciada entre as pessoas, porque elas possuem identidades complexas que se moldam pelas suas relações sociais. As autoras exemplificam que "[...] homens e mulheres frequentemente sofrem o racismo de maneiras diferentes, assim como mulheres de diferentes raças podem vivenciar o sexismo de maneira bastante distintas, e assim por diante." (COLLINS; BILGE, 2021, p. 29).

Nicolas, quando lecionava em Palmeira, entre 1931 e 1936, relatou:

> O Jesuíno, 8 anos, certa feita rebelou-se contra minhas determinações. Um colega daqueles [...], o aconselhou: "Descasque essa ferida da orelha e diga que foi essa negra que te beliscou". Como todos sabem, ferida nesse local ficando sem casa, sangra muito e assim aconteceu. Com o avental ensanguentado, o Jesuíno adentrou o lar. Assustada pelo sangue (sic), sua mãe perguntou o porque daquele sangue. O garoto respondeu como lhe fora ensinado. (NICOLAS, [19--]b. p. 15-16).

Segundo Nicolas, o fato ocorrido foi elucidado. Descobriu-se, pela professora, em diálogo com os alunos e seus pais, que se tratava de uma adulteração da realidade. No entanto o caso revela a intencionalidade de prejudicar a professora referindo-se a ela pela sua cor de pele, o que lhe causou um grande constrangimento perante a comunidade escolar, e revela a falta de *cordialidade racial* do aluno, como alude Ronaldo Sales Junior (2019).[71]

Essa associação é comumente realizada, sendo o negro afigurado ao mal, ao crime ou à contravenção. Portanto, independentemente das normas regimentais que proibiam os castigos corporais nas escolas, pelos estereótipos imputados ao indivíduo negro, apenas a suspeita de que algo sério tivesse acontecido soaria com uma magnitude diferente se, no caso, a professora fosse branca. Nesse episódio do aluno Jesuíno, vê-se o "peso da melanina", o que remete ao poema de Victoria Santa Cruz, poeta e ativista peruana.

> Tenía siete años apenas,
> apenas siete años,
> ¡Que siete años!
> ¡No llegaba a cinco siquiera!
>
> De pronto unas voces en la calle
> me gritaron ¡Negra!
> ¡Negra! ¡Negra! ¡Negra! ¡Negra! ¡Negra! ¡Negra!
>
> "¿Soy acaso negra?" – me dije ¡SÍ!
> "¿Qué cosa es ser negra?" (VICTORIA SANTA CRUZ).[72]

---

[71] A "cordialidade" das relações raciais brasileiras é expressão da estabilidade da desigualdade e da hierarquia raciais, que diminuem o nível de tensão racial. A cordialidade não é para "negros impertinentes". As relações cordiais são fruto de regras de sociabilidade que estabelecem uma *reciprocidade assimétrica* que, uma vez rompida, justifica a "suspensão" do trato amistoso e a adoção de práticas violentas (SALES JUNIOR, 2019, p. 230).

[72] O poema *Me Gritaron Negra* é uma bandeira na luta contra o racismo. Ele relata aquilo que todo negro já viveu e o faz interiorizar uma autoimagem que nega sua autoestima. Mas, num crescente, a palavra "negra", que começa como insulto, transforma-se em afirmação valorosa da identidade e da humanidade negra (GELEDÉS, 2012, on-line). Para ler o poema completo ver: GELEDÉS. *Me gritaron negra!* A poeta Victoria Santa Cruz (2012). Disponível em: https://www.geledes.org.br/me-gritaron-negra-a-poeta-victoria-santa-cruz/. Acesso em: 7 jun. 2021.

A indagação de Victoria Santa Cruz[73] leva a uma polifonia de significados da palavra "negro". A diversidade de respostas a essa pergunta encontra-se na própria acepção do termo. Além dos sentidos figurados, o vocábulo refere-se às características fenotípicas e culturais de uma pessoa ou de um grupo. O poema refere-se a questões identitárias e à constituição e à percepção da pessoa negra sobre si mesma: "¿Qué cosa es ser negra?".

Em paráfrase à pergunta de Victoria Santa Cruz, questiona-se: o que é ser negra em Curitiba nos primeiros decênios do século XX? Como é ser negra em um espaço territorial que, desde seus primórdios, regozija-se de suas feições europeias em contraposição aos aspectos econômicos e simbólicos?

As situações raciais envolvem aspectos de ordens cultural, social e econômica que, em seu conjunto, interferem na autopercepção da parcela inferiorizada da população. A esse respeito, Frantz Fanon (2008, p. 162) expõe:

> Sou um preto – mas naturalmente não o sei, visto que o sou. Em minha casa, minha mãe canta para mim, em francês, romanças francesas nas quais os pretos nunca estão presentes. Quando desobedeço, ou faço barulho demais, me dizem: "não se comporte como um preto".

Ainda sobre a negação da identidade afro, Sueli Carneiro (2011, p. 65) menciona: "A identidade étnica e racial é fenômeno historicamente construído ou destruído".

Além do exposto, a ambivalência na autoidentificação é corroborada por outros fatores, tais como: o ideal de branqueamento, a branquitude normativa que estabelece o alvejamento das pessoas e a definição policromática de tons de pele, que elegem suas nuances sob o vocábulo "pardo". Carneiro (2011, p. 71) exemplifica:

> Insisto em contar a forma pela qual foi assegurada, no registro de nascimento de minha filha Luanda, a sua identidade negra. O pai, branco, vai ao cartório; o escrivão preenche o registro e, no campo destinado à cor, escreve: "branca". O pai diz ao escrivão que a cor está errada, porque a mãe da criança é negra. O escrivão, resistente, corrige o erro e planta a nova

---

[73] Victoria Santa Cruz (1922-2014) estudou em Paris, na Universidade do Teatro das Nações (1961), e na Escola Superior de Estudos Coreográficos. Ao voltar para Lima fundou a companhia Teatro e Danças Negras do Peru. Esse grupo representou o Peru nas comemorações dos Jogos Olímpicos do México (1968), sendo premiado por seu trabalho. Em 1969, realizou turnês pelos EUA. Quando voltou a Lima, foi nomeada diretora do Centro de Arte Folclórica, hoje Escola de Folclore. Foi diretora do Instituto Nacional de Cultura (1973 a 1982) (GELEDÉS, 2012, on-line). Disponível em: https://www.geledes.org.br/me-gritaron-negra-a-poeta-victoria-santa-cruz/. Acesso em: 7 jun. 2021.

> cor: "parda". O pai novamente reage e diz que a filha não é parda. O escrivão, irritado, pergunta: "Então, qual é a cor de sua filha?" O pai responde: "negra". O escrivão retruca: "Mas ela não puxou nem um pouquinho ao senhor?".

A ausência de referenciais positivos quanto à raça negra somada aos estereótipos depreciativos atribuídos à cor e aos silenciamentos familiar e social das relações raciais incutem em seus membros aspectos valorativos da cultura branca que, independentemente da cor da tez, manifesta-se pela identificação das pessoas negras ao segmento societário predominante.

> Pertenço a uma família de sete filhos de mãe e pai negros, e alguns de nós foram classificados como pardos, sendo meu pai o responsável por todos os registros de nascimento, suficientemente preto para não haver dúvidas sobre a cor de seus filhos. Meu pai, que só sabia assinar o nome, nunca soube a cor que atribuíram a seus filhos. Dependia da vontade do escrivão porque, via de regra, isso nem lhe era perguntado. (CARNEIRO, 2011, p. 71).

Em complemento às colocações de Carneiro (2011), para Fanon (2008, p. 133): "O preto o ignora enquanto sua existência se desenvolve no meio dos seus; mas ao primeiro olhar branco, ele sente o 'peso da melanina'". É importante evidenciar a distinção existente entre fatores biológicos e culturais na constituição identitária, pois, "se, do ponto de vista biológico e sociológico a mestiçagem [...] é um fato consumado, a identidade é um processo sempre negociado e renegociado, de acordo com os critérios ideológico-políticos e as relações do poder" (MUNANGA, 2020, p. 109).

A política de branqueamento impôs uma elevação do status individual da pessoa negra à medida que ela diferenciava-se do seu segmento por meio da elevação cultural e acadêmica: "Resumidamente, a educação, a formação e a assimilação do modelo branco forneceriam as chaves da integração. Até o branco mais limitado não hesitaria em abrir a porta ao negro qualificado, culto e virtuoso" (MUNANGA, 2020, p. 98).

Nicolas, em um processo de assimilação cultural[74] e pressão social, por vezes assimilou conceitos em voga, embora tenha buscado romper com os padrões impostos, foi obrigada a pactuar com o modelo imposto,

---

[74] Munanga (2020) cita que o poeta João da Cruz e Souza (1861-1898) e o escritor Machado de Assis (1857-1913) são notáveis exemplos de assimilação cultural, sendo que, no primeiro caso, sua vida sofrida marca profundamente o conteúdo de sua produção literária pela estética da brancura. E no caso de Assis: "Em seus escritos, retratou principalmente o ambiente e pessoas de classe média, branca, onde o negro se infiltrou apenas como elemento decorativo" (MUNANGA, 2020, p. 97).

mesmo assim, a estrutura social e as ideologias de seu tempo impediram que ela ascendesse economicamente, afinal: "[...] a ambiguidade entre cor e classe social, [...] é uma das características do racismo brasileiro" (MUNANGA, 2020, p. 103).

3.4 HIGIENE E EUGENIA: UM CONTEXTO SOBRE A ATUAÇÃO PROFESSORAL DO INÍCIO DO SÉCULO XX

A atuação docente de Maria Nicolas é perpassada por um período marcado pelas ideias eugênicas. A música *Canção da Escola*, adotada nas escolas públicas paranaenses no início do ano letivo de 1918, por ordem de Enéas Marques dos Santos, secretário do Interior, Justiça e Instrução Pública, ilustra a ideologia do período.

CANÇÃO DA ESCOLA

A Escola é mansão sagrada,
Templo sublime
Que amor exprime;
Catedral iluminada,
Divina estância
Que ampara a infância;
As letras do alfabeto
São Caridade,

Luz e Verdade;
Da mestra o risonho afeto
Feliz se evola
Na paz da Escola (bis)

A Escola é um bem que o mundo vê:
É deusa em que a Vida crê;
Poder que remove o crime,
O negro – vício redime
Com as letras do A B C (bis)

A criança que hoje estuda
Semeia a rir
O seu porvir
E quando a Pátria saúda
Lhe dá o penhor
Do seu amor;
Nas messes da claridade
Fagueira e certa
Que a escola oferta,

Transparece a liberdade,
Nasce o respeito,
Pelo Direito (bis)

**A Escola é um bem que o mundo vê:
É deusa em que a Vida crê;
Poder que remove o crime,
O negro – vício redime
Com as letras do A B C (bis)**

O livro grandeza enflora
Da alacridade
Da mocidade,
É luz duma nova aurora
Que a Pátria desce
Como uma prece;
É feliz quem tem na terra
A grande esmola
Dum mestre escola
Pois só a Instrução encerra
Da Pátria a crença
Vibrante e imensa (bis)

**A Escola é um bem que o mundo vê:
É deusa em que a Vida crê;
Poder que remove o crime,
O negro – vício redime
Com as letras do A B C (bis)**

Altar bendito
Doce expressão
É a instrução
Que a vida impende:
Ao Sol da Escola,
O mal se estiola,
E o amor da Pátria
Glorioso ascende (bis)
(José Cadilhe [Nhô Lisandro] 12-01-1918)
(SANTOS, 1918, p. 80-81, grifos meus).

A letra da canção exprime que a escola é "templo sublime", capaz de resolver e remover o "mal" da pátria, tendo como arma "as letras do A B C". Não há registros nos relatórios subsequentes sobre a recepção e a efetividade do trabalho com essa música no ambiente escolar. Porém é possível refletir sobre os estereótipos de sua letra em relação à população negra. A escola é retratada como uma divindade onipotente para a salvação dos delinquentes e degenerados,[75] e os professores são responsáveis por tal missão. Mas na época eles não estavam sozinhos, havia os médicos e os sanitaristas em seu auxílio.

No intuito de refletir sobre os aspectos estruturais e ideológicos que perpassavam a atuação de Maria Nicolas como professora, realizei um estudo, nas linhas que seguem, sobre a caracterização da eugenia e sua inserção no currículo escolar, por intermédio dos conteúdos relacionados à higiene, no período em que Maria Nicolas atuou como professora normalista.

Desde a emancipação política do Paraná, em 19 de dezembro de 1853, a relação entre saúde e educação foi bastante próxima. Em sentido administrativo, as seções, departamentos ou diretorias da educação e da saúde caminhavam lado a lado, sob a mesma pasta. A dissociação ocorreu somente no ano de 1947, quando surgiram a Secretaria de Estado dos Negócios de Educação e Cultura e a Secretaria de Saúde e Assistência Social (ARQUIVO PÚBLICO DO PARANÁ, 2000).

Em 1866, foi criada a Inspetoria Geral de Higiene. O órgão visava fiscalizar o trabalho realizado pelos médicos e as condições de higiene dos estabelecimentos das principais cidades paranaenses. Incluem-se, nesse aspecto, os espaços escolares. O médico Trajano Joaquim dos Reis assumiu a direção do órgão, de 1889 a 1919 (LAROCCA, 2009), sendo ele um agente importante do pensamento médico curitibano.

Segundo Gerson Pietta (2019, p. 129, grifos do autor):

> Na década de 1890, duas obras exemplificam o discurso médico-higienista no Paraná. A primeira, escrita por Trajano Joaquim dos Reis, intitulada *Elementos de Hygiene Social*. E a segunda, escrita por seu filho, Jayme dos Reis, datada em 1898, *Dissertação das Principais endemias e epidemias de Curitiba*.

No relatório, elaborado em 1894 por Caetano Alberto Munhoz, então secretário dos Negócios do Interior, Justiça e Instrução Pública, o quesito higiene recebeu uma menção especial. Além de expor as carências da Inspetoria Geral de Higiene, tratou da atuação do médico Trajano Reis e relatou a falta de sanidade na cidade de Curitiba. O secretário expôs sua percepção sobre a higiene: "Quisera ver o nosso Paraná não fazer figura ridícula perante os outros Estados, em matéria de hygiene, a qual hoje em dia é a pedra de toque do adiantamento intelectual e moral dos povos" (MUNHOZ, 1894, p. 9).

---

[75] "A palavra 'degenerado', aplicada a um povo, significa que esse povo não tem mais o mesmo valor intrínseco que possuía outrora, porque não tem mais em suas veias o mesmo sangue, cuja qualidade foi afetada por sucessivas alterações provocadas pelas mestiçagens" (MUNANGA, 2020, p. 49).

Portanto, especialmente no último quartel do século XIX, a temática da higiene passa a receber atenção especial dos dirigentes governamentais: "O discurso higienista era dominante na época. Acreditava-se que para implantar uma sociedade civilizada nos trópicos seria necessário perpassar pela higiene das populações, e o médico tinha papel central nesse processo" (PIETTA, 2019, p. 139).

É nesse clamor da modernização do país que o cuidado com a higiene torna-se tema central dos discursos de intelectuais e governantes. As revistas direcionadas em difundir conhecimentos e atualizar os professores incorporaram, em seus expedientes, assuntos correlatos: a higiene e a profilaxia. É o caso, por exemplo, da *Revista de Educação e Ensino do Pará* que, em 1891, traz a matéria "Hygiene escolar e suas vantagens" como reportagem de primeira página.

No texto apresentado pela revista, a higiene é tida como uma "causa nacional", "objetivo humanitário" e "salvação da futura geração". A criança, nesse viés, "[...] é o *germen* do futuro cidadão e este é para a patria a força motriz de todo o progresso e de toda prosperidade" (PIRES, 1891, p. 130, grifo do autor). Desse modo, a escola e seus respectivos professores são conclamados como "apóstolos" para a regeneração do futuro da nação.

A higiene converte-se em elemento primordial no espaço escolar. Sua presença é contemplada na construção dos edificios, no asseio das edificações, assim como permeia o trabalho pedagógico. Torna-se item obrigatório de fiscalização pelos inspetores escolares. Em 1895, o secretário de governo, Caetano Alberto Munhoz (1895, p. 20), expressou:

> É de grande e urgente necessidade para a instrução publica a acquisição de predios apropriados à função do ensino. [...] Os predios particulares em que funciona a maior parte dellas [escolas], não offerecem as commodidades precisas e nem dispõe das condições tão reclamadas pela hygiene.

Igualmente, o discurso médico evidencia a relação existente entre a escola e a higiene. Em 1896, Trajano Reis expôs que o Paraná estava sendo acometido pela epidemia de escarlatina e alto era o índice de pneumonia, sarampo, tifo e paludismo. Em seu relatório anual, expõe as medidas sancionadas a favor da saúde pública, entre elas, a obrigatoriedade da vacinação aos alunos das escolas paranaenses. Em sua percepção "[...] a instrucção não póde dár fructos bem sazonados se não é methodicamente dirigida pela hygiene (REIS, 1896, p. 20).

Nas escolas particulares de Curitiba dirigidas por médicos, como é o caso do Colégio Parthenon Paranaense, cujo diretor era o Dr. Laurentino Argeo de Azambuja, a higiene configura-se como matéria escolar e um item indispensável no texto publicitário da instituição (Figura 20).

Figura 20 – Propaganda do Colégio Parthenon Paranaense (1890)

![Propaganda do Colégio Parthenon Paranaense]

Fonte: *Jornal Dezenove de Dezembro*, 1890, p. 4

No currículo escolar das escolas públicas paranaenses, pelo Decreto n.º 93, de 11 de março de 1901, a higiene é regulamentada com uma menção especial junto aos trabalhos de Educação Física.

O Decreto n.º 263, de 22 de outubro de 1903, que trata do Regimento Interno das Escolas Públicas, prescrevia normas específicas sobre a higiene escolar, com o Capítulo X exclusivo para tal fim. Em seu artigo n.º 55, entre outras normas, segue: "As salas de aula devem ser espaçosas, bem arejadas, evitando-se as correntes directas de ar, e bem iluminadas, incidindo a luz de preferência da esquerda para a direita" (PARANÁ, 1903, p. 98).

Ainda sobre a higiene dos estabelecimentos educativos, em 1903, o diretor-geral da Instrução Pública, Dr. Victor Ferreira do Amaral e Silva, que era médico, em sentido prático, mandou imprimir cartazes e afixou-os nas instituições de ensino com a seguinte orientação: "É proibido cuspir ou escarrar no assoalho secco, reduzido a poeira e misturado com o ar que se respira, póde transmitir a tuberculose ou tisica pulmonar, moléstia contagiosa, que mais victimas faz em todo o mundo" (SILVA, 1903, p. 9). Isso demonstra o quanto as questões pedagógicas estavam associadas ao aspecto sanitário dos estabelecimentos de ensino; por isso foram inseridas gradativamente no currículo escolar.

Ao realizar um estudo sobre as trajetórias profissional e intelectual do médico paranaense João Candido Ferreira, Gerson Pietta (2019) forneceu subsídios ao entendimento de como a eugenia materializou-se mediante o discurso médico-higienista no contexto paranaense.

Além da medicina, João Candido Ferreira atuou, em uma fase de sua vida, como governador do Paraná, na linguagem da época, "presidente". Em 1904, foi eleito como primeiro vice-presidente do estado do Paraná, sendo Vicente Machado o presidente. Na época, em virtude dos problemas concernentes à saúde de Vicente Machado, em vários momentos João Candido esteve à frente da administração do estado, assumindo definitivamente o cargo em 1907, quando faleceu o presidente de sua chapa (PIETTA, 2019).

Em virtude de suas condições climáticas e em contraste com a capital federal, Curitiba era tida como um lugar ideal para se viver. No entanto os dados médicos mostravam que a cidade não estava isenta de condições insalubres para a saúde de seus moradores. Assim, a administração de Vicente Machado priorizou medidas para melhorar o quadro sanitário do estado, afinal sua gestão tinha por meta "povoar o Paraná de brancos laboriosos, [e] aumentar a circulação econômica" (PIETTA, 2019, p. 96).

Desse modo, pelo Decreto n.º 1, de 2 janeiro de 1907, foi criada a Comissão de Colonização, responsável por verificar as condições de aproveitamento das terras devolutas paranaenses para, assim, direcionar os colonos estrangeiros na ocupação desses espaços. Os brasileiros, tanto mestiços quanto negros ou indígenas, foram alijados dessa política governamental (PIETTA, 2019).

A discussão higiênica sempre esteve atrelada não apenas às condições de saneamento e à saúde da população brasileira; ela fez-se próxima ao melhoramento da raça. Essa percepção é enfatizada nos momentos em que os médicos passaram a atuar em cargos da esfera governamental. Segundo Pietta (2019, p. 121), para o médico João Candido Ferreira: "A Escola Moderna, que se pretendia técnica, higiênica, moral, pregadora do labor e o Ensino Agrícola eram ingredientes de seu receituário".

Assim, durante a trajetória intelectual de João Candido, evidencia-se, em seu discurso, a importância da eugenia como uma ciência necessária para o aperfeiçoamento moral e físico da população paranense. O lema "Eugenizar é educar, instruir, fortificar e sanear" é propalado nas palestras do médico, assim como em conferências e artigos publicados na *Revista da Sociedade Médica do Paraná*, durante as primeiras décadas do século XX (PIETTA, 2019).

Conforme aludido, quando da análise do currículo das matérias da Escola Normal, o Código de Ensino de 1915 tratou da higiene como um conteúdo pertencente à matéria de História Natural. Revogado pelo Código de 1917, esse dispositivo legal sofreu poucas alterações em sua segunda versão.

O Código de Ensino de 1917 regulamentava que uma das condições exigidas para a criança ser matriculada na escola era não sofrer de "moléstia infectocontagiosa ou repulsiva" e não possuir defeito físico, que a impossibilitasse de receber o ensino escolar (PARANÁ, 1917[a]). Exigia, também, que as escolas combinadas ou os grupos escolares reunissem boas condições de higiene, tendo pátio e instalações sanitárias separadas para os estabelecimentos que tinham salas mistas.

Em relação aos prédios escolares, o regulamento explicitava que eles deveriam ter: pátios de ginástica e recreio; lavabos; sanitários isolados das salas, providos de água e aparelhos de ventilação; vestíbulos e um porão de altura nunca inferior a 1,50 m desde a superfície do solo, com boa drenagem do assoalho. Não deveria ser construído próximo a fábricas ou outros estabelecimentos ruidosos nem em lugares insalubres. As salas de aula deveriam ser em formato retangular, com amplas janelas de vidro, propiciando a ventilação, e uma superfície delimitada de 1,20 m por aluno (PARANÁ, 1917[a]).

A obra de Antonio Carneiro Leão, intitulada *Problemas de educação*, de 1919, apresenta um breve panorama da educação brasileira no período. A questão da higiene recebe uma atenção especial em suas reflexões. O livro apresenta o tema na forma de três artigos, a saber: "Da hygiene escolar"; "Educação hygienica e saneamento"; e "Saneamento e educação hygienica no Brasil".

O autor realiza um retrospecto da temática na educação brasileira e compara-a aos países europeus. Na sua percepção, a "pedagogia sem medicina, educação sem inspecção médica é uma monstruosidade, somente concebível pelos povos descuidados do seu futuro" (LEÃO, 1919, p. 234). O livro também reflete sobre questões sociais, como alcoolismo, infância abandonada, trabalho infantil, imigração, necessidade de saneamento nas cidades, melhoria das moradias e condições de saúde da população brasileira, na época tida como duas terças doente. A obra ainda fala sobre a situação da população negra no pós-abolição:

> Nas épocas da escravidão, como o preto fazia parte do patrimônio era tratado com atenção que lhe merecia o capital, e o alojamento e a nutrição preocupavam o senhor pelo medo de comprometer, arruinando a vitalidade do escravo, a sua própria fortuna.
> Hoje, porém, que, enfraquecida a saúde do empregado, ele o porá na rua sem ceremonias e contratará outro, imediatamente, pouco se lhe dão a sorte, as condições vitaes e o bem estar do desgraçado que o ajuda construir o patrimônio e a riqueza. Dahi a multidão sempre crescente de impaludados, de opilados, embarbeirados, tuberculosos e syphiliticos que compromettem a integridade do Brasil e os destinos da nacionalidade. (LEÃO, 1919, p. 268).

De 1922 a 1926, o autor da obra supracitada, Carneiro Leão, ocupou o cargo de diretor-geral da Instrução Pública no Rio de Janeiro. Em sua gestão, ele enfatizou a questão da higiene com a implantação da ficha do "Pelotão de Saúde", que deveria ser preenchida diariamente pelos alunos e acompanhada pelo professor, diretor, inspetor e médico escolar.

A ficha era individual e mensal. Continha uma listagem de 20 deveres relacionados à higiene pessoal, e nela os alunos deveriam marcar o seu cumprimento, "dizendo sempre a verdade".

A década de 1920 é marcada por intervenções significativas na área educacional paranaense, em especial no quesito higiene, tanto que foi criada a Inspetoria Geral de Ensino, pela Lei n.º 1.999, de 09 de abril de 1920. César Prieto Martinez, à frente dessa inspetoria, empreendeu uma reforma educacional no ensino primário público do Paraná. No mesmo período, em convênio com o governo federal, é instituído o Serviço de Profilaxia Rural, sob a coordenação do médico Heraclides César de Souza Araújo. E no ano seguinte, pela Lei n.º 2.095, de 31 de março de 1921, criou-se o serviço de Inspeção Médico-Escolar, sob a responsabilidade do Dr. Mario Gomes. Esses órgãos juntos fomentarão a tão propagada modernização da pátria, via saúde e educação.

Prieto Martinez, em seu relatório anual de 1921, faz uma menção especial ao aspecto da higiene escolar. Assinala a distribuição de folhetos do Serviço de Profilaxia Rural aos professores do Estado: "'Guerra das pulgas' do Dr. Barros Barreto; 'Porque devemos combater os piolhos', do Dr. Leal Ferreira e 'O perigo dos mosquitos', do Dr. Luiz Medeiros" (MARTINEZ, 1921, p. 51).

Nesse sentido, o inspetor-geral enfatizou a importância da formação dos professores, para que eles pudessem transmitir conhecimentos úteis aos alunos, com o intuito de elidir preconceitos existentes à época, como é o caso da pré-noção que os infantes tinham acerca da vacina. O autor exemplificou:

> Approximavamos-nos de uma escola, cujas creanças estavam em recreio, no campo. Quando o nosso automóvel deixando a estrada geral, dobrava á esquerda para ganhar o edifício izolado, a pequenada fugiu espavorida. Extranhamos essa precipitação, pois já eramos conhecidos dos alunos e quando apeamos e fomos ao seu encontro para inqueril-os, alguns, mais corajosos, puderam falar, sem ocultar, comtudo, o susto que levaram:
> – Pensamos que era o medico que nos vinha vacinar...
> – E que mal havia nisso?
> – Todos dizem que a vacina mata... (MARTINEZ, 1921, p. 52).

Para Prieto Martinez, o médico e o professor constituíam-se como "apóstolos" para a redenção da nação. O inspetor-geral veiculou na revista *O Ensino*, diversos textos correlatos ao tema e instituiu palestras sobre higiene aos professores do estado. Pela legenda da foto a seguir é possível verificar um desses momentos (Figura 21).

Figura 21 – Palestra realizada por Prieto Martinez em Paranaguá (1923)

Um grupo de professores do Município de Paranaguá, após uma reunião presidida pelo Inspector Geral, Cesar Prieto Martinez, na qual se tratou de lições praticas sobre prophylaxia das verminoses

Fonte: Revista *O Ensino* – 1923

Prieto Martinez está ao centro da imagem, sentado, com as mãos sobre as pernas. Não há identificação das demais pessoas que o ladeiam; possivelmente, sejam subinspetores escolares ou, talvez, um deles seja o médico-inspetor. Em segundo plano posicionam-se as professoras e, possivelmente, um professor ou diretor escolar do local onde ocorreu a palestra sobre profilaxia das verminoses. Observa-se a importância do momento pela formalidade denotada no vestuário das pessoas presentes.

Em seu relatório anual do ano de 1922, Prieto escreveu um capítulo especial sobre a escola e a higiene. Assim inicia o texto:

> Na primeira pagina do memorial que oferecemos em 1921 ao Congresso Interestadoal do Ensino, dissemos o seguinte: <Dois problemas capitaes exigem prompta solução no momento: a higiene e a escola primaria; deles depende o brilhante futuro do Brasil. Todo esforço feito no sentido de

resolvel-o será, pois abençoado. A victoria dessas duas causas constituirá a grande victoria que nos collocará na dianteira dos povos cultos. (MARTINEZ, 1922, p. 17).

O médico-escolar, Dr. Mario Gomes, em seu relatório anual de 1921, explicitou as condições higiênicas dos grupos escolares do estado. Na percepção do médico, apenas dois grupos estavam de acordo com as normas exigidas. Dos grupos e escolas isoladas visitadas pelo médico, os principais problemas apresentados eram: escassez de água, ausência de filtros, falta de pátio coberto para realização dos recreios, existência de sanitários ao lado das salas de aula, salas mal iluminadas, luz invertida, salas expostas a ruídos, instalações sanitárias insuficientes (GOMES, 1921).

Em relação aos alunos, o médico-escolar mencionou que, apesar de encontrar crianças "robustas", igualmente detectou muitas crianças doentes, que apresentavam: pediculose, dermatose, anemias causadas por verminoses e vários casos de doenças contagiosas; entre elas, três casos com tuberculose. Na ocasião, as crianças diagnosticadas com verminoses foram encaminhadas aos postos de profilaxia rural para realização do tratamento necessário.

Além dos diagnósticos realizados, o médico ainda descreveu as condições físicas dos alunos dos grupos e das escolas visitadas:

> Não posso omittir a impressão desagradável que me causaram muitos alunos que se apresentam á escola em estado de completo desasseio, tanto de corpo como das vestes, sem falar na falta de cuidado com os cabelos, unhas, dentes e pés. Torna-se preciso um esforço comum entre professores e inspectores escolares para pôr cobro a essa falta, prejudicial e vergonhosa ao mesmo tempo. Igualmente vantajosa seria uma inteligente e eficaz propaganda contra os pés descalços, ou aconselhando o uso do calçado como medida de hygiene e decência, ou se o distribuindo mesmo aos pobres por conta das Caixas escolares. (GOMES,1921, p. 126).

Em sua obra *Infância* (Figura 22), o esculptor paranaense João Turim, ao realizar a placa que está afixada na herma que homenageia a professora Julia Wanderley, localizada na Praça Santos Andrade, em Curitiba, retratou algumas características das crianças paranaenses. O monumento foi inaugurado em 13 de maio de 1927.

Figura 22 – Obra *Infância*, de João Turim (1927)

Fonte: acervo pessoal da autora

É possível perceber, no alto relevo, que as crianças vestem-se de forma diferenciada. Algumas estão mais agasalhadas do que outras, fazem a divisão do livro e são "robustas"; entretanto, mesmo ladeadas pelas folhas da erva-mate, sinônimo da riqueza do estado, encontram-se descalças, o que denota carência financeira.

As crianças que seguram os livros estão em uma posição frontal, enquanto as descalças intentam um espaço ao lado delas na busca do acesso ao saber. O menino que usa chapéu, em segundo plano, parece estar excluído desse processo. A única criança calçada que está ao lado do livro, pela inclinação do material para seu foco de visão e pelo seu posicionamento de modo confortável, com a mão no bolso, não parece estar preterida do artefato letrado, em sentido simbólico do acesso à escola. Enquanto a outra criança (descalça) do lado oposto, tenta, com sua mãozinha, tocar o livro, no sentido de buscar o conhecimento.

Pouco tempo depois da data de criação dessa escultura de João Turin, o Decreto n.º 1.874, de 29 de julho de 1932, institui um novo regimento e um novo programa para os grupos escolares do estado do Paraná, no qual sancionou a proibição da frequência às aulas aos alunos que não cumpriam de forma apropriada o quesito "asseio corporal".

No dia a dia da sala de aula, após a preleção dos conteúdos indicados no programa, o professor deveria fazer uma: "[…] rigorosa revista higiênica em alunos da classe, não permitindo em absoluto, que os mesmos frequentem o estabelecimento sem satisfazer os preceitos higiênicos relativos ao asseio individual" (PARANÁ, 1932, p. 42).

A higiene recebeu um status de matéria escolar na programação de seus conteúdos pedagógicos pelo Decreto n.º 420, de 19 de junho de 1917, e permaneceu no Programa para os Grupos Escolares do Estado do Paraná, de 1932. Assim, no intuito de observar semelhanças e diferenças entre os documentos supracitados, elaborei quadros comparativos que exibem o conteúdo programático da matéria higiene.

Quadro 24 – Conteúdo programático da matéria de Higiene 1º ano

1º ano	
1917	1932
1º Necessidade do banho.	a) Asseio da boca, mãos, unhas, orelhas, nariz, olhos e cabelos.
2º Asseio das mãos e unhas.	
3º Cabellos, olhos, orelhas e nariz.	b) Asseio do corpo, em geral – necessidade do banho.
4º Bocca.	
5º Horas de refeição e boa mastigação.	c) Asseio do vestuário.
6º Asseio da roupa.	d) Conselhos sobre a alimentação.
	e) Efeitos nocivos do uso do fumo e do álcool.

Fonte: Decreto n.º 420, de 19 de junho de 1917, p. 283, 284; e Decreto n.º 1.874, de 29 de julho de 1932, p. 41

A comparação dos decretos permite observar, no Quadro 24, que os conteúdos enfatizam os cuidados com a higiene pessoal dos estudantes no 1º ano. Apenas no ano de 1932 é acrescentado o conteúdo "efeitos nocivos do uso do fumo e do álcool". É o momento em que, nas instituições de ensino, faz-se presente a denominada "eugenia preventiva", no sentido de a escola desenvolver atividades para prevenção dos problemas que afligiam o país, notadamente, o alcoolismo. Uma lei ou a inserção de um determinado conteúdo no currículo nunca é neutra.

Quadro 25 – Conteúdo programático da matéria de Higiene 2º ano

2º ano	
1917	1932
1º Banho. 2º Mãos, unhas, cabelos, olhos, orelhas, nariz e bocca. 3º Somno. 4º Refeições. 5º Roupas. 6º Exercícios.	a) Higiene da alimentação: mastigação e qualidades dos alimentos; o perigo das frutas e das águas paradas. b) Cuidados em relação ao órgão da vista para se evitarem as moléstias que o atacam. c) Preleções sobre os asseios individual e do vestuário.

Fonte: Decreto n.º 420, de 19 de junho de 1917, p. 284,285; e Decreto n.º 1.874, de 29 de julho de 1932, p. 48

Os conteúdos programáticos para o 2º ano (Quadro 25), em 1917, são semelhantes aos determinados para o 1º ano, no que corresponde ao asseio corporal, acrescido do "somno" e da importância dos "exercícios". Na relação comparativa entre os dois decretos, nota-se uma similaridade do que os professores deveriam trabalhar com os alunos; via de regra, apenas o item "exercícios" foi suprimido do 2º ano e transferido para o 3º ano no decreto de 1932.

Quadro 26 – Conteúdo programático da matéria de Higiene 3º ano

3º ano	
1917	1932
1º Revisão do 2º anno. 2º Casas 3º Ruas 4º Alimentação 5º Vestuário 6º Banhos 7º Somno 8º Exercicios	a) Revisão do programa do 2º ano. b) Higiene da habitação; sua localização, posição, construção, ventilação, iluminação, pintura, privadas, agua e esgoto. C) Higiene das ruas e praças publicas; seu alinhamento, nivelamento e arborização. c) Exercicios físicos; sua necessidade e vantagens.

Fonte: Decreto n.º 420, de 19 de junho de 1917, p. 286; e Decreto n.º 1874, de 29 de julho de 1932, p. 56

No 3º ano, os conteúdos entre ambos os decretos permanecem quase inalterados. A preocupação volta-se para a sanitização do espaço social de vivências das crianças – casa, ruas, praças – e a necessidade da prática de exercícios físicos.

Quadro 27 – Conteúdo programático da matéria de Higiene 4º ano

4º Ano	
1917	1932
Revisão do programma de todos os anos anteriores e ampliação do do [sic] 3º anno.	a) Revisão do programa do 3º ano.
	b) Moléstias contagiosas e infecciosas: amarelão, maleita, tuberculose, tracoma, varíola, sarampo, escarlatina, coqueluche, crup, lepra, sarna etc., meios de evitá-las e de combatê-las.
	c) Insetos transmissores de moléstias.
	d) Hidrofobia e mordedura de cobras.
	e) Primeiros socorros nos casos de ferimentos, fraturas, vertigens, queimaduras, asfixia por submersão etc.
	f) Necessidade de vacina.
	g) Desinfecções.

Fonte: Decreto n.º 420, de 19 de junho de 1917, p. 286; e Decreto n.º 1.874, de 29 de julho de 1932, p. 62

No 4º ano, ao observar o Quadro 27, percebi que o decreto de 1917 explicita a abordagem dos conteúdos de higiene apenas como revisão dos anos anteriores. A programação exarada no decreto de 1932 traz orientações para a saúde, prevenção de acidentes, primeiros socorros e importância da vacinação. O conhecimento acerca das doenças é enfatizado no dispositivo legal. Em hipótese, os conteúdos concernentes ao 4º ano provavelmente estejam relacionados às principais causas da mortalidade infantil no período.

O regimento e o programa para os grupos escolares do estado do Paraná, de 1932, em seu artigo 62, citam que o objetivo principal da escola era:

> Art. 62º - A escola primaria, tendo por finalidade não somente a instrução, mas o desenvolvimento das qualidades físicas e morais de criança, afim de leva-la á felicidade e á [ilegível] de seus destinos, deve promover-lhe oportunidades ao cultivo

de suas faculdade e despertar-lhe os sentimentos de sociabilidade. (PARANÁ, 1932, p. 33).

Diante do exposto, a higiene escolar protagonizou-se nos espaços escolares e as discussões pedagógicas, especialmente durante os anos 1920 e subsequentes. Nesse contexto, os simpatizantes da eugenia encontraram um terreno fértil para a aplicação de suas convicções. Segundo Larocca (2009), o ideal higienista e o projeto eugênico fundiram-se com o intuito de promover a regeneração nacional.

A partir das discussões ensejadas sobre a necessidade de melhoria na qualidade de vida dos brasileiros por meio da higiene, ao final dos anos de 1910, a eugenia passa a adentrar o discurso médico-político de intelectuais brasileiros, atingindo o auge das discussões na década de 1920, com uma natureza "preventiva". Após esse período, estudiosos informam que ela não esteve ausente, mas ocorreram alterações em sua nomenclatura. "Ao final da década de 1930, a palavra eugenia cedeu gradativamente lugar em artigos e discursos dos médicos paranaenses ao termo 'genética'" (LAROCCA, 2009, p. 215).

De acordo com Vanderlei Sebastião de Souza (2019), no Brasil, as discussões eugênicas receberam seu ápice durante o Primeiro Congresso Brasileiro de Eugenia, em 1929, fase de contradições de ideias e de disputas de discursos sobre o tema entre intelectuais e cientistas brasileiros. Para Souza (2019), a transição da década de 1920 para os anos 1930 configurou-se em vários lugares do mundo como um momento de radicalização dos pressupostos eugênicos, o que propiciou o reforço do racismo científico e a implantação de medidas segregacionistas, como é o caso das políticas de institucionalização do racismo nos Estados Unidos. Nesse aspecto, a respeito das situações raciais, nos termos de Nogueira (2006), a ideologia é distinta no Brasil em comparação aos Estados Unidos; aqui "o preconceito é de marca, a ideologia é, ao mesmo tempo, assimilacionista e miscigenacionista; onde é de origem, ela é segregacionista e racista" (NOGUEIRA, 2006, p. 297).

No Brasil, cultivou-se a expectativa de que o negro e o índio desapareceriam na mistura com o branco e que as novas culturas seriam assimiladas como padrão. "Em geral, espera-se que o indivíduo de outra origem, que não a luso-brasileira, abandone, progressivamente, sua herança cultural, em proveito da 'cultura nacional' – língua, religião, costumes" (NOGUEIRA, 2006, p. 298).

Souza (2019) ainda menciona que a eugenia constituiu-se como uma ferramenta a ser utilizada nos processos de regenerações física e mental do país, sendo suas ideias "símbolo de modernidade cultural". Na percepção do autor, a configuração da eugenia no Brasil pode ser considerada como um movimento que visava à estetização nacional e ocorreu como

> [...] fruto da iniciativa de médicos, higienistas, antropólogos, jornalistas e educadores, o movimento eugênico se constituiu no Brasil como um campo científico complexo e fragmentado, cuja principal característica se definiu pelo seu caráter polimorfo e multifacetado. (SOUZA, 2019, p. 37).

Esse "caráter polimorfo e multifacetado" é o que se tem discutido até o presente momento no decorrer deste tópico. A eugenia, inicialmente, assume sua face "mais branda", ancorando-se em pressupostos sociais, com a preocupação da melhoria das condições higiênicas e sanitárias da população brasileira. Posteriormente, o discurso eugênico é legitimado pela discussão sobre a identidade nacional, abraça um viés ideológico "mais radical" e notabilizar-se-á no aspecto racial.

Sobre a relação entre a eugenia e as teorias racistas, Pietta (2019, p. 179, grifo do autor) expõe:

> Com a publicação de A origem das Espécies, em 1859, de Darwin, um novo paradigma entra em cena, o evolucionismo. Por meio dessa teoria, o conceito de raça passará do biológico para o político, assim dá-se a emergência do Darwinismo Social, criado por Spencer, e irá justificar o domínio ocidental diante de outros povos. A partir desse momento, teóricos racistas lidarão com o problema da mistura racial, e acreditarão que essa mestiçagem seria uma forma de degeneração da raça. Pouco a pouco as teorias biológicas passam a fazer parte do campo médico efetivamente. É nesse contexto que surge a eugenia, uma espécie de prática avançada do darwinismo social, que tinha como meta interferir na reprodução da população. Terminologia criada por Francis Galton na segunda metade do século XIX, nomeadamente a partir do livro *Hereditary Genius*, em 1869, porém o termo só foi criado em 1883.

Monteiro Lobato (1882-1948) é muito conhecido pelas suas obras de literatura infantil. Entretanto o autor também produziu livros para o público adulto, em um total de 29 títulos. O livro *O presidente negro*, lançado em 1926, faz parte desse montante literário. A obra é marcada por uma crítica social e demonstra os valores ético-morais do escritor em relação ao seu tempo (PAVLOSKI, 2020). Embora seja uma obra ficcional, durante a trama o autor deixa transparecer sua visão racista, sua percepção acerca da segregação racial e seu pensamento eugênico. A narrativa fictícia, ambientada no ano de 2228, concentra-se nas soluções encontradas para questões raciais pelo governo dos Estados Unidos. A eloquente personagem Mis Jane parece ser porta-voz de Lobato e assim se pronuncia:

> – O caracteristico mais frisante dessa epoca, todavia, estava na organização do trabalho. Todos produziam. Muito cedo chegou o americano á conclusão de que os males do mundo vinham de tres pesos mortos que sobrecarregavam a sociedade – o vadio, o doente e o pobre. Em vez de combater esses pesos mortos por meio do castigo, do remedio e da esmola, como se faz hoje, adotou solução muito mais inteligente: suprimi-los. A eugenia deu cabo do primeiro, a higiene do segundo e a eficiencia do ultimo (LOBATO, 2020, p. 114).

O elemento negro encaixa-se em qualquer um dos "três pesos mortos", pois, conforme apontam os estudos do período, suas condições econômicas, de trabalho e de saúde não eram favoráveis; entretanto, pela solução eugênica encontrada, o negro, notadamente, está presente no primeiro item: o "vadio". A supressão dos negros no país em que a narrativa fictícia desenvolve-se deu-se por meio dos "raios ômega": "[...] operou-se a esterilização dos homens pigmentados [...]. O problema negro da América está, pois, resolvido da melhor forma para a raça superior, detentora do cetro supremo da realeza humana" (LOBATO, 2020, p. 192).

Embora na obra a retórica sobre a eugenia e seus temas correlatos sejam marcados pelo exagero, característica desse gênero ficcional, o texto reflete o ideário da época sobre a percepção e a solução eugênica idealizada para resolver "o peso morto" brasileiro, ou seja, o segmento racial negro.

Outra obra de cunho racista e eugênico, em circulação nessas primeiras três décadas do século XX é o sucesso carnavalesco de Lamartine Babo, de 1932. As letras de marchinhas de carnaval, quando desvinculadas do contexto histórico, perdem sua significação; mesmo assim, diante do exposto, lê-se um trecho da letra:

> O teu cabelo não nega, mulata
> Porque és mulata na cor
> Mas como a cor não pega, mulata
> Mulata, eu quero o teu amor[76]
> (BABO, on-line, s/p).

---

[76] A letra completa da música está disponível em: letras.mus.br. Acesso em: 21 jul. 2021.

A "cor não pega", logo você tem o meu amor. A letra expõe o papel atribuído à mulher negra. Djamila Ribeiro (2019) afirma que é preciso questionar os padrões estéticos e os processos históricos que desumanizam as mulheres, fazendo-as serem preteridas nos relacionamentos afetivos, pois "numa sociedade racista, machista e heteronormativa, as mulheres negras ficaram relegadas ao papel de servir: seja na cozinha ou na cama" (RIBEIRO, 2019, p. 87). Ainda, sem adentrar aos significados atribuídos à terminologia mulato[77], a canção traz implícito o aspecto da fecundidade conferida às mulheres negras, que podem "amar", mas não devem transmitir seus caracteres físicos para não contagiarem futuras gerações.

O viés eugênico da letra configura-se como uma representação coletiva da época, patenteia o cerceamento da mulher negra, desde o período colonial, inclusive do direito de exercer a maternidade.

Para Kabengele Munanga (2020), o período pós-década de 1930, fase marcada por um governo antidemocrático, influencia a constituição identitária da população negra, pois, imersos nesse contexto de discriminação, como frutos de seu tempo, a população negra, por vezes, incorporou o ideário da época e não conseguiu, em muitos casos, romper com as ataduras que a prendia. Uma atadura ligada ao ideal do branqueamento. Nas palavras do autor:

> [ideal do branqueamento] Ideal esse perseguido individualmente pelos negros e seus descendentes mestiços para escapar aos efeitos da discriminação racial, o que teve como consequência a falta de unidade, de solidariedade e de tomada de uma consciência coletiva, enquanto segmentos politicamente excluídos da participação política e da distribuição equitativa do produto social. (MUNANGA, 2020, p. 101).

Portanto, especialmente durante as duas primeiras décadas de atuação docente de Maria Nicolas, ela conviveu com o discurso médico-higiênico e, nessa toada, com os pressupostos da eugenia, em seus espaços de atuação e vivência. É o período de discussão sobre a construção da identidade brasileira, no qual o "ideal de branqueamento" fez-se presente no plano das ideias e

---

[77] "[...] mulata ou mulato, ambos derivados da palavra portuguesa *mula*, ou seja, o cruzamento entre um cavalo e uma jumenta (ou de um jumento e uma égua) são usadas especificamente para identificar pessoas *negras* com ascendência *branca*. *Mestizo* (espanhol), *métis* (francês) ou mestiço (português) significa, por sua vez, "vira-lata", o cruzamento entre dois cães de duas "raças" diferentes, e são termos usados para as pessoas *negras* ou indígenas com ascendência *branca*. Todos esses termos têm conotação animal ofensiva e estão relacionados à ideia de infertilidade e proibição" (KILOMBA, 2019, p. 150).

da política. Sendo assim, conclui que Nicolas teve sua percepção sobre os negros afetada, pois vivia em sua infância e juventude sob os pressupostos do racismo científico, no início de sua fase adulta com o ideário higiênico e eugênico, e posteriormente, na fase mais madura, é envolta nos princípios da democracia racial. Essas três fases interferem na constituição de sua identidade e em seu olhar acerca de si mesma.

Após essa contextualização, no próximo capítulo será feita uma descrição da atuação docente de Maria Nicolas, com a explicitação dos lugares por onde passou, as dificuldades e os êxitos em seu percurso pelo magistério público paranaense, em um período marcado pelas ideias eugênicas. Por último, desenvolvi uma análise da fase inicial de Maria Nicolas no espaço literário curitibano. É apresentada uma análise do conteúdo de suas primeiras obras e delineado sobre as suas alianças e participação em círculos culturais.

4

PRIMÓRDIOS DA ATUAÇÃO DE NICOLAS NO MAGISTÉRIO PÚBLICO E NA LITERATURA PARANAENSE

Figura 23 – Pintura de Maria Nicolas – Sem título (1975)

Fonte: Museu Municipal de Arte de Curitiba

> Ser professora
> Viver para as crianças,
> traz alegria, contentamento;
> juventude eterna,
> e coração esplendente.
>
> Não há no mundo, senhores,
> trabalho de maior prazer;
> educar crianças,
> aprimorando-lhes o saber.
> (NICOLAS, 1980, s/p).

Conforme exposto no primeiro capítulo, há uma série de fatores que influíram para que Maria Nicolas prosseguisse pela carreira do magistério. Como na poesia em epígrafe, seus escritos, sejam em prosa ou verso, trazem percepções otimistas do ensino e da função docente. A temática da sala de aula evidenciar-se-á em suas produções literárias no período pós--aposentadoria da sala de aula. Seu percurso pelo magistério corresponde a um momento de grande importância em sua trajetória, sendo necessário refletir sobre algumas passagens de sua atuação professoral.

4.1 DRAMA PEDAGÓGICO: A SUBSTITUIÇÃO DA PERSONAGEM PRINCIPAL – PROFESSORA JULIA WANDERLEY

Enquanto o mundo vivenciava o maior conflito bélico de todos os tempos, a Primeira Guerra Mundial, na pacata cidade de Curitiba, Nicolas iniciava suas atividades laborais no magistério público paranaense, em 1917. Na época, enquanto trabalhava de forma voluntária na Escola de Aplicação, anexa à Escola Normal de Curitiba, foi surpreendida com o seguinte fato:

> Achava-me tratando de minha nomeação efetiva nessa classe, quando de passagem pela casa de d. Julia Wanderley, mamãe foi por ela intimada a voltar, pois precisava falar comigo. Para tanto, fez mamãe deixar a cesta que levava para trazer verduras e voltar à casa para me chamar.
> Relutei em atendê-la porque eu tinha um grande respeito e medo, por sua atitude militar, embora jamais tivesse sofrido injustiça, quando sua aluna, em 1912, o meu temperamento de humildade e de chorona, me faziam ter lhe medo, apesar de ela só me desejar o bem, pondo-me ao nível das demais colegas, muitas delas de alta sociedade.
> Aconteceu porém que mamãe me convenceu e eu fui falar-lhe. Achava-se presente o Dr. Victor do Amaral.

> Ela me disse: "Maria Nicolas, vou me licenciar, você será a minha substituta." Resmunguei um protesto, mas o Dr. Victor disse: " Aceite, D. Julia sabe o que faz." Então ela continuou: "Depois que sarar ficarei somente como diretora, minha classe da Intermediária será sua, vá para a casa e leia os jornais para saber quando deve assumir". (NICOLAS, [19--]b, p. 48-49).

A diretora do Grupo Escolar Tiradentes, Julia Wanderley, estava enferma. Como seu médico, Dr. Victor do Amaral, possivelmente informara-lhe sobre a gravidade do caso, ela organizou sua substituição na instituição de ensino que dirigia. Além de diretora do Grupo Escolar Tiradentes, Julia exercia o cargo de professora na Escola Intermediária, estabelecimento anexo ao grupo. Ela não retornou mais às suas atividades profissionais, pois licenciara-se[78] para tratamento de saúde e acabou falecendo, em virtude de um neoplasma pelviano, no ano seguinte, em 5 de abril de 1918 (ARAÚJO, 2013).

A professora Julia Wanderley, desde sua inserção na Escola Normal, juntamente a outras três estudantes (Maria Rosa Gomes, Isabel Guimarães e Cândida Nascimento), recebeu grande notoriedade no cenário educativo curitibano. Ao assumir a direção da Escola Tiradentes, tornando-se a primeira mulher diretora de um estabelecimento público, seu capital simbólico avolumou-se. Após seu falecimento, sua memória foi mitificada e seus feitos perpetuados, configurando-a como a mulher protótipo da normalista paranaense (ARAÚJO, 2013).

Maria Nicolas assumiu o cargo de professora na Escola Intermediária anexa ao Grupo Escolar Tiradentes, pela portaria de 5 de setembro de 1917. Ao ser indicada para trabalhar nesse local pela renomada professora Julia Wanderley, Nicolas registrou o seguinte sentimento em seu diário: "[…] com o coração aos pulos retornei à casa e mal entrei no portão desatei a chorar. Não sei porque mas chorei e chorei muito" (NICOLAS, 19--]b, p. 49).

A causa do choro de Nicolas lhe é desconhecida, no entanto, compreendo que seu pranto pode ser oriundo de um misto de sentimentos, seja de alegria ou lisongeio; em recém-formada, ser escolhida, dentre outras professoras normalistas, para atuar em uma das principais instituições de ensino de Curitiba, o Grupo Escolar Tiradentes; ou por medo da responsabilidade que lhe foi outorgada. Por isso, nos seus registros, ao ser informada sobre a substituição, ela "resmungou um protesto", parecendo não acreditar no fato, sendo necessário que o Dr. Victor do Amaral lhe confirmasse o desejo de Julia Wanderley.

---

[78] Julia Wanderley foi licenciada para tratamento de saúde pelo Decreto n.º 608, de 1º de setembro de 1917 (DOE n.º 1613, 1917, p. 1). Conforme o título de nomeação, Nicolas iniciou suas atividades no Grupo Escolar Tiradentes, em 05 de setembro de 1917.

Note-se que Maria Nicolas era recém-formada e estava atuando de forma voluntária na Escola de Aplicação da Escola Normal. E o que fez Julia Wanderley selecioná-la como sua substituta? Quais fatores contribuíram para que recebesse tal designação? O que se percebe é que a professora Julia tinha uma percepção positiva do desempenho de Nicolas desde o tempo em que ela era estudante da Escola Intermediária, e afetividade pela sua ex-aluna, fatores relevantes em sua decisão:

> Quando me matriculei na Escola de Dona Julia Wanderley, já estava apta ao exame de admissão à Escola Normal, só me faltando idade. Eu tinha no momento 12 anos. Destarte, fazia meus deveres com rapidez, passando a lousa para as colegas que m'á pediam. Auxiliei sempre colegas mais fracas. Com isso conquistei o apelido de Tupan. (NICOLAS, 1984, p. 4).

Além do bom desempenho escolar descrito por Maria Nicolas, no relato ela revela uma dinâmica pedagógica operada por Julia Wanderley. A prática evidenciada caracteriza-se pelo auxílio dos alunos mais adiantados aos que possuíam um ritmo diferente de aprendizagem. Isso remete à prática de monitoria associada ao método "Lancaster", adotado de forma gradual no Brasil a partir de 1823 e que pautou os trabalhos educacionais até metade do século XIX, sendo substituído pelo denominado método intuitivo, lições de coisas ou ensino pelo aspecto (VALDEMARIN, 2006).

Outra observação refere-se ao pronome de tratamento utilizado para nominar a professora e a denominação dada à escola, a qual, em um processo simbiótico, recebeu o próprio nome da diretora. Nicolas não é a única a referir-se à Escola Tiradentes dessa forma.

Todavia, como as mudanças não são feitas apenas por uma imposição legal ou teórica, nota-se que algumas práticas ensejadas pelo ensino lancasteriano persistiram com o passar dos anos. Embora, em seu relatório de 1906, Julia Wanderley especificasse que utilizava o método intuitivo como base de sua ação pedagógica, em suas sabatinas ela fazia referência ao ensino por meio de monitoria, técnica muito comum do método de Lancaster. Assim mencionou Julia Wanderley:

> Comquanto adopte sempre o modo simultaneo, por ser o único vantajosamente applicavel numa escola frequentada por crescido numero de alumnos mais ou menos do mesmo gráo de adiantamento, todavia vejo-me na necessidade de

> utilizar-me do modo mixto aos sabbados, afim de fazer uma recapitulação geral de todas as materiais estudadas durante a semana, sendo nesse serviço auxiliada pelas alumnas mais adiantadas, que preenchem então as funcções de monitoras. (PETRICH, 1906, p. 22).

Ainda que os relatos de Nicolas e de Wanderley tenham um espaço de tempo diferente entre eles, 1912 e 1906, respectivamente, percebe-se uma convergência entre ambos. É possível inferir que Maria Nicolas, quando estudava na Escola Intermediária, pudesse ser uma das alunas escolhidas por Julia Wanderley para monitoria. Assim, tendo uma boa reputação perante a mestra, Nicolas foi indicada para continuidade do seu trabalho docente.

Desse modo, nos termos de Bourdieu (2003), por *delegação*, Nicolas foi revestida de autoridade para perpetuar os feitos de Julia Wanderley, pois "o *delegado* 'possui um poder semelhante ao do próprio mandante para agir'" (BOURDIEU, 2003, p. 71). Ou seja, a menina de temperamento "humilde e chorona" deveria despir-se para incorporar a "militar", severa e austera professora Julia Wanderley.

O Grupo Escolar Tiradentes tinha uma boa reputação no cenário educacional paranaense. Era uma instituição valorada e tida como exemplo aos demais estabelecimentos de ensino do Paraná. Por isso a indicação para trabalhar nesse grupo, seja como professora ou diretora, agregava prestigío profissional aos seus contemplados. Para a função de diretora do presente Grupo Escolar e da Escola Intermediária, foi nomeada a professora Alba Guimarães Plaisant (?-1932).[79] O ofício de congratulação da nova diretora expressava:

> E' com desvanecimento verdadeiro que comunico a nomeação de V. Exia., por decreto de hontem, para exercer os cargos de diretora do Grupo Escolar Tiradentes e da Escola Intermediária desta Capital, na vaga aberta com o falecimento deplorável da eminente educadora D. Julia Wanderely Petriche.
> A Escola Tiradentes, cuja direção sábia nunca dera cuidados às autoridades superiores do ensino, continuará, estou certo, a percorrer o surto das suas tradições gloriosas, sem sofrer solução de continuidade, sob a nova direção. Tal afirmativa tem a segurança do endosso daquele grande espírito que,

---

[79] Alba Guimarães Playsant (?-1932), filha de Manoel Antonio Guimarães Netto e Francisca Silva Guimarães, casou-se com seu primo, o jornalista Dycezar Playsant (filho do Major Alcebíades Playsant e Eugenia Guimarães Playsant) (NEGRÃO, 1928). Em 1919, ela pediu exoneração do cargo de diretora do Grupo Escolar Tiradentes. Na década de 1920, foi morar no Rio de Janeiro. Em 1929, de volta a Curitiba, prestou vestibular na Faculdade de Engenharia do Paraná; na ocasião, ocupou o 1º lugar no exame (O DIA, 1929, s/p). O pai de Alba foi secretário-geral do Estado.

> nos seus últimos momentos de brilho, traçou ao humilde patrício e admirador esta ordem que nem um só momento ousei discutir: fazer da ilustre paranaense D. Alba Guimarães Plaisant a substituta de D. Julia Wanderley Petriche.
> Sob o peso da dôr imensa com que a fatalidade quis abater-me, estou cumprindo o meu dever.
> Acalentado com o último gesto da Mestra Immortal, tendo a esperança consoladora de que V. Exa. galhardamente saberá cumpril-o também.
> Saúde e Fraternidade.
> Enéas Marques. (O DIA, 1918, s/p).

Alba Guimarães Playsant foi nomeada como diretora do Grupo Escolar Tiradentes e da Escola Intermediária pelo Decreto n.º 280, de 08 de abril de 1918 (DOE n.º 1734, 1918, p. 2). Em 25 de janeiro de 1919, Alba solicitou a demissão de seu cargo por meio de ofício encaminhado ao presidente do estado, Affonso Alves Camargo (DEAP n.º 1764, 1919, p. 5). Por algum motivo, o pedido de Alba não foi aceito e ela permaneceu no cargo até agosto de 1919, quando, possivelmente, solicitou novamente sua exoneração, que foi realizada pelo Decreto n.º 723, de 13 de agosto de 1919 (DOE n.º 2009, 1919, p. 1).

Após a saída de Alba Guimarães Playsant, a nova diretora escolhida para substituí-la encaminhou um ofício ao secretário de Estado dos Negócios do Interior, Justiça e Instrução Pública, Manoel d'Oliveira Franco, justificando a recusa do cargo. Alexandrina Pereira Richter fez a seguinte justificativa:

> Tendo sido distinguida com a honrosa nomeação para exercer o espinhoso encargo de Diretora e Professora do grupo Escolar "Tiradentes" e da Escola Intermediária, peço permissão á V. Ex.ª de dispensar-me das responsabilidades desse cargo; pois não só o meu estado de saúde, como há preocupações que inhibem de atender com a precisão perfeita os trabalhos escolares do referido estabelecimento de ensino. (DEAP n.º 1750, 1919, p. 41).

Contudo Alexandrina Pereira assumiu provisoriamente o cargo de diretora do Grupo Escolar Tiradentes, até que encontrassem outra pessoa para empossamento do cargo (DEAP n.º 1750, 1919, p. 56).[80] Após, a diretora do Grupo Escolar Oliveira Franco foi designada como a nova diretora do Grupo Escolar Tiradentes. Maria Angela Franco assumiu a nova função em

---

[80] Alexandrina Pereira Richter foi destituída do cargo de diretora do Grupo Escolar Tiradentes por meio da Portaria n.º 455, de 02 de setembro de 1919 (DOE n.º 2023, 1919, p. 3).

4 de setembro de 1919, por meio da portaria n.º 458, de 2 de setembro de 1919 (DOE n.º 2023, 1919, p. 3); (DEAP n.º 1754, 1919, p. 35).

A inserção profissional de Nicolas no magistério público paranaense ocorreu no mesmo período da promulgação de um novo Código de Ensino, pelo Decreto n.º 17, de 9 de janeiro de 1917. O dispositivo foi instituído por Enéas Marques dos Santos, então secretário de Estado dos Negócios do Interior, Justiça e Instrução Pública. No tocante ao provimento de professores das escolas públicas, o código exarava o seguinte:

> Art. 108 – As escolas urbanas ou suburbanas da capital do Estado serão providas somente por concurso entre os normalistas, perante a Congregação da Escola Normal e, para provimento de escolas urbanas ou suburbanas de outras localidades, haverá concurso, sempre que for conveniente, por deliberação do Governo. (PARANÁ, 1917[a], p. 33).

Embora o artigo apresentado especifique que as escolas da capital só poderiam ser providas por professoras/es via concurso, observa-se, pelo relatório do secretário de governo do mesmo ano, que a regra não era seguida integralmente, pois consta apenas uma listagem com a relação de professores provisórios que realizaram exame para habilitação ao magistério.

As/os professoras/es normalistas eram indicadas/os para a regência de salas de aula por meio de decretos ou portarias. Pela ausência de concursos na época, também ocorriam indicações de cunho pessoal ou político, os chamados "medalhões", como foram as instruções realizadas por Julia Wanderley. Verifica-se tal fato de modo implícito, no parágrafo 3º, artigo 102, do código em voga, que trata da moralidade dos professores. "§ 3.º Sempre que a nomeação for proposta pelo Secretario do Interior, independente de requerimento, presume-se sabido e verificado que o professor normalista tem capacidade physica e moral para o exercicio do magistério" (PARANÁ, 1917[a], p. 32).

O artigo menciona dois aspectos: a indicação realizada diretamente pelo secretário de governo ou via requerimento, oriundo dos órgãos subordinados, como a direção dos grupos escolares.

A petição via requerimento ocorria com uma solicitação do pretendente à vaga na escola onde desejava atuar ou por indicação do diretor do estabelecimento escolar. Conforme o artigo 8º do regimento interno do Grupo Escolar Modelo e similares, o diretor escolar tinha como uma de suas funções: "§ 8º - Propor ao Secretário do Interior a creação ou suppressão de classes assim como a nomeação e dispensa dos respectivos professores" (PARANÁ,

1917[b], p. 5). Portanto a/o diretora/or escolar era um mediador entre o poder público e as/os professoras/es normalistas ou leigas/os; assim, ele podia indicar professores para atuar no estabelecimento em que era dirigente.

Sobre a indicação ao cargo de direção das escolas públicas primárias, não há nenhuma menção, no Código de Ensino de 1917, sobre os procedimentos que deveriam ser realizados. O regimento interno do Grupo Escolar Modelo e similares assim determinava: "Art. 7.º - As nomeações e demissões de director de grupo serão feitas pelo Secretario do Interior" (PARANÁ, 1917[b], p. 4). O regimento ainda cita que, se houvesse algum impedimento das funções diretivas, a/o diretora/or seria substituída/o por alguém com maior tempo de serviço, porém não especifica como seria o procedimento (PARANÁ, 1917[b]).

Ainda em relação à função de diretora/or, a observação no artigo 37, do Capítulo III do código vigente, que trata das disposições comuns entre as escolas maternais e os jardins da infância, menciona os procedimentos em caso de licença ou impedimento prolongado da/o diretora/or desses estabelecimentos. Segundo o documento, a/o própria/o diretora/or poderia indicar alguém para sua substituição enquanto não fosse nomeada/o outra/o profissional para o exercíco do cargo (PARANÁ, 1917[a]). Assim, concluo que, se para os estabelecimentos dos jardins de infância o cargo de diretora/or era feito por nomeação, do mesmo modo era feito com escolas primárias.[81]

A fim de considerar a composição do grupo de diretoras/es e professoras/es que regiam as escolas públicas paranaenses, selecionei o relatório referente ao ano de 1922, realizado por Cesar Prieto Martinez, então inspetor-geral de Ensino, e o de 1928. O segundo relatório, sob o título de "Funccionarios Administrativos", não tem autor especificado. Porém presume-se que seja um documento organizado por Hostilio Cesar de Souza Araujo, então diretor-geral do Ensino.

---

[81] Atualmente, desde a década de 1980, o cargo de diretora/or das escolas do ensino fundamental municipais de Curitiba ocorre por meio de eleição realizada pela comunidade escolar. No entanto, para o segmento da educação infantil nos denominados Centros Municipais de Educação Infantil (CMEI), a escolha da diretora/or é feita pela indicação da Secretaria Municipal de Educação (FINATTI, Renata Riva, 2016), mantendo a cultura do decreto de 1917. Conforme o Censo da Educação Básica de 2020, das/os diretoras/es gestores das escolas brasileiras, 80,6% eram do sexo feminino. Sobre as eleições para diretoras/es: "Na rede federal, predomina o acesso realizado exclusivamente por processo eleitoral com a participação da comunidade escolar, com 67,2% dos casos e, em 17,4%, o acesso se dá unicamente por indicação ou escolha da gestão. A rede estadual apresenta 38,1% de diretoras/es com acesso ao cargo exclusivamente por processo eleitoral com a participação da comunidade escolar. Outros 23,0% ocupam o cargo exclusivamente por indicação ou escolha da gestão. Na dependência municipal, 65,0% obtiveram acesso ao cargo exclusivamente por indicação ou escolha da gestão e 14,2%, exclusivamente, por processo eleitoral com a participação da comunidade escolar. Já na rede privada, 54,3% das/dos diretoras/es são proprietários ou sócios da escola e 30,0% chegaram ao cargo exclusivamente por indicação ou escolha da gestão (BRASIL, 2021, p. 15).

A compilação dos dados nos relatórios selecionados permitiu uma análise comparativa da composição numérica das/os diretoras/es, segundo o quesito gênero, pois é o único dado possível de averiguar.

Percebe-se que, ao final da década de 1910 e início da década subsequente, há uma irregularidade na composição dos relatórios dos secretários de governo, com ausência de relatórios anuais e de modificação nos dados coligidos para composição dos textos; por isso foram escolhidos os documentos referentes aos anos de 1922 e 1928, por sua disponibilidade e por sua conexão com os anos em que Maria Nicolas lecionou em escolas paranenses, e pelo fato de suas informações estarem organizadas de modo similar,[82] o que permite realizar a comparação do aspecto analisado.

Na elaboração do Quadro 26, excluí os dados que dizem respeito às escolas isoladas, pois a/o professora/or desses espaços desempenhava a função docente e administrativa, entre outras tarefas.

Em 1922 e 1928, a composição das diretoras/es e professoras/es dos grupos escolares da capital e do interior do Paraná, segundo o quesito gênero, é apresentada no Quadro 28.

Quadro 28 – Síntese comparativa do número de diretores e professores segundo o gênero dos grupos escolares paranaenses (1922 e 1928)

Local	Total de grupos escolares analisados		Total de diretores(as)				Total de professores(as)			
			Masculino		Feminino		Masculino		Feminino	
	1922	1928	1922	1928	1922	1928	1922	1928	1922	1928
Curitiba	11	11	10	05	01	06	02	04	80	136
Interior do Paraná	18	29	16	17	00	12	05	04	75	176
Total	29	40	26	22	01	18	07	08	155	312

Fonte: elaborado pela autora com base nos Relatórios dos Secretários de Governo de 1922 e 1928

Ao comparar o número de diretores e professores, tanto em Curitiba quanto no interior do Paraná, tem-se uma síntese que complementa as con-

---

[82] As informações referem-se aos nomes dos grupos escolares existentes no Paraná, quadro de funcionários com discriminação dos nomes e números de funcionários, em específico diretoras/es e professoras/es.

clusões ensejadas no capítulo anterior sobre a femininização do magistério público paranaense. Nota-se que, em 1922, o cargo de diretora/or era uma prerrogativa dada ao gênero masculino, 10 diretores para uma diretora, enquanto o gênero feminino compunha o quadro de professoras/es, sendo dois homens para 80 mulheres, respectivamente.

No ano de 1922, o Grupo Escolar Dr. Xavier da Silva, considerado modelo, é o único que tem professores homens (2) em seu quadro docente. Sua arquitetura foi modelada para tal intento, com a construção de duas alas, nas quais havia separação das/os discentes pelos critérios masculino/feminino. Em 1922, o Grupo Escolar Tiradentes era o único que possuía em sua direção uma mulher. Tal fato corresponde à tradição seguida, desde a sua inauguração, em 1895, quando a diretora Julia Wanderley empossou tal ofício.

O Quadro 28 permite-nos observar ainda que houve um aumento na construção de grupos escolares no interior do Paraná, de 18 para 29 unidades, entre os anos de 1922 a 1928. E, em 1928, há uma diminuição do número de diretores homens e um aumento das mulheres na direção dos estabelecimentos, passando de uma mulher, em 1922, para 18 mulheres em 1928, padrão de crescimento decorrente da feminização do magistério primário que, progressivamente, consolidou-se ao longo do século XX, tanto nas funções docente quanto administrativas e na direção escolar.

Os números referentes aos professores que trabalhavam nos grupos escolares paranaenses pouco são alterados. Em relação ao sexo masculino, de 1922 para 1928, de sete para oito professores, respectivamente. Contudo notei um aumento significativo de mulheres nessa função, de 1922 para 1928, passando de 155 para 312 professoras, respectivamente.

Em 1922, havia 26 diretores do sexo masculino administrando as escolas públicas paranaenses. Ao analisar a titulação desses profissionais, verifiquei que 22 deles eram normalistas, ou seja, tinham formação pedagógica pela Escola Normal. Não foi possível identificar a trajetória estudantil dos três profissionais que não tinham formação pedagógica, mas descobri que um havia estudado no Ginásio Paranaense e, na época, realizava o curso de Direito na Universidade do Paraná. Ainda é importante evidenciar que, dentre os 22 normalistas que ocupavam o cargo de diretor escolar, seis tinham se formado entre 1901 e 1910, e 11 entre 1911 e 1920; não foi possível localizar o ano em que cinco deles concluíram seus estudos pela Escola Normal.

Desse modo, observa-se que os alunos do sexo masculino egressos da Escola Normal tinham o privilégio de ocuparem o cargo de direção pouco tempo após sua formação pedagógica, ou seja, ao adentrarem o espaço público já recebiam o cargo de diretor escolar, não sendo impactados pela desvalorização[83] dos diplomas, nos termos de Bourdieu (2017).

Diante do exposto, quando Maria Nicolas ingressa no magistério público, pela sua condição social e pela questão de gênero, ela ocupa o cargo de regente de sala de aula. Com o passar dos anos, mesmo ocorrendo um processo de feminização nos cargos administrativos escolares, Nicolas não ascende em sua carreira a uma função diretiva. Em seu diário, ela registra um lamento pelos infortúnios que passou durante sua trajetória:

> Em várias oportunidades, quando meu nome era apontado para cargo de melhor remuneração, aparecia alguém indicando outra apadrinhada para o cargo e eu ficava a ver navios. Entretanto, apesar de levar vida de muitas privações não ficava triste nesses casos por não me separar das crianças. Nunca tive paciência de lida com gente grande. (NICOLAS, [19--]b, p. 95).

Ao iniciar suas atividades professorais,[84] em seus manuscritos a jovem professora relatou situações de conflitos com as demais professoras e direção do Grupo Escolar Tiradentes. Na percepção de Nicolas, ela considerava que as professoras do Grupo Escolar Tiradentes almejavam o seu cargo na Escola Intermediária. Assim, logo após o falecimento de Julia Wanderley, surgiram hostilidades entre Nicolas e a equipe docente e diretiva do grupo escolar (NICOLAS, [19--]b). Nicolas assim expressou-se:

> Enquanto o tempo passava as professoras do Grupo Tiradentes confabulavam sobre qual seria a escolhida substituta de d. Julia. Quando a notícia saiu no jornal, foi como se uma bomba explodisse no Grupo. Talvez, algumas delas, sentindo-se frustrada em sua pretensão, tenha me causado mal com sua inveja. [...] Foram tantos os dissabores; fui tão maltratada, que resolvi ir para o interior desde que minha benfeitora já não existia. Não mais podia me proteger com sua autoridade de chefe enérgica e justa. (NICOLAS, [19--]b, p. 49-50).

Desconhece-se se o motivo da dissonância de Nicolas e das demais professoras assentam-se ambição de seu cargo na Escola Intermediária. No sentido administrativo, seja salarial ou de status, não havia diferença entre

---

[83] "A transformação da distribuição dos cargos entre os portadores de títulos que resulta automaticamente do crescimento do número de titulados faz com que, a cada momento, uma parte dos portadores de títulos – e sem dúvida, em primeiro lugar, os que são mais desprovidos dos meios herdados para fazer valer os diplomas – seja vítima da desvalorização" (BOURDIEU, 2017, p. 152).

[84] Maria Nicolas foi nomeada como professora adjunta da Escola Intermediária pelo Decreto n.º 65, de 21 de janeiro de 1918 (PARANÁ, DOE n.º 1683, 1918).

o Grupo Escolar Tiradentes e a Escola Intermediária, uma vez que ambas as instituições faziam parte de uma mesma unidade escolar.

Os fatores oriundos do desajuste poderiam ser questões de relacionamento interpessoal, somados aos problemas relacionados à saúde de Nicolas, que já apresentava uma perda auditiva, ou seja, a deficiência somada ao seu pertencimento racial gerava estigmas: "Sofro da garganta e do ouvido desde que tive a tosse comprida entre 7 e 8 anos. Já esse mal havia servido para as más línguas azucrinarem minha vida, no Grupo 'Tiradentes'" (NICOLAS, [19--]b, p. 56).

No início do ano letivo de 1919, Nicolas deparou-se com a publicação de sua remoção compulsória para o Grupo Escolar Carvalho. O Decreto n.º 36, de 21 de janeiro de 1919, menciona que haveria uma permuta entre a professora Maria Nicolas, da Escola Intermediária, e a professora Adelia Gonçalves da Motta (colega da Escola Normal), do Grupo Escolar Carvalho (PARANÁ, 1919, p. 14). Para obter mais informações sobre o motivo da mudança de local de trabalho, pois o decreto havia sido realizado sem a sua anuência, Nicolas foi conversar com Enéas Marques dos Santos, secretário do Interior, Justiça e Instrução Pública. Em seu diário, ela registrou o momento:

> Suas palavras foram mais ou menos estas:
> A atual diretora, impôs-me: Não podemos continuar trabalhando com Maria Nicolas (que injustiça) Uma de nós terá de sair do Grupo! ela ou eu?
> Disse-me o Dr. Enéas – eu desejava que você permanecesse no grupo como uma lembrança da D. Julia, mas mediante a imposição da diretora...
> – Devo sair ou não? lhe interrompi.
> Ele afirmou que sim, com um gesto de cabeça (NICOLAS, [19--]b, p. 51).

Os diretores dos grupos escolares podiam fazer nomeações e remoções em seu quadro docente. Desse modo, Nicolas foi trabalhar no Grupo Escolar Carvalho, onde ficou pouco tempo, pois a diretora confidenciou a Maria Nicolas que a professora Adelia Gonçalves da Motta buscava recursos para que a permuta ficasse sem efeito (NICOLAS, [19--]b, p. 51). E foi o que ocorreu, um mês depois, em 21 de fevereiro de 1919: o Decreto n.º 127 cancelou as permutas entre as professoras (PARANÁ, 1919, p. 41-42).

Na ocasião, em virtude dos desajustes com as colegas de trabalho e com a direção, Nicolas decidiu não retornar mais ao Grupo Escolar Tiradentes. As circunstâncias de sua transferência para o Grupo Escolar Carvalho devem ter pesado em sua decisão, uma vez que ela não esperava uma transferência compulsória, a pedido da diretora do Grupo Tiradentes, junto ao secretário de governo.

Assim, declarou ao secretário de Instrução, Dr. Enéas Marques, que preferia trabalhar em alguma escola do interior do Paraná. Conforme seu pedido, foi nomeada para atuar na vila de Fernandes Pinheiro[85] (NICOLAS, [19--]b).

Segundo sua percepção, a localidade onde passou a atuar era pouco desenvolvida: "Fernandes Pinheiro era muito atrasada; não havia açougue, padaria, farmácia, médico. O trem para a Capital passava dia sim, dia não e sempre atrasado" (NICOLAS, [19--]b, p. 52).

Os motivos sobre a escolha de Maria Nicolas em lecionar em Fernandes Pinheiro são desconhecidos. As fontes não demonstram o que motivou a normalista Nicolas a trabalhar em uma escola longe do seu local de nascimento, do seu seio familiar e de seu espaço de convivência. Sabendo do prestígio do título de normalista, ela teria preferência em atuar nas proximidades de Curitiba, mesmo que fosse em uma escola na área rural. No entanto a sua decisão foi mudar-se para uma localidade onde seria a primeira normalista, distante de tudo e de todos.

Será que as adversidades encontradas no Grupo Tiradentes influíram em sua decisão? Especulo que sim. A decisão de ir para o interior seria uma reparação pessoal, pois, enquanto normalista, ela estaria em melhor posição do que as professoras leigas do interior paranaense? O fato de ser da capital igualmente lhe conferia um status diferenciado? Esses são alguns questionamentos que permeiam a reflexão sobre a decisão de Maria Nicolas ir lecionar no interior paranaense. Em seus diários, ela não aponta as reais motivações, apenas diz que se sentia "traída" pelas professoras do Grupo Escolar Tiradentes (NICOLAS, [19--]b).

Os conflitos com as professoras e a equipe diretiva do Grupo Escolar Tiradentes; o fato de ser transferida sem a sua concordância para o Grupo Escolar Carvalho; depois, essa remoção ser desfeita sem uma explicação plausível; a ausência de posicionamento do secretário da Instrução Pública sobre o caso; e um possível sentimento de não

---

[85] Fernandes Pinheiro foi distrito do município de Teixeira Soares - PR de 1917 até 10 de dezembro de 1995. Recebeu esse topônimo em homenagem ao diretor da Estrada de Ferro São Paulo – Rio Grande do Sul, o engenheiro Sr. Antonio Augusto Fernandes Pinheiro. Conforme os dados do IBGE, em 2010, o município tinha 5.932 habitantes e oito escolas de ensino fundamental. Em 2010, Teixeira Soares tinha 10.282 habitantes e dez escolas de ensino fundamental (IBGE, s/d).

pertencimento àquele local podem ter pesado em sua decisão. Assim, Nicolas foi lecionar no interior paranaense.

4.2 UMA PEÇA DE VÁRIOS ATOS: ATUAÇÃO PROFESSORAL DE NICOLAS NOS CENÁRIOS DO INTERIOR PARANAENSE

O Decreto n.º 191, de 17 de março de 1919, transferia Maria Nicolas para a localidade de Fernandes Pinheiro. Em seu diário, ela relatou que se sentia satisfeita com sua nova função e feliz naquele pequeno lugarejo. Sua sala de aula já contava com mais de 50 estudantes; porém, nessa ocasião, necessitou realizar um tratamento de saúde em virtude de um problema causado por ácido úrico, o que a impedia de movimentar-se e, por conseguinte, de lecionar.

> Mas o olho mau[86] continuou a me perseguir, pois após uns 20 dias de estada na nova terra, tendo matriculados cinquenta e tantos alunos, saiu-me nos pés umas bolhas de um líquido branco. Coçava muito e esse líquido se transformava em pus. Do tornozelo para baixo era uma só chaga. Sofri sem contar com recurso algum. Mesmo assim, amparada em minha mãe, me sentava no fundo sala para lecionar. Meu sofrimento não era só físico, mas moral também. Enquanto pude me manter em movimento à frente da cátedra, era muito feliz, observando os pais dos alunos que vinham à frente da escola e me observavam no desempenho do meu trabalho. Como me sentia grande e feliz. (NICOLAS, [19--]b, p. 52).

Contudo, com o passar dos dias, soube que outra professora daquela localidade, a Sra. Jacomina Schimidt, estava incomodada com sua presença, pois ela havia perdido alunos para a nova sala de aula, inaugurada por Nicolas. Supõe-se que na região havia, somente a sala de aula de Jacomina. Por isso Nicolas tornou-se uma concorrente.

Assim, a professora Jacomina Schimidt dirigiu-se a Curitiba para reclamar sobre a situação. Porém, segundo Nicolas, ela não obteve êxito em sua reivindicação (NICOLAS, [19--]b). Em meio a esse desentendimento com a professora local, a situação de sua saúde agravou-se. Então ela escreveu uma carta ao secretário de Instrução Pública para que lhe enviasse passagens para Curitiba com o intuito de realizar tratamento de saúde. Simultaneamente, sabendo que o inspetor escolar local desejava transferi-la para o

---

[86] A expressão "olho mau" é utilizada em diversas ocasiões por Maria Nicolas. É uma linguagem que pode estar vinculada a sua aproximação com a crença religiosa do espiritismo, pois, segundo seu neto Antonio Carlos Zotto: "A vovó é uma das primeiras a iniciar, participar do Centro Espírita Leocádio José Corrêa, sito na Santa Quitéria" (informação verbal) (ZOTTO, 2022).

grupo escolar do munícipio de Teixeira Soares, ela rejeitou a proposta e preferiu ir para Piraí do Sul, por ser um local com melhor estrutura para que pudesse cuidar de sua saúde (NICOLAS, [19--]b).

Por meio do Decreto n.º 789, de 23 de agosto de 1919, Maria Nicolas passou a atuar em Piraí do Sul. No entanto as dificuldades acompanharam-na. Em suas palavras: "[...] o 'olho mau' continuava seguindo as minhas pegadas" (NICOLAS, [19--]b, p. 54). Segundo Nicolas, ela tinha um bom relacionamento com a população dessa pequena cidade, desenvolvendo seu trabalho de acordo com o esperado; apesar disso, em suas memórias ela registrou que não obteve a simpatia do inspetor escolar local, Raul Santos.

A dificuldade de relacionamento interpessoal entre Nicolas e o inspetor surgiu, segundo ela, pelo fato de ter sido nomeada para uma vaga que estava prometida pelo inspetor escolar local a outra pessoa:

> [...] Aconteceu que o promotor e inspetor R.S., havia prometido a vaga deixada por D. Jovina Franco para a irmã de pessoa de sua amizade. Contudo sem nada saber, (porque só anos passados é que me contaram do porque da má vontade do inspetor para comigo) tomei posse da cadeira. (NICOLAS, [19--]b, p. 54).

Essa afirmação decorre do registro realizado em seu diário e não se sabe a veracidade de tal fato. Desse modo, principiou-se uma relação hostil entre Nicolas e o inspetor Raul Santos. As divergências refletiram nos trâmites burocráticos do ensino, por exemplo, na insatisfação do inspetor em relação à organização do resumo mensal do desempenho dos alunos realizado por Nicolas.

Na ocasião, o inspetor impôs-lhe que o documento deveria seguir um modelo semelhante ao de outra professora que não era normalista, e caso a ordem não fosse acatada, poderia incidir prejuízos no recebimento do ordenado mensal de Nicolas, pois o resumo realizado não seria aprovado pelo inspetor. Nicolas, valendo-se de seu título de normalista e do capital simbólico da professora Julia Wanderley, não concordou com a situação e expressou:

> Senti me ofendida, pois depois de ser considerada pela bondosa D. Julia, que revia todos os meses o resumo mensal, revoltei-me declarando não copiar qualquer documento, porquanto tinha capacidade para redigi-los. Para ser autêntico eu havia me diplomado.
> Ele manteve a maluca decisão, declarando que em caso contrário não atestaria para eu receber. (NICOLAS, [19--]b, p. 54).

Diante do conflito, ela recorreu ao Dr. Alcebíades Correa Bittencourt[87], juiz de Direito da pequena cidade de Piraí do Sul, seu conhecido, pois ele era filho de sua madrinha de coração (NICOLAS, [19--]b). Após explicar a situação, ele mediou o caso. Dr. Alcebíades procurou o inspetor e realizou um acordo de vistar os relatórios mensais de Nicolas, que passariam primeiramente pelo seu endosso antes de serem entregues ao inspetor local. Por questões hierárquicas, o inspetor aceitou o acordo.

A presença da figura do inspetor escolar no controle das ações escolares, por meio da supervisão aos docentes, aparece desde o período provincial paranaense, especialmente nas escolas isoladas, nas quais não havia a figura do diretor escolar. A inspeção consistia em verificação das atividades pedagógicas, desde o controle dos livros de escrituração até uma análise do trabalho realizado pelo professor. Os inspetores eram os responsáveis pelo mapeamento da instrução pública do Estado. Por possuírem uma relação direta com os professores, era comum deflagrar conflitos entre esses profissionais e as/os docentes (SCHUINDT; VAZ; SANTOS, 2021).

O relacionamento entre o inspetor Raul Santos e Nicolas não melhorou. Outras situações adversas, além do visto no resumo mensal, ocorreram, incorrendo em prejuízos financeiros para Nicolas, como a suspensão de seu ordenado, fazendo-a desistir das aulas em Piraí do Sul em 1920. Sua saúde também colaborou para essa decisão, pois sofria com dores de garganta e ouvido recorrentes, sendo necessário buscar tratamento médico na capital. Em suas palavras:

> Pois bem: Tendo sido acometida de crise de laringite e glândulas inflamadas, não poderia lecionar. Fiz dois requerimentos, um pedindo 8 dias de licença para ir consultar na capital e outro de um mês caso precisasse operar, (como de fato o Dr. Leonidas Ferreira me operou assistido pelo Celso e Dr. Seeling). Entreguei-os a SS [Raul Santos] que se achava na Farmácia Milleo e viajei. Creio que assim que virei as costas ele queimou os requerimentos forjou um abaixo assinado em que pais (fictícios) diziam que eu havia abandonado a escola e que ele o Inspetor soube de minha ausência pela agente do Correio, d. Conrada, pessoa bondosa honesta de grande bondade e que me afirmou mais tarde, jamais ter falado ao promotor sobre mim. (NICOLAS, [19--]b, p. 56).

---

[87] Alcebíades Correa de Bittencourt (1882-1952) era filho de Cristina de Moura Britto (1861-1921) e de Damásio Correia de Bittencourt (1844-1895), o administrador do Teatro São Theodoro.

Realmente, Nicolas fez os dois ofícios mencionados, um datado em 4 de março de 1920 (DEAP n.º 1812, 1920, p. 96) e o outro em 8 de março de 1920 (DEAP n.º 1812, 1920, p. 102). No primeiro ofício havia a solicitação de 60 dias de licença para tratamento de saúde, no qual obteve a resposta de que ele deveria ser encaminhado pelo respectivo inspetor escolar. No segundo ofício, Nicolas solicita 30 dias de licença, pelo qual obteve a seguinte resposta:

> Indeferido, a vista da informação; officie-se a Secr.ª da Faz.ª pedindo seja suspenso o pagamento de vencimentos a requerente até nova deliberação desta Scr.ª e baixe-se uma portaria censurando-a por ter abandonado a regência da escola sem respectiva licença. Em 13-4-20. (DEAP n.º 1812, 1920, p. 102).

Observo que os ofícios encaminhados por Nicolas não foram destruídos, mas junto a eles foi anexada uma informação (não localizada) de que a professora havia abandonado a escola, o que gerou o inconveniente de Nicolas perder seus rendimentos mensais. É perceptível que tal situação afetou Nicolas de modo significativo, a começar pela mudança em sua caligrafia nos ofícios manuscritos (DEAP n.º 1812, 1920).

Figura 24 – Ofício de 4 de março de 1920

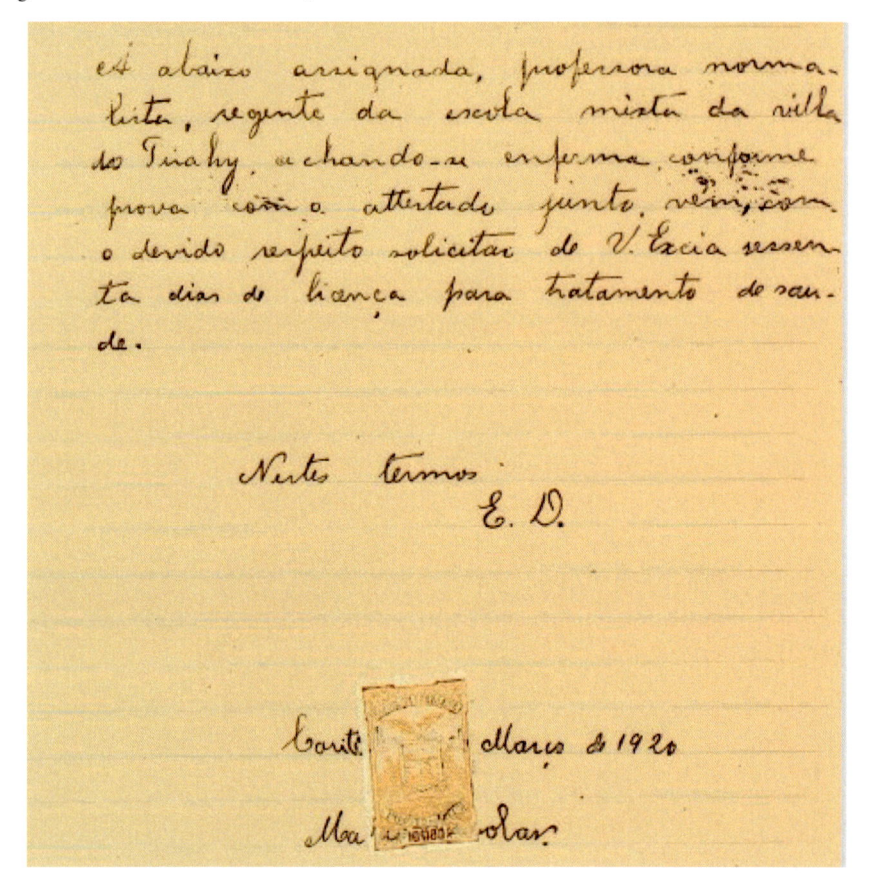

> A abaixo assignada, professora normalista, regente da escola mixta da villa do Tuahy, achando-se enferma, conforme prova com o attestado junto, vem, com o devido respeito solicitar de V. Excia sessenta dias de licença para tratamento de saude.
>
> Nestes termos
> E. D.
>
> Curitiba, Março de 1920

Fonte: DEAP n.º 1812, 1920, p. 96

Figura 25 – Ofício de 8 de março de 1920

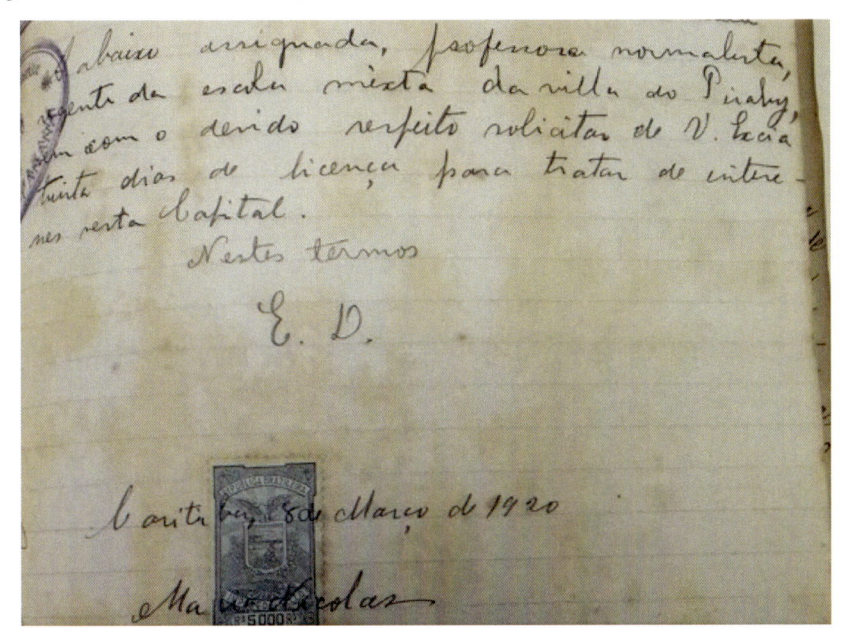

Fonte: DEAP n.º 1812, 1920, p. 102

O caso foi resolvido por intermédio político, buscado por Nicolas em pessoas importantes da época: "O saudoso Jayme Ballão, amigo de meu pai disse que por se tratar de filha de amigo se interessou pelo caso e, tanto ele como Julio Pernetta e Ricardo Lemos concluíram que se tratava de um documento falso. Nada me aconteceu" (NICOLAS, [19--]b, p. 57).

A estadia de Nicolas em Piraí do Sul também foi marcada por fatos positivos, como quando ela realizou alguns eventos:

> Realizei festas e pic-nics com meus alunos; fundei o Grêmio "Flor dos Campos," animei o carnaval que fora realizado com fantasia. Graças da Deus vivi em plena paz com o povo, cuja amizade mantenho através de seus netos, mas em guerra fria com a pessoa que eu deveria viver em harmonia. Ele nunca pisou em minha escola. Tudo quanto eu executei me foi concedido pelo prefeito Cioffi, […] reforma da sala de aula, bancos, giz etc. (NICOLAS, [19--]b, p. 58).

Assim, Nicolas decidiu retornar para Curitiba e dedicar-se, ao longo de 1920, ao ensino particular. No porão do antigo Teatro Guaíra, ela lecionou aulas de Matemática: "Dediquei-me ao ensino particular, principalmente de

Aritmética, Álgebra, Geometria plana e no espaço. Foram muitos os alunos, hoje senhores de elevada posição social, que estudaram comigo, no porão do velho Guaíra" (NICOLAS, [19--]b, p. 58).

Por meio do Decreto n.º 806, de 25 de julho de 1921, Nicolas retornou ao magistério público, indo lecionar em uma escola isolada na cidade de São Mateus do Sul - PR (DOE n.º 3399, 1921, p. 1). Segundo seu relato, a viagem de mudança ocorreu de forma calma e tranquila. Seu deslocamento até São Mateus do Sul deu-se por navegação fluvial, pelo Rio Iguaçu, com o vapor Iris, transporte comum da época, que partiu de Porto Amazonas até seu destino (NICOLAS, [19--]b).

A escolha de lecionar em São Mateus do Sul deve-se a um fato particular da vida de Nicolas, pois, no mesmo período, ela casou-se com o ferroviário Domingos Zotto (1901-1943), adquirindo o seu sobrenome (DEAP n.º 1840, 1921, p. 210).

Em São Mateus do Sul, Nicolas relata que surgiram novos desentendimentos. Dessa vez foi com um colega seu, professor da localidade: "[...] que por ser da terra e de gente do auge do comércio da erva mate achou que eu deveria lhe 'beijar a mão'" (NICOLAS, [19--]b, p. 59). A ausência de amabilidade inicial entre eles culminou com a divergência no momento da criação de uma caixa escolar:

> Topei com a idéia, mas com a condição de atender aos gastos da caixa. Ele se negou a isso, declarando que mulher não faria parte da futura diretoria. Então ponderei: Como mulher pode auxiliar a manutenção da caixa e não tem o direito de saber a quantas andarão sua tesouraria? Persistindo ele na negativa, resolvi não prestar auxílio algum. Isso foi causa de dissabores, obra do "olho mau". (NICOLAS, [19--]b, p. 63).

A caixa escolar visava angariar recursos para manutenção das escolas na época. Em geral, cada instituição tinha uma. Assim, por meio de festas, eventos e arrecadação de donativos, as escolas conseguiam fundos para compra de materiais e realização de investimentos em seus espaços. Conforme apresentado, o processo de inserção feminina nos espaços administrativos foi gradativo. O fato ocorrido com Nicolas representa um cerceamento nas funções femininas no ambiente educacional, marcado pelo direcionamento masculino, nos anos iniciais do século XX.

Assim, terminado o ano letivo de 1921, Nicolas desistiu de continuar lecionando em São Mateus do Sul e retornou à capital. Outro fato que colaborou para a renúncia das aulas naquele local foi que o marido não encontrou emprego na pequena cidade. Segundo ela, por não conseguir remoção para outra escola e por não querer passar por "humilhações", grávida do primeiro filho, retornou ao ensino particular (NICOLAS, [19--]b).

É nesse contexto que Nicolas afasta-se do magistério para dedicar-se à maternidade. No dia 08 de junho nasce seu filho primogênito, um menino chamado Antonio Lourdes Zotto (1922-2001). No ano seguinte, Nicolas engravida novamente e logo nasce sua filha, Lucy Zotto Ferreira (1923-1996). Nesse período, com dois filhos pequenos, Nicolas dedica-se o cuidado a eles e, possivelmente, ministrava aulas particulares para seus conhecidos. Ainda, após seu desquite matrimonial, em meados da década de 30, Nicolas será mãe mais uma vez, de Cleci Josefa Honório (1938-2017), fruto do relacionamento com Francisco Silva, cuja residência localizava-se no Rio de Janeiro.

Em 1924, Nicolas regressa ao magistério público na escola em que iniciara sua carreira docente, o Grupo Escolar Tiradentes. Ela foi nomeada para substituir provisoriamente a professora Virginia de Souza Fernandes, que apresentava problemas de saúde (O DIA, 1924). O retorno ao Grupo Escolar Tiradentes durou pouco tempo. Atuou como professora interina na substituição da professora Virginia que, a princípio, estaria licenciada por três meses; contudo ela retornou ao trabalho um mês depois (DOE n.º 3881, 1924, p. 1). Virginia de Souza Fernandes era da mesma turma de formandas/os de Nicolas, na Escola Normal. Então é possível que Nicolas a tenha substituído pela amizade entre elas e pelo fato de que a equipe docente e administrativa do Grupo Escolar Tiradentes era totalmente diferente do momento em que Nicolas fora nomeada anteriormente, em 1917.

Permanecendo em Curitiba pelo Decreto n.º 602, de 30 de julho de 1925, Nicolas foi nomeada para lecionar na Escola Feminina do Prado. No relatório do secretário de Governo sobre essa escola consta que lecionavam as professoras Maria Bassan Buzatto e Accacia de Macedo Costa. Nicolas foi nomeada para substituir esta última (MUNHOZ, 1925). Pela data da Figura 26, 30 de agosto de1925, concluo que a foto escolar é do período em que Nicolas lecionava na Escola do Prado. No verso da imagem ou em outra fonte não há uma referência exata dos motivos da realização desse retrato.

Figura 26 – Maria Nicolas e classe escolar

Fonte: acervo familiar de Antonio Carlos Zotto

Na Figura 26 é possível perceber que, além de Maria Nicolas, há mais três professoras, estando duas em pé, entre as alunas, e uma sentada, no centro da foto. Não se sabe o nome das demais professoras. Contudo o fato de uma delas estar sentada e ao centro da imagem, de modo simbólico, representa sua importância naquele grupo.

Maria Nicolas está em segundo plano. Pelos braços cruzados e pelo olhar para o lado oposto da câmera, aparenta certa timidez no momento da fotografia. As alunas parecem ter idade aproximada ao período da pré-adolescência, usam cabelos curtos, (penteado comum da década de 1920), mostram-se um pouco descontraídas, focalizam o olhar na câmera e não estão uniformizadas – usam vestidos, xales, sapatos e meias. Pelos trajes, à exceção de uma aluna, percebe-se que era um típico dia de inverno curitibano. A foto foi tirada em uma área externa, em que se observam plantas e a fachada de um prédio em alvenaria, com grandes janelas de vidro, possivelmente a área externa do prédio escolar.

Na sequência, em 24 de fevereiro de 1926, Nicolas foi indicada para reger interinamente a Escola Mista da Barreirinha, mas em agosto do mesmo ano foi exonerada desse cargo (O ESTADO DO PARANÁ, 1926, p. 7). Nicolas narrou que, apesar de tudo estar correndo bem, não pôde concluir o ano letivo na escola supracitada:

> Ah! Crianças e mães benditas. Vivi num verdadeiro paraíso ao ponto do diretor do Grupo Prof. Brandão ir á minha escola me convidar para após os exames ir trabalhar com ele. Mas como dizem que o peixe morre pela boca, eu também me prejudiquei por espalhar aos quatro ventos a excelência da minha Escola. Realizei os exames em 30/06 naquele tempo e convidei o saudoso e querido mestre dr. Azevedo Macedo e a filha Annette para examinadores. Foi um sucesso. Fiquei felicíssima. Mas uma colega xará a quem eu contara a maravilha dos alunos e suas mães e que era concursada, conseguiu que o mesmo Dr. Lysimaco a removessem para minha escola e eu fui para o olho da rua num 6 de agosto. (NICOLAS, [19--]b, p. 92-93).

Assim, Nicolas perdeu sua função na Escola Mista da Barreirinha para a professora Maria Bassan Buzatto, com quem tinha trabalhado na Escola do Prado, pelo Decreto n.º 887, de 5 de agosto de 1926 (DOE n.º 4297, 1926, p. 1). Diante do ocorrido, Nicolas voltou para o ensino particular.

"Incentivada pela mãe, resolveu voltar às escolas públicas 'para garantir um seguro de vida'" (SEED, 1979, p. 5). Assim, por meio do Decreto n.º 1116, de 02 de agosto de 1928, Nicolas continuou suas atividades docentes no ensino público na recém-inaugurada Escola Maternal da Sociedade de Socorro aos Necessitados, em Curitiba. Ao trabalhar nessa escola, Nicolas reencontrou a Prof.ª Annette Clotilde Macedo, designada como diretora do estabelecimento de ensino.

Segundo Annette, a escola maternal foi criada com o intuito de escolarizar e suprir as necessidades básicas que as crianças pobres não tinham em seus lares. Os trabalhos eram divididos em três seções: a creche ou asilo das crianças, o Jardim Infantil e o curso doméstico (MACEDO, 1943).

A creche ou asilo das crianças visava aos cuidados de nutrição, de higiene e de ginástica. O Jardim Infantil era destinado às crianças de 3 a 7 anos e deveria promover o desenvolvimento físico e psíquico. O curso doméstico tinha o intuito de "[...] ministrar às meninas de mais de 7 anos a cultura física, intelectual, afetiva, ativa, moral, cívica e estética, necessárias às bôas mães de família" (MACEDO, 1943, p. 119). Maria Nicolas ficou responsável pela alfabetização das estudantes do curso doméstico.

Por divergências pedagógicas e administrativas entre as direções da Escola Maternal e da Sociedade de Socorro aos Necessitados, Annette pediu destituição de seu cargo e, desse modo, Nicolas também finalizou seus trabalhos nessa instituição. Não se sabe se foi em apoio à sua colega diretora ou se por uma ordem superior da instituição mantenedora da Escola Maternal.

No ano seguinte, por meio do Decreto n.º 535, de 21 março de 1929, Nicolas foi transferida para o Grupo Escolar Professor Serapião, em União da Vitória,[88] permanecendo nesse local durante todo o ano letivo. Há um desconhecimento acerca dos motivos que levaram Nicolas a pedir remoção para esse grupo afastado da capital; no entanto sua saída foi motivada por desentendimentos com o diretor do estabelecimento.

Em 1930, Nicolas pediu transferência do Grupo de União da Vitória para a Escola de Aplicação, anexa à Escola Normal Primária Dr. Munhoz da Rocha, em Paranaguá. Para além das dissidências com o diretor de União da Vitória, Nicolas visava também atender ao pedido de sua mãe. Assim, uma vez que sua irmã Tereza Nicolas morava naquela localidade, em suas palavras, sua mãe Josepha poderia "[...] visitar as duas filhas de uma só vez, pois ela achava União da Vitória o fim do mundo" (NICOLAS, [19--]b, p. 65).

Nicolas afirma que foram tempos difíceis no litoral paranaense, pois o governador da época, Affonso Camargo, não pagava os salários em dia aos funcionários públicos, sendo necessário recorrer a compras por crédito nos comércios locais. Além disso, ela conta que o "olho mau" continuou a persegui-la e, dessa vez, o problema foi com uma das estudantes da Escola Normal, que requisitava tratamento diferenciado pelo fato de seu pai manter relações comerciais com o diretor da instituição. Nicolas dizia que não diferenciaria o tratamento dado as/aos suas/seus discentes, o que lhe trouxe problemas de relacionamento com a aluna, sua família e com o diretor do estabelecimento (NICOLAS, [19--]b).

O ano de 1930 é marcado por uma agitação política no Brasil. É o período de insatisfação com o revezamento presidencial das oligarquias de São Paulo e Minas Gerais. Nos meses finais desse ano, o presidente eleito, Júlio Prestes, não toma posse de seu cargo. O então presidente do Brasil, Washington Luís, é substituído por uma junta governativa provisória (de 24 de outubro a 3 de novembro), que empossa Getúlio Vargas como presidente, em 3 de novembro de 1930.

O final de 1930 marca um período de dificuldades e de mudança na vida de Nicolas devido aos problemas de saúde, novamente relacionados ao ácido úrico. Ela resolveu pedir remoção para a Colônia de Papagaios Novos, localidade situada em Palmeira - PR, pois, segundo a visão de seu médico, a manifestação de sua enfermidade era decorrente do clima mais quente do litoral.

---

[88] União da Vitória é um município paranaense e se localiza a 241 km de Curitiba.

> Era diretor da Instr. Publ. [Instrução Pública] o Dr. Antonio Jorge Machado de Lima. Não queria fazer minha remoção, por ser época em que estavam removendo professoras por castigo (resultado da revolução) e eu iria na onda. Como nunca tive medo que fizessem mau juízo de mim insisti, até ser removida. (NICOLAS, [19--]b, p. 70-71).

Assim como Nicolas foi para Paranaguá para morar próximo a sua irmã, supõe-se que ela resolveu ir para Papagaios Novos pelo fato de naquela localidade morar seu irmão mais velho, Paulo Nicolas, e sua cunhada, Anna Stocco Nicolas, com quem ela cultivava laços afetivos.

Figura 27 – Maria Nicolas e classe escolar – Papagaios Novos (1931)

Fonte: acervo familiar de Antonio Carlos Zotto

Na Figura 27 nota-se que a imagem trata-se de uma fotografia de classe escolar, na qual a professora Maria Nicolas encontra-se ao centro, ladeada por 22 alunas de diferentes faixas etárias e por um único menino.[89] Observei, pela variação dos tamanhos dos estudantes, que a turma demonstra ser uma classe multisseriada, organização de ensino comum no início do século XX, especialmente nas escolas localizadas em áreas rurais.

---

[89] Segundo o neto de Maria Nicolas, Antonio Carlos Zotto: pela identificação escrita na imagem do aluno (Lourdinho), corresponde ao filho primogênito de Maria Nicolas – Antonio de Lourdes Zotto (1922-2001), assim como a menina à sua direita também é sua filha: Lucy Zotto Ferreira (1923-1996). (informação verbal) (ZOTTO, 2022).

As informações anotadas na cena gravada revelam os nomes de algumas crianças que a compõem e a data de sua ocorrência, a saber: maio de 1931, na Colônia de P. Novos (Papagaios Novos),[90] localidade que atualmente é um distrito da cidade de Palmeira - PR.

As crianças estão dispostas seguindo uma ordem de tamanho, algumas em pé, outras sentadas, à frente de uma construção, que não é possível afirmar se seria a escola, pois falta subsídios para comprovar essa questão. As meninas que aparecem na fotografia apresentam o corte de cabelo na altura das orelhas, não estão uniformizadas, mas apresentam um padrão em sua vestimenta denotado pelo uso da cor branca dos vestidos; elas usam sapatos e meias.

Em entrevista realizada ao Boletim da Secretaria de Estado da Educação do Paraná, Maria Nicolas contou um pouco de suas dificuldades durante a primeira década de sua atuação docente. A reportagem, intitulada *Maria Nicolas, 63 anos dedicados ao ensino*, sintetizou o percurso de Nicolas nessa década inicial e mostra o quanto Nicolas sentiu os reflexos dos efeitos causados pela quebra da Bolsa em Nova Iorque, em 1929, e pelas mudanças políticas ocorridas no Brasil, em 1930:

> Passou sérias dificuldades financeiras na década de 20, sendo a fase mais "trabalhosa" de sua vida. Em 1929 recebia através de bônus, com desconto de 40 por cento. Em 1930, na revolução ficou 10 meses sem receber, "foi uma época difícil para a professora – lembra, mas ninguém abandonou o seu posto". (SEED, 1979, p. 5).

Maria Nicolas permaneceu por alguns anos na colônia de Papagaios Novos e na cidade de Palmeira como professora do Grupo Escolar Jesuíno Marcondes, compreendendo o período de 1931 a 1936.

Em Palmeira, Nicolas firmou parceria com o prefeito local, João Chedi, e, segundo sua narrativa, era muito bem-vista pela comunidade escolar. Contudo, com o passar do tempo, não conseguiu estabelecer bom relacionamento com professores do grupo e com o inspetor local, João Rodrigues. Esses desentendimentos motivaram Maria Nicolas a escrever uma carta para o diretor-geral da Educação, Gaspar Velozo, contando sobre os problemas que estavam acontecendo no grupo escolar, o que ocasionou a substituição do diretor do grupo (Sadi Lopes) e, por conseguinte, após

---

[90] A Colônia de Papagaios Novos, localizada a 16 km de Palmeira - PR, foi fundada em 1879, por 25 famílias de alemães protestantes oriundos de Volga – Rússia (PADILHA, Lucia Mara de Lima, 2010).

os exames finais, a sua remoção compulsória para Curitiba. Em continuidade, em 1937, Maria Nicolas foi lecionar na Escola Mista de Mattão das Laranjeiras, localidade do Juvevê, em Curitiba.

Maria Nicolas seguiu sua carreira pelo magistério público, lecionando no município de Rebouças (1939) e, depois, em escolas da cidade de Curitiba, quando foi exonerada das atividades docentes. Em 1951, passou a atuar na função de bibliotecária na Assembleia Legislativa do Paraná, aposentando-se como funcionária pública em 1959.

Nicolas lecionou para inúmeros paranaenses, alguns nomes conhecidos, tais como: o ex-prefeito de Curitiba, Ivo Arzua; o general Aristides Athaíde Filho, os irmãos Teófilo e Timóteo Garcez; Dalila Aires; Mário Stadler; a poetisa "pérola negra paranaense" Laura Santos, entre outros. Mas

> [...] conta ela também que não foi só professora do "bê-a-bá"; escreveu peças teatrais, algumas decorrentes das necessidades pedagógicas, como o civismo. Criou festas de igrejas, foi diretora de coro, inventou remédios à base de ervas, quando uma emergência exigia. (SEED, 1979, p. 5).

Em seu diário, Nicolas priorizou a narração dos episódios que lhe causaram inconvenientes. Ela já tinha aproximadamente 80 anos quando redigiu os manuscritos que servem de estudo para a análise de sua passagem pelo magistério público. Há de se considerar os apagamentos e a seletividade da memória, entretanto evidencia-se que a dificuldade de relacionamento pessoal foi constante durante sua vida. Ela própria menciona esse aspecto: "Nunca me dei bem com certas pessoas [...]. Gostei, adorei mesmo, a companhia das crianças e da juventude. Ainda hoje com 74 anos meus amigos íntimos são jovens ou pessoas de espírito jovem. Com estes senti-me a vontade e feliz" (NICOLAS, [19--]b, p. 75).

E para além das questões que envolvem afinidades e divergências com as pessoas com as quais conviveu, Nicolas afirma que ao longo de sua trajetória sua maior dificuldade estava relacionada a questão financeira, por isso ela adverte os leitores de seu diário com a seguinte citação:

> Mas um alerta eu envio aos idealistas pobres: não desesperem se não verem seus ideais por elevados e nobres que sejam realizados. Pobre não deveria ter ideal. O maior e constante inimigo que tive e com o qual vivi em luta, foi o "senhor dinheiro". Em geral meu ordenado estava abaixo das minhas despesas mensais. (NICOLAS, [19--]b, p. 94-95).

No intuito de observar a trajetória de Nicolas pelas localidades do estado do Paraná, além da baliza temporal do presente estudo, ver quadro a seguir.

Quadro 28 – Trajetória profissional de Maria Nicolas

ANO	ATIVIDADE	MUNICÍPIO(S)	ATO INICIAL	ATO FINAL
1917	Professora Grupo Escolar Tiradentes	Curitiba	Portaria de 05 de setembro de 1917	-
1918	Professora na Escola Intermediária – Grupo Escolar Tiradentes	Curitiba	Decreto n.º 65, de 21 de janeiro de 1918	Decreto n.º 189, de 17 de março de 1919
1919	Professora no Grupo Escolar Carvalho	Curitiba	Decreto n.º 36, de 21 de janeiro de 1919	Decreto n.º 127, de 21 de fevereiro de 1919
1919	Professora na Escola Isolada	Fernandes Pinheiro	Decreto n.º 191, de 17 de março de 1919	Decreto n.º 787, de 23 de agosto de 1919
1919	Professora na Escola Isolada	Piraí do Sul	Decreto n.º 787, de 23 de agosto de 1919	-
1921	Professora na Escola Isolada	São Mateus do Sul	Decreto n.º 806, de 25 de julho de 1921	Decreto n.º 274, de 24 de março de 1922
1924	Professora no Grupo Escolar Tiradentes	Curitiba	Decreto n.º 369, de 02 de abril de 1924	Maio de 1924
1925	Professora na Escolas Reunidas do Prado	Curitiba	Decreto n.º 602, de 30 de julho de 1925	-
1926	Professora na Escola Mista Barreirinha do Ahú	Curitiba	Decreto n.º 228, de 23 de fevereiro de 1926	Decreto n.º 887, de 05 de agosto de 1926
1928	Professora na Escola Maternal da Sociedade de Socorro aos Necessitados	Curitiba	Decreto n.º 1116, de 02 de agosto de 1928	Decreto n.º 535, de 21 de março de 1929
1929	Professora na Grupo Escolar Serapião	União da Vitória	Decreto n.º 535, de 21 de março de 1929	Decreto n.º 819, de 09 de abril de 1930

ANO	ATIVIDADE	MUNICÍ-PIO(S)	ATO INICIAL	ATO FINAL
1930	Professora na Escola de Aplicação anexa à Escola Normal	Paranaguá	Decreto n.º 819, de 09 de abril de 1930	Decreto n.º 879, de 24 de dezembro de 1930
1931	Professora da Escola para sexo feminino Papagaios Novos	Palmeira	Decreto n.º 879, de 24 de dezembro de 1930	-
1933	Professora na Escola Complementar Primária anexa ao Grupo Escolar Jesuíno Marcondes	Palmeira	Decreto n.º 357, de 10 de fevereiro de 1933	-
1937	Professora na Escola Mista de Mattão das Laranjeiras	Curitiba	-	Decreto n.º 5309
1939	Professora na Escola Isolada	Rebouças	-	-
1943	Professora na Escola Isolda Schimdt	Curitiba	-	-
1943	Professora na Cooperativa dos Ferroviários	Curitiba	-	-
1944	Professora na Escola Regimental do 20º RI	Curitiba	Decreto de 24 de abril de 1944	Decreto de 18 de abril de 1945
1944	Professora na Escola Regimentar do 15º Batalhão	Curitiba	-	-
1944	Professora da Escola do Alto Cajurú	Curitiba	Decreto n.º, de 19 de julho de 1944	-
1946	Professora na Escola Regimental da 5ª Formação de Saúde Regional	Curitiba	Portaria n.º 560, de 10 de abril de 1946	Portaria n.º 840, de 31 de maio de 1946
1946	Professora na Escola de 5ª Formação Sanitária	Curitiba	Decreto de 05 de junho de 1946	Portaria n.º 172, de 18 de abril de 1949

ANO	ATIVIDADE	MUNICÍ-PIO(S)	ATO INICIAL	ATO FINAL
1949	Professora na Escola Regimental do CPOR	Curitiba	Portaria n.º 172, de 18 de abril de 1949	Decreto n.º 2743, de 22 de setembro de 1951
1951	Bibliotecária da Assembleia Legislativa do Paraná	Curitiba	Ato n.º 105, de 29 de janeiro de 1951	-
1955	Chefe da biblioteca da Assembleia Legislativa do Paraná	Curitiba	Ato n.º 421, de 11 de fevereiro de 1955	-
1957	Professora de História no Ginásio Estadual do Portão	Curitiba	Portaria n. 1490 de 16 de abril de 1957	Portaria n.º 3762, de 06 de setembro de 1957
1959	Aposentou-se como funcionária pública na Assembleia Legislativa do Paraná	Curitiba	Decreto n.º 09, de 20 de janeiro de 1959	
?	Colégio Progresso	Curitiba	?	?

Fonte: a autora (2022)

A Figura 28 mostra um mapa atual do estado do Paraná. Nele foram coloridos os municípios onde Nicolas lecionou. O mapa serve como parâmetro de localização dos municípios paranaenses e sua distância em relação à capital. Evidencio o fato de que o espaço geográfico paranaense modificou-se em suas fronteiras municipais desde 1917, quando Nicolas iniciou suas atividades docentes, com a criação de novos municípios. Em razão das distâncias geográficas percorridas por Nicolas entre a capital do Paraná e os diferentes municípios do interior, percebe-se que sua caminhada docente configurou-se por estar sempre na orla, apartada desde o início de sua trajetória dos grupos escolares centrais e de cargos importantes, afinal (bell hooks[91], 2019 [a], p. 23): "Estar na margem é fazer parte de um todo, mas fora do corpo principal".

---

[91] bell hooks possui o nome original de Gloria J. Watkin. A intelectual negra adotou o nome de sua avó e prefere que ele seja grafado em minúsculo.

Figura 28 – Mapa dos municípios do Paraná (2021) em que Maria Nicolas lecionou entre 1917 e 1939

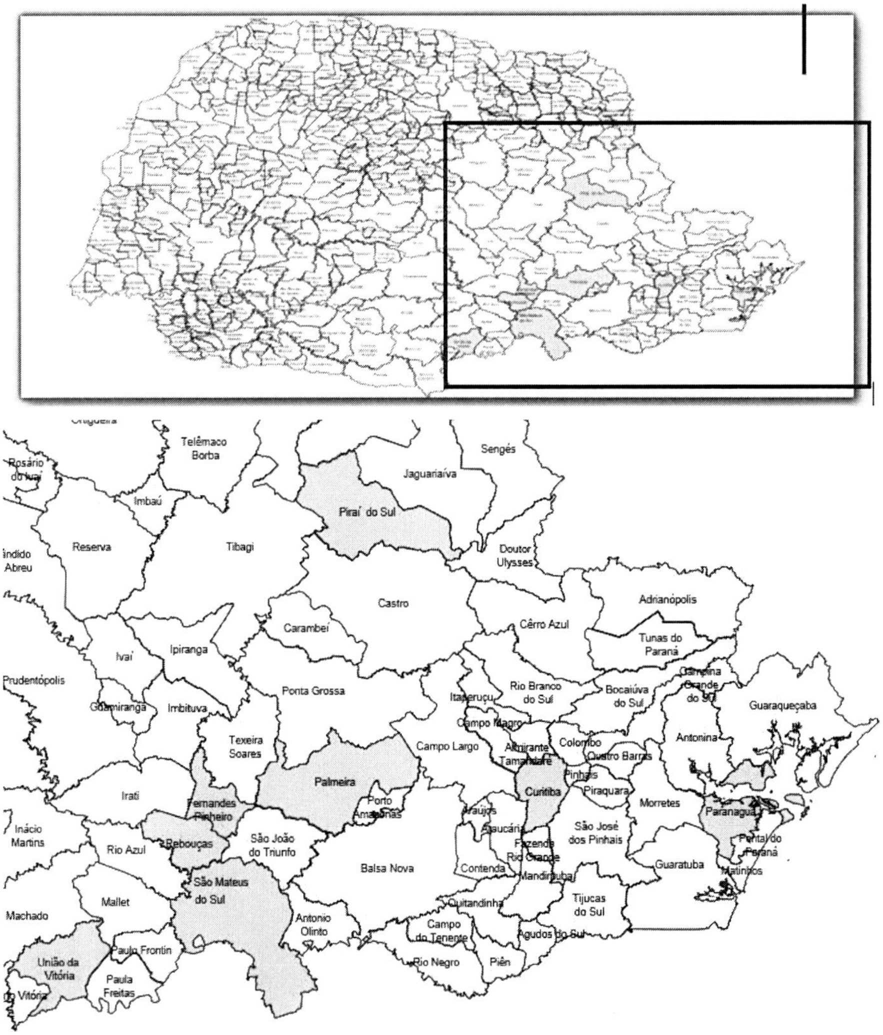

Fonte: elaborada pela autora, com utilização do programa Forest Gis

bell hooks (2019) inicia o prefácio da primeira edição de sua obra *Teoria Feminista – Da margem ao centro* com a descrição das experiências dos habitantes negros de uma pequena cidade dos Estados Unidos que necessitavam deslocar-se para a realização de seu trabalho diário.

Segundo ela, os trilhos da estrada de ferro delimitavam duas realidades opostas: de um lado, locais de moradia e socialização pelos moradores da cidade; do outro lado, os espaços de trabalho, nos quais a população podia atuar e frequentar, mas não habitar. Conforme hooks (2019), ao final de uma jornada diária de trabalho era necessário cruzar os trilhos, retornar à margem para abrigar-se em suas habitações precárias, na periferia da cidade. A autora (2019[a], p. 23) afirma:

> Havia leis para assegurar nosso retorno. Não retornar implicava risco de punição. E por viver como vivíamos – nas extremidades – desenvolvemos um modo particular de enxergar as coisas. Olhávamos tanto de fora para dentro quanto de dentro para fora. Focávamos nossa atenção no centro assim como na margem. Compreendíamos ambos.

A descrição realizada por bell hooks sobre os deslocamentos realizados pelas pessoas daquela pequena cidade de sua infância parece possuir apenas um cunho geográfico, entretanto conotam aspectos simbólicos, pois os trilhos da estrada de ferro separavam dois locais distintos: a margem e o centro.

Ao observar essa dinâmica por espectro mais amplo, com uma reflexão sobre as questões raciais e econômicas subjacentes àquela região, há uma justificativa para a forma pelo qual isso ocorria, transcendendo razões meramente geográficas e respondendo a um determinado ordenamento social.

Compreender as razões pelas quais fizeram Nicolas transferir-se de uma escola para outra ou de um município para outro durante seu percurso pelo magistério público será sempre uma ação limitada. Primeiro porque, em alguns casos, ela não deixou registradas as motivações de tal intento. Segundo porque, nos casos em que há o registro que justificava a mudança, esse é sempre parcial, pois considera-se que tais decisões são oriundas de uma multiplicidade de fatores que, por sua vez, fizeram-na, em algumas situações, deslocar-se tanto no sentido geográfico quanto no sentido sociológico, do centro para a margem.

Suas incursões pelas cidades do interior paranaense podem estar associadas a uma forma de estar no local onde se sentia mais à vontade, como se estivesse à procura do conforto de seu "lar". Mesmo à margem da capital paranaense, o interior seria um espaço de pertencimento em que podia agir com naturalidade, desenvolvendo suas potencialidades, uma vez que havia, desde o tempo escolar, diversas situações de hostilidade em relação a ela, o que gerava um sentimento de inadequação social por ser uma mulher negra e pobre. Esse fato, porventura, justifica seu pedido inicial de lecionar fora de Curitiba, pela percepção de não pertencer ao grupo das mulheres brancas e abastadas da capital.

Todavia, nascida e crescida no centro geográfico, mas vivendo à margem dos centros social e cultural, o olhar de Nicolas enquadra-se na posição vivenciada por bell hooks (2019 [a], p. 23), cujo ponto de vista era "tanto de fora para dentro quanto de dentro para fora". Esse olhar fazia Nicolas contestar as imposições que lhe eram feitas durante sua atuação docente. Por isso as divergências eram potencializadas por um contexto em que o racismo, o colorismo e as ideias eugênicas sobrelevavam-se nas relações sociais, colidindo para o que Lima (2019) denomina de *"habitus negro"*. Segundo o autor,

> [...] o *habitus negro* possui uma característica própria, que, infelizmente, na maior parte do tempo, continua sendo de uma lógica de sofrimento, de opressão e de morte. Entretanto, essa mesma lógica sempre foi, concomitantemente, de luta, de resistência, de percepção de si mesmo e de sua força. (LIMA, 2019, p. 20, grifo do autor).

Ao adentrar a Escola Normal e, posteriormente, ao tornar-se normalista, Maria Nicolas aproxima-se do centro, transita em um lugar que não estava predestinado a uma mulher negra. É como se ela ultrapassasse os "trilhos" e violasse as regras da "cordialidade racial", como menciona Sales Junior (2006, p. 254):

> A cordialidade e o não-dito se revestem de um caráter quase mensurável, valendo como indicação do grau de hegemonia de que dispõe um grupo dominante. O Estado possui, então, um papel ético-moral associado à sua crescente capacidade de realizar 'assimilações' em todos os grupos sociais, por meio de uma atividade formativa e cultural. Porém, não sem tensões, resistências, transações, deslocamentos, transformações.

Mesmo com fatores positivos associados à condição feminina na atuação professoral, dadas as limitações de escolarização da população negra, "habitar" uma cátedra não era o usual para uma mulher negra e pobre. Por vezes, os desajustes de ordem social que marcam a trajetória docente de Nicolas revelam um simbolismo das situações raciais que mediavam suas relações sociais. De modo velado, suas andanças pelas diferentes escolas comunicam que ela estava no local "errado". Nicolas deveria retornar para a periferia, já que o capital cultural que o diploma de normalista conferia-lhe era insuficiente para dar-lhe uma posição central na docência, tanto a permanência em um grupo escolar importante como o de Julia Wanderley quanto em assumir alguma posição administrativa na educação pública paranaense.

O não reconhecimento simbólico por parte de seus pares durante sua atuação como professora normalista está atrelado à ausência de capitais social e econômico, nos termos de Bourdieu (2017). Tanto que, durante o episódio de incompatibilidade às determinações do inspetor escolar de Piraí do Sul, Maria Nicolas desejava-lhe fazer um enfrentamento. Na ocasião, outra professora, que com ela morava, aconselhou-a: "Maria, você já viu a corda rebentar do lado mais forte? Você tem razão de sobra, mas ele é o promotor, já bem relacionado. Você é nova e a corda sempre parte do lado mais fraco. Não faça o que ia fazer sou eu quem lhe pede" (NICOLAS, [19--]b, p. 57).

Ao interpelar Maria Nicolas para não reagir às determinações do inspetor escolar local de Piraí do Sul, sua amiga não apresenta apenas uma série de interrogações, mas comunica uma relação de fatores sociais que fazia Nicolas rever o seu lugar e refletir sobre seu posicionamento, o que, implicitamente, envolvia uma situação de conflito racial. A tomada de consciência por parte de Nicolas emerge para o entendimento de um leque de questões: a hierarquia existente entre o inspetor e a professora; as relações que ele tinha com a comunidade; o patriarcalismo e o tempo em que Nicolas morava naquela cidade. Nesse caso, palavra "nova" não se refere explicitamente à sua idade biológica e, sim, ao quão recente era a sua estadia naquele local, por conseguinte a ausência de capital social. Mesmo que as práticas e as normativas escolares não fossem desconhecidas de Nicolas quanto às suas atribuições como professora normalista, o seu oposto – o fato de morar mais tempo naquele local e exercer a função de inspetor – conferia um grau de poder, de coesão social e de legitimação das crenças construídas socialmente pelos atores daquela comunidade.

Ainda, quando Nicolas vai morar nas cidades do interior paranaense, realiza uma mobilidade social entre o grupo profissional ao qual pertence, mas permanece no mesmo estrato social que denota a sua origem. Tem um ganho simbólico entre o grupo de professoras leigas por possuir o diploma de normalista, porém sua condição de mulher, pobre e negra resulta nessa sensação de "olho mau" que ela própria relata em seu diário. O "olho mau" simboliza os conflitos raciais experienciados por ela, de forma velada ou, em alguns casos, de modo explícito, entre aqueles que a discriminam.

Por mais que procurasse isolar-se dos demais, sendo lotada em escolas distantes, ela não deixa de estabelecer uma relação de interdependência com as pessoas que residiam nas proximidades da escola, com seus colegas de classe ou inspetores escolares. Nas querelas com os inspetores escolares, Nicolas, na condição de normalista, tinha um capital cultural que lhe permitia questionar as imposições feitas, conquanto seu certificado não rompeu o grau de rejeição associado à sua raça, classe e gênero. O aspecto cultural conquistado por Nicolas, pelo valor de superioridade imputado à professora que detinha o diploma de normalista, tinha menor valor diante das trocas simbólicas conferidas aos agentes dotados de capitais social e econômico.

Assim, diversos fatores somam-se para o surgimento de tensões e conflitos associados às condições de classe, gênero e raça. Tanto que, em geral, Maria Nicolas agrega estigmas nos espaços sociais onde circulava, o que lhe propiciava, em diversas situações, uma posição antagônica aos demais. A metáfora do "olho mau" resultava nessa sensação de não pertencimento ao grupo de professoras que eram "aceitas" para exercerem o ofício de normalistas. Nesse contexto, o fator racial estará em órbita junto a outros componentes: o econômico, o social e o de gênero, os quais, somados, dificultavam a sua integração social, ou seja, o seu perfil não estava dentro dos padrões esperados, especialmente ao questionar os mandos masculinos e pelo fato de ser negra.

Patricia Hill Collins (2016), ao pormenorizar a atuação das mulheres negras dentro do movimento feminista, afirma que elas ocupam uma posição de *outsider within*, termo que pode ser traduzido como "forasteira de dentro". Na percepção de Collins, ao mesmo tempo em que as mulheres negras pertencem àquele espaço de discussão enquanto mulheres e buscam uma atuação política, quando o movimento não observa suas reinvindicações, elas são tratadas como "uma de fora" (RIBEIRO, 2020).

Collins (2016), em *Aprendendo com o outsider within: a significação sociológica do pensamento feminista negro*, realiza uma reflexão sobre o pertencimento da mulher negra nos espaços acadêmicos. Mesmo em um contexto de tempo e espaço totalmente diverso à análise realizada por Collins (2016), por fim, resume-se que é possível apropriar-se do conceito de *outsider within* para denominar a atuação de Maria Nicolas no magistério público. Nessa percepção, o título de normalista inseria-a naquele grupo, selava o seu pertencimento, contudo o modo como era vista e tratada fazia-a estar sempre à margem, ou seja, Maria Nicolas atuou no magistério público paranaense como uma "forasteira de dentro".

4.3 ROTEIROS DE MARIA NICOLAS: PRODUÇÃO LITERÁRIA INICIAL

> PERTENCER
> Do latim *pertinescere*
> "se dispor a ser parte de",
> "parte do domínio de algo",
> "em algum lugar caber"
> Isso explica que ser parte ameaça o inteiro
> Este ser que não pertence e não tente pertencer
> Prioriza ser inteira contra a ideia de ser parte
> Aliada às suas raízes, tece seu próprio lugar.
> (NASCIMENTO, 2021, p. 36, grifo da autora).

Se nas décadas iniciais do século XX os preconceitos raciais estavam pautados na teoria eugênica, a vertente da democracia racial[92] substituirá tais pressupostos durante os anos que seguem, após a década de 1930. De acordo com essa visão, no Brasil não existia discriminação racial, pois todos se encontravam no mesmo patamar de cidadania.

O discurso da democracia racial tornou-se elemento da identidade brasileira e buscava minimizar os conflitos baseados na raça com a afirmação de que o branco, o negro e o índio contribuíram para o engrandecimento do Brasil com suas heranças culturais; isso, em paralelo ao cruzamento racial, gerou um povo sem preconceito (MUNANGA, 2020). Todavia, em complemento às colocações de Munanga (2020) e Gonzalez (2020), Almeida (2021, p. 179) salienta:

> Para entender a força desta ideia inserida no debate nacional com a obra de Gilberto Freyre, é fundamental que se entenda que a democracia racial não se refere apenas a questões de ordem moral. Trata-se de um esquema muito mais complexo, que envolve a reorganização de estratégias de dominação política, econômica e racial adaptadas a circunstâncias históricas específicas.

Nesse contexto, concomitantemente às atividades do magistério, Nicolas estreia sua carreira como escritora, publicando pequenas crônicas no jornal *Diario da Tarde*, sob o pseudônimo de Lamaris. Há várias razões

---

[92] Sobre o mito da democracia racial, Gonzalez (2020) complementa que: "[...] [o] mito da democracia racial enquanto modo de representação/discurso que encobre a trágica realidade vivida pelo negro no Brasil. Na medida em que somos todos iguais perante a lei, que o negro é 'um cidadão igual aos outros' graças a Lei áurea, nosso país é o grande exemplo da harmonia inter-racial a ser seguido por aqueles em que a discriminação racial é declarada. Com isso, o grupo racial dominante justifica sua indiferença e sua ignorância em relação ao grupo negro. Se o negro não ascendeu socialmente e se não participa com maior efetividade nos processos políticos, sociais, econômicos e culturais, o único culpado é ele próprio. Dadas as suas características de 'preguiça', 'irresponsabilidade', 'alcoolismo' etc., ele só pode desempenhar, naturalmente, os papéis mais inferiores" (GONZALEZ, 2020, p. 189).

para que uma/um escritora/or opte pela aquisição de um pseudônimo em suas publicações. No caso de Nicolas, ela não faz menção em seus registros acerca dessa decisão. No entanto pode-se presumir que, depois de sua caminhada no magistério público, na qual o "olho mau" acompanhava-a, a omissão de sua identidade camuflaria sua origem étnica e de gênero no sentido de elidir preconceitos e alcançar um público maior. Com o mesmo intuito, pelas barreiras impostas à autopublicação de mulheres na época, adota o perfil masculino, com o uso do anagrama de Maria (Lamaris).

Importante evidenciar que existiam, inclusive, obstáculos previstos em lei sobre a atuação da mulher fora do ambiente doméstico. O Código Civil aprovado pela Lei n.º 3.071, de 1º de janeiro de 1916, considerava, em seu artigo sexto, que as mulheres casadas eram incapazes a certos atos ou a maneira de exercê-los. No título II, dos efeitos jurídicos do casamento, no capítulo II, que trata dos direitos e dos deveres do marido, inscreve-se que ele tinha o controle do exercício profissional de sua esposa, cuja autorização de trabalhar "fora do tecto conjugal" ocorria de acordo com a anuência do cônjuge masculino. Ainda, no capítulo III, que dispõe sobre os direitos e deveres da mulher, o artigo 242 reforçava tal proposição: "Art. 242 A mulher não pode, sem autorização do marido: VII. Exercer profissão" (BRASIL, DOU, on-line, s/p). Embora Nicolas não fosse casada quando iniciou sua atuação no meio literário, ela sofre, por ser mulher, os efeitos simbólicos da dominância masculina, presente na sociedade e assentada legalmente como reflexo no código civil.[93]

Sobre as crônicas publicadas por Lamaris, elas têm temática variada e, desde o primeiro texto, os relatos de situações em sala de aula estão presentes. Possivelmente, muitas dessas histórias publicadas faziam parte do repertório de vivência de Nicolas ou de pessoas de seu convívio, notadamente quando ela morava no interior do Paraná, como é o caso da publicação de estreia, intitulada "Saudades de outrora":

> Longe do bulicio da cidade é que conheci o brasileiro authentico.
> Lá senti a verdade do verso:
> Brasil verdadeiro
> É lá no sertão,
> Brasil bem brasileiro
> Que trago no coração.
> Meu gênio folgazão fez-me acostumar em breve.
> Seu fessô era figura conspiqua em todas as festividades.

---

[93] O Código Civil aprovado pela Lei n.º 3.071, de 1º de janeiro de 1916, foi revogado pela Lei n.º 10.406, de 2002 (BRASIL, on-line). Disponível em: http://www.planalto.gov.br/ccivil_03/leis/l3071.htm. Acesso em: 17 jan. 2022.

Cheguei a considerar-me o mais feliz mortal; eu era o cérebro daquela gente rude. Além de professor era ainda juiz, medico, capelão, que sei lá? (LAMARIS, 1934[a], p. 1).

Nicolas publicou um total de 87 crônicas no período de maio de 1934 a fevereiro de 1935, no jornal *Diario da Tarde*. Desse montante numérico, 12 estão diretamente relacionadas a ocorrências em sala de aula, outras 12 têm um caráter autobiográfico e as demais são fatos que têm como tema principal o relacionamento entre família, casais e atos do cotidiano, como uma trivial conversa entre amigos em um restaurante.

Em uma de suas crônicas, o texto assemelha-se mais a um artigo de opinião, no qual Maria Nicolas, utilizando-se da voz masculina do seu pseudônimo Lamaris, expõe seu posicionamento político:

> LAMARIS, INTEGRALISTA
> Como brasileiro e pertencendo a nobre missão de educador, acho que todos que se dedicam ao mesmo fim, deviam se aliar aos integralistas.
> Sempre, em minha classe, tenho pregado, que a grandeza do Brasil depende de ser "uno" de norte a sul, de leste a oeste.
> O integralismo vem de acordo á minha pobre e fraca idéa.
> Quanto anseio pelo dia que possamos dizer, mesmo gritar, bem alto: SOMOS LIVRES E INDEPENDENTES, o que hoje não podemos fazer.
> Collegas de classe, estudai e procurai reforçar as idéas que serão o nosso guia para nossa liberdade e por conseguinte, para a felicidade geral da nação.
> Brasileiros, colegas, meditai e depois trilhemos o caminho para integralização do nosso mui amado Brasil. (LAMARIS, 1934[b], p. 4).

Nos artigos que se seguem no periódico *Diario da Tarde*, Nicolas faz mais uma menção sobre a ação integralista[94] e, na sequência, silencia sua opinião sobre aspectos político-ideológico. Os dois artigos foram publicados em 22 e 25 de

---

[94] A Ação Integralista Brasileira (AIB), movimento de inspiração fascista mais importante organizado no Brasil, fundado por Plínio Salgado, em 1932, tornou-se o primeiro partido nacional com uma organização de massa implantada em todo o país. Vai do lançamento do Manifesto Integralista de 1932 até a sua dissolução por Vargas, durante o Estado Novo, em dezembro de 1937. Nasceu numa fase de ascensão das ideias autoritárias de direita, a partir do marco político estabelecido pela Revolução de 1930. O integralismo atribuía muita importância aos símbolos. Entre eles, o principal era a letra grega sigma maiúsculo, que pretendia simbolizar a ideia de que o movimento aspirava a ser um "somatório". Esse símbolo principal encontrava-se gravado na bandeira e em todos os emblemas integralistas. O movimento evidenciava a ênfase dada a certos valores, tendo como emblema "Deus, Pátria e Família". A saudação entre militantes era feita com o braço direito levantado, como nos fascismos europeus. O gesto era acompanhado de uma palavra de origem indígena, "Anauê!", que significa, na língua tupi, um grito de guerra ou uma saudação ("Cocê é meu parente!") (FGV/CPDOC, [200?], s/p).

setembro, respectivamente, período de agitação política decorrente da eleição de Getúlio Vargas para presidente do Brasil, realizada poucos meses antes, que ocorreu pelo voto indireto da Assembleia Nacional Constituinte, no mês de julho.

O posicionamento de Nicolas como integralista coincide com o acirramento ideológico entre antifascistas e integralistas, que culminou com o conflito ocorrido no evento comemorativo de dois anos do Manifesto Integralista, na Praça da Sé, em São Paulo, em 7 de outubro de 1934. Também se associa a aproximação das eleições gerais para a Assembleia Constituinte dos estados e para a Câmara do Distrito Federal, que aconteceu em 14 de outubro de 1934, quando Maria Nicolas votou pela primeira vez.

Figura 29 – Maria Nicolas no dia da eleição (1934)

Fonte: acervo familiar de Antonio Carlos Zotto

Pelos artigos publicados no jornal *Diario da Tarde* e pelo comentário registrado por Nicolas abaixo de suas fotografias (Figura 29), percebe-se a importância do dia de sua primeira votação e o interesse pela política partidária, mas ela neutraliza-se de tais discussões nos anos posteriores. O silenciamento de Nicolas pode ser uma estratégia oriunda de hostilidades aos simpatizantes ou integrantes do movimento integralista, especialmente após a sua dissolução, em 1937.

Nicolas, já em uma fase madura, sabia qual era o seu lugar de falar ou calar-se. Na figura 29, é perceptível uma mudança de postura corporal de Nicolas, que se mostra descontraída, em ambiente externo, olhando para a câmera, demonstrando não se intimidar com o objeto fotográfico.

Sobre a presença de pessoas negras no movimento integralista, Fabiola Maciel Corrêa (2019, p. 64), ao estudar a trajetória intelectual de Abdias do Nascimento (1914-2011), um integrante ativo da Ação Integralista Brasileira (AIB), elucida:

> [...] a aproximação de intelectuais negros na AIB esteja relacionada à ideia de formação de uma sociedade com lugares reservados para as diversas raças. Porém, a defesa de miscigenação promovida pela AIB apresentava o discurso racista do branqueamento da população, pois o sentido de raça empregado estava relacionado aos interesses da nação que se propunham a constituir.

Após a participação no periódico *Diario da Tarde*, mesmo com uma produção significativa de crônicas publicadas como Lamaris, Nicolas demonstra sentir-se insegura diante da opinião das outras pessoas acerca de seus escritos. Como uma estratégia de obter a aprovação, ela submetia seus escritos à análise de seus ex-professores da Escola Normal: Hugo Gutierrez Simas (1883-1941),[95] Francisco de Azevedo Macedo (1872-1955)[96]

---

[95] Hugo Gutierrez Simas (1883-1941) nasceu em Paranaguá. Era filho do farmacêutico Fernando Simas e de Helena Gutierrez Simas. Diplomou-se em Farmácia e em Direito, no Rio de Janeiro. Foi escriturário da Estrada de Ferro Central do Brasil; preparador de História Natural, no Internato do Colégio Pedro II; promotor público em Antonina, Palmeira e Rio Negro; lente de Português e Pedagogia da Escola Normal, e de Lógica, História da Literatura, Filosofia e História Natural do Ginásio Paranaense; e deputado do Congresso Legislativo do estado. Também exercia a profissão de jornalista no *Diario da Tarde* e no *Comércio do Paraná*. Pertenceu ao Centro de Letras do Paraná e à Academia Paranaense de Letras (NICOLAS, 1969).

[96] Francisco de Azevedo Macedo (1872-1955) nasceu em Campo Largo - PR. Diplomou-se em Direito pela Faculdade de Direito de São Paulo. Foi procurador fiscal do estado do Paraná; procurador de Justiça; professor e diretor do Ginásio Paranaense e da Escola Normal, da Faculdade de Direito da Universidade do Paraná, e um dos seus fundadores; diretor do ensino e deputado estadual. Foi um dos fundadores da Sociedade de Socorro aos Necessitados e da Ascola Maternal anexa. Colaborou com diversos jornais e escreveu vários livros. Foi o principal autor do Código de Ensino de 1915 (NICOLAS, 1969).

e Sebastião Paraná (1864-1938).[97] Em suas palavras, Nicolas recebia elogios e conselhos dos ex-professores para continuar no caminho das letras. Contudo, apesar do aval, a devolutiva dos docentes não lhe era suficiente (NICOLAS, 1984, p. 3).

> Certo dia, relatei esse pensamento ao amigo Juca Falce,[98] também há muito partido, que me disse:
> – "É muito fácil a senhora saber se os seus trabalhos são verdadeiramente bons ou não. Publique-os que a crítica se encarregará de apontar erros ou falhas, porventura neles existentes".

Seguindo o conselho do amigo, Maria Nicolas dispôs-se a publicar sua primeira obra literária; escolheu o gênero novela, uma vez que, segundo ela, esse tipo de narrativa permitia-lhe usar livremente a sua criatividade. Então editou o texto *Ensaios – E as rosas morreram...* Na introdução do livro, Nicolas deixou explícita a sua intenção:

> Afim de conseguir uma critica tão necessária a quem como eu, é incipiente na arte de escrever, é que lanço este modestíssimo trabalho á publicidade.
> Não fora o desejo de me aperfeiçoar e eu não teria a audácia de publicar este opúsculo.
> Espero que os entendidos notem as falhas ou omissões e m'as apontem.
> Sentir-me-ei imensamente grata.
> A Auctora. (NICOLAS, 1935, s/p).

---

[97] Sebastião Paraná (1864-1938) nasceu em Curitiba. Era filho do capitão Ignácio de Sá Sottomaior. No Rio de Janeiro diplomou-se em Letras. Em Curitiba foi nomeado secretário da Junta Comercial do Paraná. Depois, prestou concurso na Escola Normal e no Ginásio Paranaense, nos quais assumiu a cadeira de lente catedrático de Geografia Geral e Corografia do Brasil. Exerceu, ainda, os cargos de inspetor de ensino; deputado do Congresso Legislativo do estado; suplente do juiz de Direito da capital; diretor da biblioteca pública; lente catedrático da Universidade do Paraná; superintendente do ensino; diretor do ginásio paranaense e da Escola Normal; auxiliar do Arquivo público; professor de colégios particulares no ensino secundário: Partenon, Rio Branco, Progresso e Elisio Viana. Fez parte do Conselho superior do ensino primário do Paraná. Era membro da Loja Maçônica, do Centro de Letras do Paraná, da Academia Paranaense de Letras e de diversos institutos históricos e geográficos. Foi um dos fundadores da Federação Espírita do Paraná (NICOLAS, 1969).

[98] Juca Falce chamava-se Ildefonso Dante Falce (1900-1964) e era filho de Pedro Falce, um dos primeiros agentes funerários de Curitiba, e de Philomena Falce. Ele era irmão de Aristides Falce, comandante da marinha mercante; Dr.ª Odilia Olympia Falce Bicalho, advogada; Prof.ª Dr.ª Maria Falce de Macedo (1897-1972), primeira mulher a matricular-se na Faculdade de Medicina da Universidade do Paraná, na qual também atuou como professora; Inocência Falce (1899-1984), artista plástica e professora substituta na Escola República Argentina. Juca e sua esposa (Erna Falce) eram amigos da Prof.ª Maria Nicolas. Ela frequentava com assiduidade a residência dos Falces (MACEDO, 2021). MACEDO, Diogo Falce de. Ildefonso Dante Falce. [Mensagem pessoal]. Mensagem recebida por: silvanaschuindt@gmail.com. Data: 3 abr. 2021.

Seguindo o seu intuito, após a sua primeira publicação, Maria Nicolas recebe o convite para um encontro com o poeta paranaense Rodrigo Júnior (1887-1964).[99] Dessa amizade surgiu a aproximação com outros escritores e literatos de Curitiba da época. Posteriormente, Nicolas relatou como foi esse primeiro momento: "No ano de 1934, fins, quando fui convidada pelo distinto patrício Curt Freyesleben[100] para ir à casa de Rodrigo Júnior, pois êle desejava falar-me, fiquei surpreendida; temerosa, até – Eu não o conhecia. Que quereria de mim?" (NICOLAS, 1957, p. 12).

Claudecir de Oliveira Rocha (2019), ao estudar a trajetória do poeta Rodrigo Júnior e sua influência no campo literário curitibano, registrou alguns nomes importantes que compõem a primeira rede de sociabilidade de Nicolas no espaço literário:

> Se a primeira geração modernista fez da "Botica do Carvalho" seu quartel general, a geração que se formava no final dos anos 30, Dalton Trevisan, Helena Kolody, Laura Santos, Mary Camargo, Maria Nicolas, Luiza Steudel Iwersen, Hellê Fernandes Veloso, Curt Freyesleben, Leonardo Henke, Colombo de Souza, Heitor Stockler, Durval Borges, Alberico Figueira, E. D. Ferreira, os irmãos Newton e Nilo Sampaio entre outros elegeram o velho sobrado de Rodrigo na Mal. Deodoro como seu quartel general em busca de orientações, avaliações, incentivos e intermediações nos periódicos locais. (ROCHA, 2019, p. 162).

Por meio da participação em reuniões literárias na casa do poeta Rodrigo Júnior, eles desenvolveram uma união recíproca, a partir da qual ele influenciou os primeiros escritos de Nicolas, com críticas, sugestões e até empréstimo de livros para aprimoramento do seu estilo:

---

[99] Rodrigo Júnior (1887-1964) é o pseudônimo de João Baptista Carvalho de Oliveira, poeta curitibano. Realizou seus estudos dos preparatórios no Ginásio Paranaense. Ingressou no Curso Odontológico da Faculdade de Medicina do Rio de Janeiro, contudo, nos anos finais do curso de cirurgião-dentista, não realizou os exames finais. Em 1910, na mesma faculdade, formou-se em Farmácia, estabelecendo-se em Curitiba. Com intenções de abandonar o ofício de boticário, em 1926 começou o curso de Direito, e acabou por bacharelar-se em 1930. Produziu inúmeras obras, entre elas *O feminismo avança – Burleta*, com a colaboração de Maria Nicolas (1937) (VARGAS; HOERNER JÚNIOR; BÓIA, 2011).

[100] Waldemar Curt Freyesleben (1899-1970) nasceu em Curitiba, entretanto passou os anos iniciais de sua infância em Istambul, na Turquia. Em 1916, retornou a Curitiba e estudou com o pintor Alfredo Andersen. De 1920 a 1925 fez vários cursos em São Paulo, Porto Alegre e Rio de Janeiro para aperfeiçoar-se. Realizou diversas exposições pelo Brasil, sendo a sua primeira exposição individual em 1921, em Curitiba. De 1948 a 1968, lecionou na Escola de Música e Belas Artes. Além de pintor e professor, atuou como crítico de arte (ITAÚ, 2017, on-line). Disponível em: http://enciclopedia.itaucultural.org.br/pessoa10177/freyesleben. Acesso em: 25 mar. 2021.

> Ao regressar da cidade maravilhosa, encontrei um bilhete do saudoso "príncipe" dos poetas paranaenses Rodrigo Júnior, grande amigo e incentivador dos literatos paranaenses. Pedia minha presença a sua casa. Embora relutando, minha mãe me fez atender ao seu convite. Feliz ideia, a dele! Disse-me que leu meu livreto e achava que eu tinha queda para a literatura, mas precisava de alguns esclarecimentos, o que ele fez da melhor boa vontade. Fez mais, apesar de ciumento de seus livros, emprestou-me os de Eça de Queiroz e de Coelho Netto que possuía, a fim de que, através da leitura, fosse me corrigindo. (NICOLAS, 1984, p. 4).

Nicolas encontrará em Rodrigo Júnior o principal aporte na orientação de seus trabalhos iniciais, como ela própria menciona. Além das discussões literárias, ele chegou até a ministrar aulas de latim para ela:

> Na verdade, publiquei-o [livro: E as rosas morreram] por estar certa de que encontraria um guia no caminho das letras. E encontrei. Foi Rodrigo Júnior. Dessarte, frequentando a sua casa travei conhecimento com tantos vates patrícios e que como eu, lá iam receber ensinamentos. Chegamos a estudar latim (lembra-se Sr. Rodrigo)? Eramos em quatro: Reinaldo Steudel, Eunice Bond, esta que vos rouba o precioso tempo e, Rodrigo Júnior, o mestre. (O DIA, 1957, p. 12)

Além de Rodrigo Júnior, os escritores Benedicto Nicolau dos Santos (1879-1956)[101] e Francisco Negrão (1871-1937) também a auxiliaram nesse percurso de aperfeiçoamento da escrita, seja com conselhos literários ou com empréstimos de materiais. Esses atos serviram de estímulo e como subsídios para Nicolas continuar a escrever. Essas profícuas relações resultaram na publicação de mais duas novelas: *Tornamos a viver*, em 1936, e *Amor que redime*, em 1938 (NICOLAS, 1984).

---

[101] Benedicto Nicolau dos Santos (1879-1956), poeta, prosador, cronista, teatrólogo e músico curitibano, realizou sua formação no Ginásio Paranaense, na Escola Normal, na Escola de Artes e Ofícios do Paraná e no Conservatório Livre de Darbili, no Rio de Janeiro. Atuou como reformador da grafia musical. Professor de História Geral, Fianças e Sociologia na Academia de Comércio do Paraná. Era funcionário da Fazenda Federal. Pertenceu ao Círculo de Estudos Bandeirantes, na qualidade de fundador; à Academia Brasileira de Música do Rio de Janeiro; ao Centro de Letras do Paraná; ao Instituto de Musicologia de Montevidéu, no Uruguai; e à Academia Paranaense de Letras. Publicou diversas obras, especialmente de teoria musical (NICOLAS, 1969). A discente Daniele Martinez O. Coelho defendeu, em março de 2023, uma dissertação de mestrado intitulada *Música, cultura e educação: a trajetória do intelectual negro Benedicto Nicolau dos Santos (1928-1948)*, na Linha de História e Historiografia da Educação, no Programa de Pós-Graduação em Educação (UFPR), tendo como orientadora Adriana Vaz. Disponível em: https://acervodigital.ufpr.br/bitstream/handle/1884/82858/R%20-%20D%20-%20DANIELE%20MARTINEZ%20DE%20OLIVEIRA%20COELHO.pdf?sequence=1&isAllowed=y. Acesso em: 15 maio de 2023.

O periódico *Diario da Tarde* comentou a estreia de Nicolas no campo literário: "Mas Maria Nicolas, como estreante, faz-nos compreender que, dentro de pouco, com mais experiencia e cultivo literário poderá enfileirar-se com os nossos bons literatos e poderemos então contar com um ótimo elemento para o bom nome das letras do Paraná" (DIARIO DA TARDE, 1936, p. 3).

No intuito de tornar-se um "bom nome das letras do Paraná", Nicolas desenvolveu diversas estratégias, sendo uma delas o contato com pessoas que propiciassem seu avanço cultural e lhe dessem apoio para a divulgação de seus materiais escritos nos periódicos da época. Além da relação literária com o professor Benedicto Nicolau dos Santos (1879-1956), ele tornou-se seu confidente para os momentos difíceis da vida:

> Certa vez que fui ao Rio, [Rio de Janeiro] tive de procurar músicas para satisfazer ao pedido da saudosa amiga d. Amélia Carvalho,[102] em 1935. Na Casa Viúva Guerreiro, [...] palestrando com o proprietário, disse-me, ao saber que eu era paranaense: Em sua terra existe um músico, autor deste trabalho (e apontou para a prateleira. Ali estava Sonometria e Música) que é o maior músico do Brasil. A sua obra é notável! Fiquei sem saber o que dizer, pois nada sabia a respeito do livro e seu autor. Pronunciei algumas palavras concordando com o meu interlocutor, para não ficar de bôca fechada. Assim que regressei, procurei conhecê-lo e privar do seu convívio. Lucrei muito com o incidente que me levou a ter como amigo quem, com suas bondosas palavras e com o dignificante exemplo de seus atos, fortaleceu meu ânimo, reforçando-o com "cimento armado" para enfrentar dissabores consequentes da inveja, da injustiça e da compreensão dos homens... (NICOLAS, 1969, p. 175-176).

Sobre a relação com o escritor Francisco Negrão (1871-1937),[103] observa-se que ele era uma referência para a produção de seus trabalhos, assim como seu amigo. Sobre ele, Nicolas revelou:

> Francisco Negrão, a quem devo a fortaleza de espírito e o ânimo fortificado para as tremendas lutas que temos de sustentar, em nos dedicando à bela, mas ingrata carreira das letras.

---

[102] Amélia Augusta Ribeiro Carvalho de Oliveira (1865-?) é mãe do poeta Rodrigo Júnior.

[103] Francisco Negrão (1871 - 1937) nasceu em S. João da Graciosa, localidade pertencente ao município de Morretes - PR. Trabalhou na Alfândega de Paranaguá. É reconhecido como um historiador leigo, o qual destaca-se as seguintes obras: *Genealogia paranaense, A viagem de D. Pedro II ao Paraná, Memória sobre a Sta. Casa de Misericórdia de Curitiba* e *Memória histórica paranaense*. Era membro do Instituto Histórico e Geográfico do Ceará, do Mato Grosso, do de Amazonas, do de Sta. Catarina e do Paraná; da Academia Paranaense de Letras e do Centro de Letras do Paraná. (NICOLAS, 1969).

> A êle, pois, aqui fica a expressão do grande reconhecimento que lhe devo pelos salutares conselhos. (NICOLAS, 1969, p. 239).

Após publicar sua primeira novela, Nicolas, apesar de considerar o estilo de escrita dos livros didáticos "[…] 'pesado e medido' ao passo que nas novelas o que conta é deixar a imaginação voar…" (NICOLAS, 1984, p. 4), iniciou a produção do gênero com o qual tinha relação direta por sua trajetória de normalista. Publicou as seguintes obras: *Porque me orgulho da minha gente…*, em 1936, e *Meus apontamentos: ensino de verbos: 3 e 4 anos*, em 1937. Sobre a relação do magistério com a literatura, ela ponderou:

> Tudo o que eu escrevi, foi uma colaboração ao ensino. Como professora e mesmo quando estudante, sempre senti uma certa dificuldade em encontrar referências sobre algumas áreas da vida paranaense. Em função das pesquisas que era obrigada a fazer, nasceu a ideia de ordená-las de modo a servir para todas as pessoas que necessitassem. Nunca fui egoísta. Se eu tive o trabalho de encontrar os dados que procurava, o meu esforço deveria também servir para os outros. E assim foram nascendo os meus livros. (DIARIO DO PARANÁ, 1972, p. 5).

A autora compartilhava sua experiência pedagógica por intermédio de sua produção de livros didáticos. Segundo seu relato, a escrita desse gênero surgiu no intuito de preencher lacunas ocasionadas pela carência de materiais à época. O primeiro título de seu livro foi *Porque me ufano de minha gente…*[104] que, na sequência, modificou-se para *Porque me orgulho de minha gente…*, em 1936. O título da obra reflete o contexto histórico da época, marcado pelas ideias nacionalistas.

Sobre a razão do livro, Nicolas enfatiza a carência de materiais de pesquisa sobre personalidades importantes na época em que lecionava, por isso: "esforçando-me por, no exercício do magistério, seguir à risca o programa de ensino, sempre lutei com dificuldades nas lições de civismo, na parte referente a traços biográficos" (NICOLAS, 1936, s/p).

---

[104] Não há uma fonte que apresente a justificativa para a mudança do título do livro de Maria Nicolas de *Porque me ufano de minha gente…* para *Porque me orgulho de minha gente…* Supõe-se que essa mudança foi realizada em virtude da semelhança do título do livro de Nicolas com a obra de Affonso Celso, intitulada *Porque me ufano do meu paiz*, de 1900. Ainda, levanta-se a hipótese de que Maria Nicolas tenha lido o livro de Affonso Celso durante o período em que era estudante, uma vez que ele foi adotado como leitura obrigatória nas escolas secundárias brasileiras. Segundo Maria Helena Câmara Bastos (2002, p. 1-2), o livro de Affonso Celso tornou-se "[…] uma verdadeira cartilha de nacionalidade, com função moralizadora e intenção educativa, cívica, patriótica e social, um pequeno manual de educação cívica. Sua obra não é um exemplo isolado, insere-se na extensa produção de manuais de 'história pátria' que circularam nas primeiras décadas do século XX, com a função de fortalecer a identidade nacional".

Figura 30 – Capa do livro *Porque me orgulho de minha gente...* – Maria Nicolas (1936)

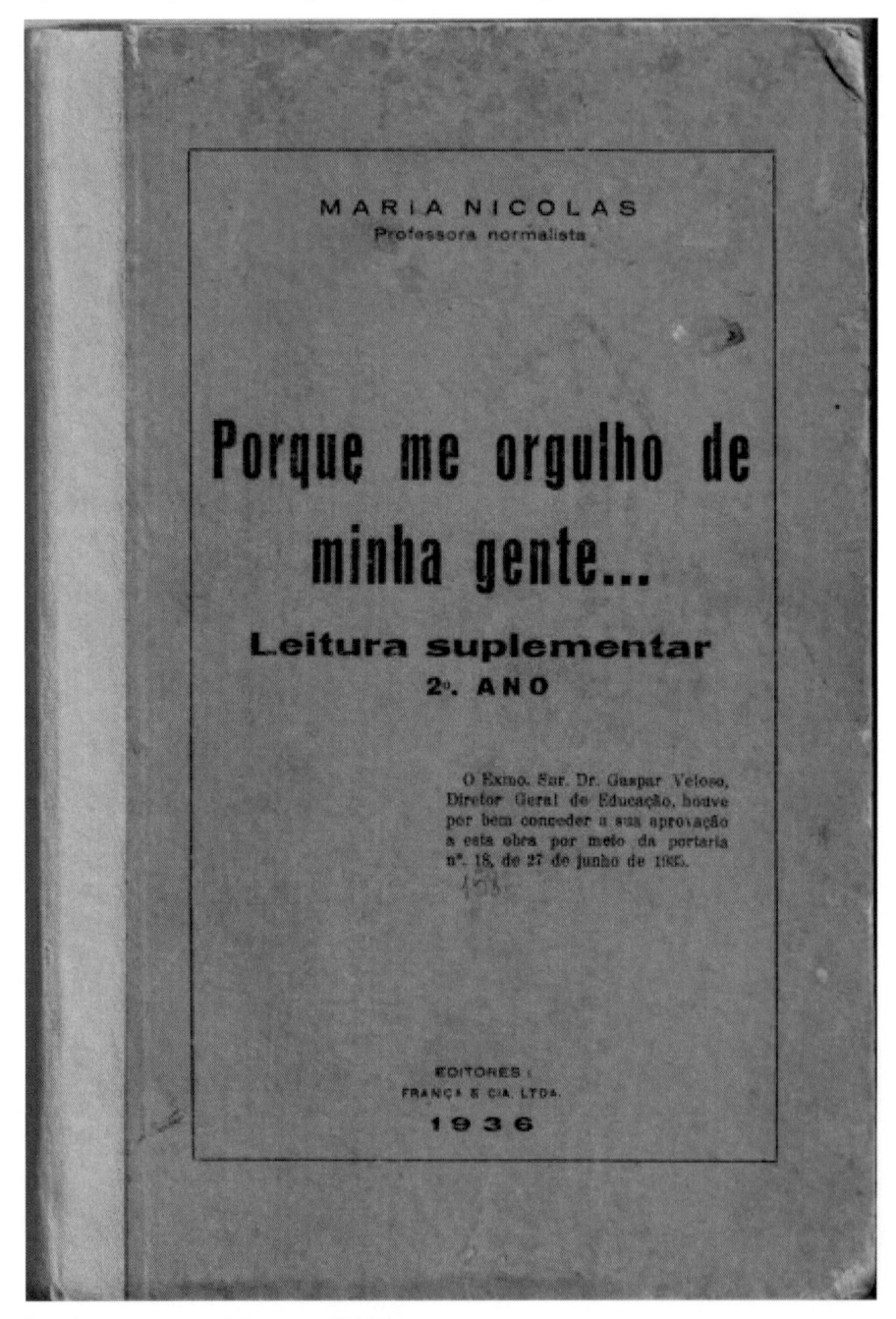

MARIA NICOLAS
Professora normalista

Porque me orgulho de minha gente...

Leitura suplementar
2º. ANO

O Exmo. Snr. Dr. Gaspar Veloso, Diretor Geral de Educação, houve por bem conceder a sua aprovação a esta obra por meio da portaria nº. 18, de 27 de junho de 1935.

EDITORES:
FRANÇA E CIA. LTDA.
1936

Fonte: acervo pessoal da autora (2022)

Na capa do livro *Porque me orgulho de minha gente...*, abaixo do nome da autora aparece a sua titulação de professora normalista, o que outorga e produz reconhecimento pelo efeito estatutário e simbólico que seu diploma tinha, e enseja, igualmente, uma valorização na própria obra no momento de sua publicação. Após o título há uma dedicatória ao diretor-geral da Educação e a portaria de aprovação da obra ao ensino público, que legítima o valor do material.

O livro *Porque me orgulho de minha gente...* é dedicado aos professores de Maria Nicolas: Elisa França Bittencourt, Fernando Moreira, Rita Estrella Moreira, Anna Marques Guimarães e Julia Wanderley. Da mesma forma, personalidades políticas são homenageadas, a saber: Manoel Ribas, governador do estado; Eurípedes G. do Nascimento, secretário da pasta denominada Interior, Justiça e Instrução Pública; Angelo Lopes, secretário de Obras Públicas; Gaspar Velozo, diretor-geral de Educação, e Lothario Meisner, prefeito de Curitiba.

Em sua organização, o livro está dividido em 36 capítulos e, com exceção do primeiro, que é dedicado à bandeira nacional, os demais fazem tributo a alguma personalidade pública, entre elas, duas mulheres: Elvira Faria Paraná e Annita Garibaldi. Os demais biografados são figuras masculinas.[105] Após a biografia de cada uma das 35 pessoas agraciadas na obra, há um texto complementar que, em geral, é de autoria do próprio biografado; à exceção de Alberto Santos Dumont, João Gualberto, Annita Garibaldi e coronel Dulcídio.

Quanto à naturalidade das/os biografadas/os, 16 são paranaenses, e os outros quatro, embora tenham nascido em outros estados da Federação, tiveram atuação em alguma área da vida pública no Paraná. Todas as pessoas reverenciadas por Nicolas em seu livro já eram falecidas e majoritariamente tinham nascido no século XIX.

Quanto às características das/os personagens selecionadas/os para a composição da obra: em geral, ocuparam cargos políticos, como deputado, ministro, senador, inspetor, governador do estado ou da província, presi-

---

[105] Os homens laureados por Nicolas no livro *Porque me orgulho de minha gente...*, na sequência em que aparecem no livro, são: Ruy Barbosa, João de S. Dias Negrão, Visconde de Taunay, Olavo Bilac, Floriano Peixoto, António da S. Jardim, Casimiro de Abreu, José de Alencar, Leocádio J. Correia, Reinaldo Machado, João Ribeiro, Manoel Eufrasio Correia, Monteiro Tourinho, Alfredo Caetano Munhoz, Generoso Marques, Dias da Rocha Filho, João Gualberto, João Caetano dos Santos, Barão do Rio Branco, Emiliano Pernetta, José do Patrocínio, Albino Silva, João José Pedrosa, D. Pedro II, Gonçalves Dias, José Bonifácio, Emilio de Menezes, Vicente Machado, Barão do Serro Azul, Rocha Pombo, Coronel Dulcídio e Brasílio Itiberê da Cunha (NICOLAS, 1936).

dente e imperador do Brasil, como é o caso do Marechal Floriano Peixoto e D. Pedro II, respectivamente. Muitos deles tiveram alguma ligação com as áreas artística e literária, como o poeta e filólogo João Ribeiro, o escritor e ator teatral João Caetano dos Santos, os poetas Gonçalves Dias, Casimiro de Abreu, Emilio de Menezes e Olavo Bilac, entre outros. Igualmente, é notável a presença de militares entre "a gente" de Nicolas, e, em sua maioria, as/os biografadas/os tiveram formação superior, sendo, portanto, de famílias abastadas. Contudo Nicolas evidencia a classe social e as dificuldades de Albino Silva e José do Patrocínio para estudar, sendo o último de origem afro-brasileira. Todos possuem uma fotografia de seus rostos em preto e branco ilustrando o texto inicial de cada capítulo.

A estrutura textual do biografado segue um modelo descritivo: contém dados elementares, como datas de nascimento e falecimento, filiação, naturalidade, formação escolar, atividades profissionais exercidas, áreas de atuação e adjetivos que enaltecem os feitos individuais de cada um deles, bem como sua contribuição para o engrandecimento cívico da pátria.

Como Nicolas escreveu o livro *Porque me orgulho de minha gente...* para ser utilizado em sala de aula, no sentido de as/os selecionadas/os serem vistas/os como modelos, a autora da obra evidencia as qualidades estudantis da maioria deles, assim como valoriza os que atuaram como professores.

Quanto aos textos complementares encontrados em cada capítulo, corroboram o civismo com ensinamentos que ovacionam a pátria; por exemplo, o artigo de Generoso Marques, intitulado "Em honra dos voluntários da pátria, canção do exílio", de Casimiro de Abreu, ou "A nova Guaíra", de Monteiro Tourinho. Os escritos constituem-se em verso ou prosa.

Quanto às mulheres homenageadas na obra de Nicolas, Elvira Faria Paraná é a primeira delas, louvada pelos seus feitos na educação primária paranaense. Consta sua formação na Escola Normal, sua atuação como professora normalista, as núpcias com Sebastião Paraná e sua contribuição à educação cívica:

> Espontaneamente comemorava as datas nacionais.
> Realizava sessões cívicas com muito entusiasmo e patriotismo.
> Oxalá, em cada turma de professorandas, encontrássemos algumas como Elvira Paraná! O Brasil seria outro, porque ainda carecemos de muita instrução cívica, infelizmente. (NICOLAS, 1936, p. 11).

Talvez Nicolas desejasse prestar uma homenagem ao seu ex-professor Sebastião Paraná, apreciador de sua escrita mais do que da própria Elvira

Paraná. No entanto, como ela já era falecida, decidiu por homenageá-la. O artigo que acompanha a biografia de Elvira Faria Paraná é nomeado de *A mulher*, de autoria da própria biografada. Em sua composição, o texto de Elvira Faria Paraná visa enfatizar a importância da instrução para as mulheres em sua atuação materna ou social.

> Em suma, é necessário que a mulher adquira noções claras de todos os conhecimentos humanos.
> Só assim as nações serão grandes e felizes, visto como o desenvolvimento material, a expansão económica, dependem da cultura racional da mulher, em cujo regaços se formam os bons ou os máus elementos que constituem as forças dos estados. (PARANÁ, 1936, p. 12-13).

Sobre o texto dedicado a Annita Garibaldi, sua biografia apresenta como elemento central seus feitos ao lado do esposo Garibaldi, na Revolução Farroupilha e no processo de unificação da Itália. O texto que acompanha a biografia de Annita Garibaldi é de autoria de Basílio de Magalhães, que expõe, por meio de um poema, o papel e o caráter civilizador da escola.

Sobre Joana D'Arc, notei, no texto de autoria de Alfredo Caetano Munhoz, o enaltecimento de seu amor à pátria francesa, seu dístico de heroína e o momento dramático de sua morte na fogueira. É provável que Nicolas desejasse homenagear também os franceses em virtude da sua genealogia paterna.

O primeiro livro didático de Nicolas *Porque me orgulho de minha gente...* foi indicado para ser adotado nas instituições de ensino do Paraná por meio da Portaria n.º 158, de 21 de junho de 1935. No entanto a obra não chegou a ser difundida pelas escolas paranaenses.

> O Director Geral da Instrucção Publica, tendo em vista o parecer lavrado pela Commissão Technica composta das professoras Julia Wekerlin Costa Lôbo, Gelvira Cordeiro Pacheco e Maria da Luz Cordeiro Xavier, diretoras de grupos escolares da Capital, relativamente ao trabalho didactico "Porque me ufano da minha gente", da autoria da professora Maria Nicolas Zotto, resolve mandal-o adoptar como leitura supplementar nos cursos de instrucção primaria do Estado. Diretoria Geral da Instrucção Publica, em 27 de junho de 1935. (a) Gaspar Velloso. (PARANÁ, DOE n.º 1185, 1935, p. 2).

Ao perceber que, mesmo com a chancela de uma portaria do diretor--geral da Instrução Pública o material produzido não atingiria os objetivos almejados, Nicolas buscou desenvolver diferentes estratégias para obter o que desejava, como a busca de auxílio aos legisladores públicos, que emitiram o seguinte parecer:

> Parecer n. 29
> A professora normalista D. Maria Nicolas, alegando ter escripto um livro didactico de educação cívica, para o curso primario, sob a epigraphe "Porque me ufano de minha gente", o qual foi aprovado pelo sr. Diretor Geral do Ensino deste Estado, apella para esta Assembléia no sentido de ser autorizado o governo a adquirir 500 exemplares da referida obra, á razão de 5$000 cada exemplar, a título de auxílio para edição da mesma, visto não dispor a requerente de recursos suficientes para esse fim.
> Nada temos a oppor, quanto ao aspecto legal, que impela o deferimento do pedido, a respeito de cuja conveniência dirá a Commissão de Finanças e Orçamento, por se tratar de matéria que acarreta ônus para o Thesouro do Estado.
> Sala das Commissões, em 12 de Agosto de 1935.
> Oscar Borges, Presidente.
> Laertes Munhoz. Relator.
> Brasil Pinheiro Machado. (O DIA, 1935, p. 3).

Embora os emissores do parecer apresentado não se opusessem à aquisição desse material didático, eximiam-se do pedido de Nicolas ao transferir a petição para a Comissão de Finanças e Orçamento. Nicolas tinha intenção de produzir o mesmo livro com conteúdo para a série subsequente, o 3º ano, mas, possivelmente pelos entraves burocráticos e sabendo que mesmo empreendendo esforços seu material não seria adquirido pelo Estado, ela desistiu da produção do segundo volume, que já se encontrava em construção.

Além da busca de apoio junto ao poder público na aquisição e na divulgação de seu livro didático, Nicolas empreendeu outros esforços. Por já possuir uma pequena malha de relacionamentos junto à imprensa, artigos evidenciando o conteúdo do livro foram veiculado em diferentes periódicos da época. Nota-se que os autores desses textos são pessoas pertencentes ao círculo de convivência de Nicolas, especialmente aquelas que frequentavam as reuniões literárias na casa do poeta Rodrigo Júnior.

Os eventos sociais ocorrem como uma estratégia na ampliação de capital social e formação de alianças. No caso de Nicolas, havia uma reciprocidade na divulgação dos escritos das pessoas que pertenciam àquele espaço. Nicolas não se furta desse procedimento, envolve-se em eventos sociais, como a participação no jantar oferecido em homenagem ao jornalista Mauricio Simões, na capital federal:

> Homenagens
> Promovido pela colônia paranaense do Rio de Janeiro, e sob o patrocinio do Centro Paranaense, realizou-se, nesta capital, no restaurante do "Jornal do Commercio", o jantar em homenagem ao jornalista dr. Mauricio Simões, nosso confrade de "A Nota" e "A Patria", onde exerce o cargo de redactor-secretario.
> Estiveram presentes, os srs.: Comandante Tancredo de Alcantara Gomes, commendador Maximiano Faria. Dr. Campos Mello, deputado Couto Pereira, **professora Maria Nicolas,** professor Leoncio Corrêa, dr. Nestor Victor Filho, Newton Sampaio (representante da imprensa paranaense), Waldreck Junior, dr. Bubusky, Renato Rocha, coronel Julio Gaertner, jornalista João de Deus Falcão, e fizeram-se representar por outras pessoas de destaque nos meios da colônia paranaense do Rio e dos jornaes desta capital.
> O jantar decorreu num ambiente de grande animação e sinceridade. Em nome das pessoas presentes, usou da palavra o medico dr. Campos Mello, que, em rápidas palavras, traçou o relevo da personalidade de Mauricio Simões, que, em seguida, respondeu agradecendo a homenagem que lhe prestavam (DIARIO DA NOITE [RJ], 1936, p. 4, grifo meu).

Entre os convidados para o jantar é evidente que havia outras mulheres, especialmente como acompanhantes. Contudo, ao realizar a nota no jornal, percebe-se que o nome de Maria Nicolas é o único do gênero feminino a ser mencionado. Pelas patentes e pelos seus respectivos possuidores podemos inferir que, ao adentrar um espaço majoritariamente masculino e de pessoas de uma determinada classe social, como é o caso da imprensa da época, Nicolas, assim como ocorreu no momento de sua inserção na Escola Normal e no magistério público, subvertia uma ordem estabelecida.

No tocante às estratégias de divulgação do livro *Porque me orgulho de minha gente...* via imprensa paranaense, na notícia nominada "Didactica Paranaense – Porque me ufano de minha gente", há a apresentação da professora Maria Nicolas e os objetivos da obra, bem como revela uma tática de promoção do livro realizada por Nicolas, que é a distribuição dele com dedicatória a pessoas que pudessem colocá-lo em evidência:

> Com amabilíssima dedicatória recebemos o livro PORQUE ME UFANO DE MINHA GENTE da autoria da professora patrícia Maria Nicolas.
> Trata-se de uma obrinha escolar muito interessante. Biografa personalidades nacionais e paranaenses e lhes insere trechos litero cívico ou artísticos, sempre escolhidos com critério e cuidado. No elenco figuram estes nomes ilustres: [...]
> E realmente é a tecedura das biografias dos protagonistas dos factos que constitue a chronica e, por fim, a própria historia. Além dessa face, a vida deles é, em verdade, quando bem documentada, a moral em acção, a moral praticada, sendo cada um deles um bom ou mau padrão para a juventude.
> Eis ahi a justificativa do mérito deste livrinho a que a distinta autora promete dar continuação nos volumes de outras series destinadas ao curso elementar. (O ESTADO, 1936, p. 2-3).

O primeiro livro didático de Nicolas insere-a em outro espaço de atuação, o meio literário. Quando a/o autora/or anônimo da notícia veiculada utiliza-se da expressão "patrícia" para designar Maria Nicolas, ela/e a inclui de modo simbólico na classe nobre das/os escritoras/es. Embora ela receba a alcunha de "distinta escritora", seu trabalho recebe os adjetivos de "obrinha" e "livrinho", o que demonstra o caráter marginal de sua primeira produção. O livro opera como um passaporte para a sua infiltração entre os "habitantes" daquele espaço, contudo a "patrícia" Maria Nicolas não necessariamente gozará de sua cidadania na nova "pátria", a das/os literatas/os.

Na sequência, na notícia intitulada *Porque me orgulho de minha gente*, Maria Nicolas, a nova cidadã do ambiente literário, recebe rosto e voz, pois sua foto é veiculada na abertura do artigo jornalístico, bem como sua fala na lide do texto:

> "Amo tanto a minha escola! Procuro tornal-a profundamente atractiva e muito amada de vós, crianças. Para isso procuro evocar-vos as mais diversas existências de brasileiros ilustres". Estas phases, preambulo do capítulo XXVI do magnifico volume intitulado: "Porque me orgulho de minha gente..." são expressão singela da alma abnegada de uma educadora que allia a missão sublime de instruir e educar a criança, o culto ás figuras exemplares e representativas da Patria e do Brasil. (STOBBIA, 1936, p. 2).

O artigo ainda evidencia sua formação como professora normalista, as características do livro, mas nada diz sobre a face escritora de Nicolas. Um comentário sobre Annita Garibaldi permite observar a atuação coadjuvante delegada à mulher pelo autor do texto: "A figura heroica de Annita Garibaldi – em immarcessiveis episódios rio-grandenses – ressurge inteira na sua alta tarefa de esposa, inspiradora e cooperadora do imortal unificador da Italia" (STOBBIA, 1936, p. 2).

No ano seguinte, em 1937, Nicolas persiste na divulgação de seu livro em diferentes meios impressos. Na notícia publicada com o subtítulo "O significado real do livro didático de nossa conterranea Maria Nicolas" (O DIA, 1937, p. 3), nota-se a relação entre a obra e o contexto histórico da época:

> Como obra de literatura não permite deslises e opiniões que o tornem alheio aos pontos centrais da cultura da patria.
> No momento em que esse influxo poderôso de nacionalismo, trabalha por reconstruir o sentimentalismo e os ideais da brasilidade nóva, o livro de Maria Nicolas vem ao seu encontro, com todos os seus fatores educacionais, para servir-lhe de instrumento subjetivo insuspeito, por possuir todos os requisitos indispensáveis á atividade que se vem fazendo sentir. (O DIA, 1937, p. 3).

Outra publicação no jornal *O Dia* foi a entrevista realizada por Rodrigo Júnior com Maria Nicolas. No texto aparece em destaque uma imagem dela. Rodrigo Júnior faz uma apreciação sobre as características do livro, bem como complementa as informações anunciadas por Nicolas, mostrando a afinidade existente entre eles. Entre os vários comentários que enaltecem a obra, Nicolas expõe mais uma das finalidades desse escrito: "Ah! A minha principal preocupação foi exaltar o espirito do pequeno discípulo, ministrando-lhe noções de civismo, de nobreza, de probidade, de heroísmo [...]" (O DIA, 1937, p. 3).

Por fim, é perceptível na obra o ideal de civismo apregoado pelos reformadores da Instrução Pública, concernente à fase em que Nicolas atuou como professora normalista durante a década de 1920:

> Em 1921, Prieto Martinez publica novo programa de ensino para a escola pública e suas Instruções aos professores públicos do estado do Paraná, em que expressava as diretrizes gerais e os objetivos imediatos da ação pública em torno da educação. Dois aspectos se destacam neste programa quando comparado com os que lhe são anteriores: a maior visibilidade dos conteúdos de moral e civilidade e a indução a um nacionalismo acentuado não mais apenas pelo civismo,

mas pelo ufanismo expresso também num "apelo ao coração".
(MORENO, 2007, p. 50).

Desde a formação inicial de Nicolas, na Escola Republicana, na Escola Tiradentes e, posteriormente, na Escola Normal, nota-se a presença acentuada de conteúdos relacionados ao ensino cívico. O currículo dessas instituições de ensino, assim como das demais escolas paranaenses, reflete a ideologia política da época, denominada de nacionalismo.

Nicolas tem sua formação escolar no período que precede a 1ª Guerra Mundial, fase de um discurso nacionalista que visava impelir a expansão territorial de alguns estados. A atuação professoral de Nicolas ocorre, na maior parte do tempo, no período entre guerras, fase de crise econômica nos países europeus e ascensão do nacionalismo extremado pelos regimes totalitários (nazismo, fascismo, salazarismo e franquismo). Por isso, embora Nicolas justifique que o intuito de seu primeiro livro *Porque me orgulho da minha gente...* esteja relacionado à prática de sala de aula, ele reflete um projeto de Estado. A obra não é imune à bagagem cultural de Nicolas, suas vivências, ao que ocorria no Brasil com a política nacionalista de Vargas e ao contexto histórico mundial.

Nicolas segue a sua saga na divulgação de seu primeiro livro didático. Mesmo não sendo adotado nas escolas paranaenses, vai recebendo notoriedade pelos periódicos jornalísticos da época e, desse modo, a autora recebe visibilidade. De patrícia, distinta, ilustrada, alma abnegada, conterrânea e esforçada, seus títulos vão se modificando à medida que os periódicos jornalísticos divulgam a obra *Porque me orgulho de minha gente...* e, por conseguinte, o modo como enxergam a autora.

Assim, em uma análise pouco otimista do meio literário curitibano, realizada no ano de 1937, o jornalista Durval Borges expõe que em relação à produção literária, a cidade de Curitiba fazia-se árida como o Saara e deserta como as planícies da Patagônia. Utiliza o axiônimo "Dona" para denominar Nicolas, ou seja, uma recepção dispensada a pessoas importantes, forma de tratamento respeitosa, em sentido simbólico: "Emfim, para terminar apresso-me a resumir, aqui, a minha saudação á professora d.ª Maria Nicolas, dentro de uma só palavra, isto é, através destas 6 letras, que dizem pouco, mas tudo: AVANTE!" (BORGES, 1937, p. 3).

Nicolas segue os conselhos de seus ex-professores da Escola Normal, de seus amigos e dos colegas jornalistas que a auxiliam na publicização de sua obra; assim, avança, buscando o reconhecimento do seu trabalho. No entanto, inicialmente, este não vem de seus patrícios e, sim, de suas incursões sociais ao estado vizinho, Santa Catarina:

> Acompanhada ao sr. Ladislau Romanowski deu nos ontem o prazer de sua visita a exma. sra. d. Maria Nicolas, intelectual de projeção nos círculos literários paranaenses que manteve conosco agradabilíssima palestra, no deccorrer da qual ficamos conhecedores dos seus trabalhos já publicados, [...]. Ficamos profundamente gratos á distincção da visita da festejada intellectual patrícia, formulando sinceros votos de feliz estada entre nós. (O ESTADO (SC), 1937, p. 3).

E no firmamento intelectual das araucárias, Nicolas começa ter seu nome visível entre outras escritoras importantes do estado. É o caso da citação realizada por Correia Junior, quando intenciona a realização de um momento literário no rádio paranaense: "E as estrelas escutarão as confidencias cor de rosa de Ilnah Secundino, de Annete Macedo, de Helvidia e de Ophir Leite, de Rosy Pinheiro Lima, de Jandira Maciel, de Maria Nicolas, de Helena Kollody" (CORREIA JUNIOR, 1937, p. 2).

Nicolas, sentindo que o momento lhe era favorável e que o "olho mau" não a perseguia na terra da literatura, pelo menos de modo explícito, aventura-se na produção de textos em diversos gêneros; produz o sainete *Vingança de mulher*, levado ao palco do Teatro Guaíra, em junho de 1937, o que corresponde a sua estreia como roteirista teatral. Nas palavras publicadas em um periódico jornalístico pelo então crítico de arte Waldemar Curt Freyesleben (1899-1970), o trabalho de Nicolas foi "a primeira peça teatral tracejada por penna feminina em nossa terra" (FREYESLEBEN, 1937, p. 2).

Figura 31 – Propaganda de uma peça (1937)

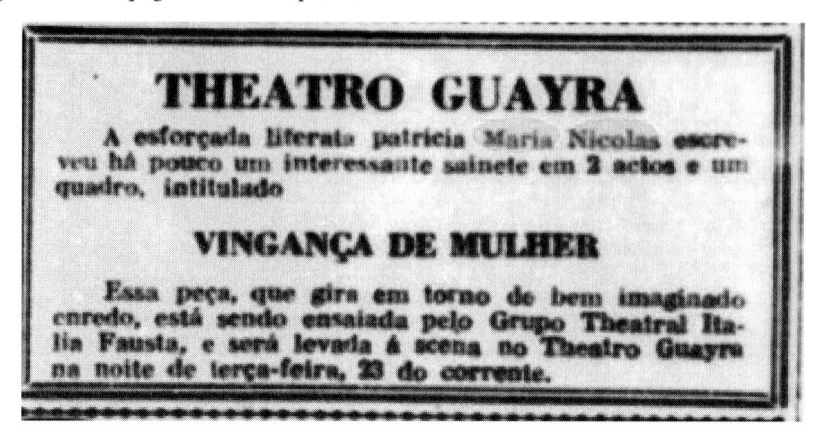

> **THEATRO GUAYRA**
>
> A esforçada literata patrícia Maria Nicolas escreveu há pouco um interessante sainete em 2 actos e um quadro, intitulado
>
> **VINGANÇA DE MULHER**
>
> Essa peça, que gira em torno de bem imaginado enredo, está sendo ensaiada pelo Grupo Theatral Italia Fausta, e será levada á scena no Theatro Guayra na noite de terça-feira, 23 do corrente.

Fonte: *Diario da Tarde*, 1937, p. 5

Curt Freyesleben ainda disserta sobre o silenciamento da crítica no que diz respeito ao êxito da apresentação teatral roteirizada por Nicolas. O autor expõe algumas características da peça, tais como: era moderna, cômica e realista. Menciona também que, após assisti-la, ele classifica-a como um exemplo no avanço da escrita cênica de Curitiba (FREYESLEBEN, 1937). Entretanto, mesmo com a apreciação positiva em sua estreia na autoria de peças teatrais, com o passar dos anos a dedicação ao teatro arrefeceu, especialmente depois que seu pai aposenta-se do Teatro Guaíra. Sua produção teatral é significativa em termos de quantidade, porém encontra-se esparsa e não publicada e, possivelmente, muitas obras tenham se perdido, ficando restritas ao uso pedagógico nas instituições em que ela lecionou.

E para finalizar o ano de 1937, Nicolas não cumpre o seu desejo de continuar a série do livro *Porque me orgulho de minha gente*... Ela percebe que, provavelmente, seria um esforço em vão, pois havia empreendido diversas estratégias de divulgação do primeiro livro e não obteve o objetivo almejado. Entretanto Nicolas não desiste de seus intentos; busca outra estratégia para permanecer no meio literário, que é o lançamento de mais um livro didático, intitulado: *Meus apontamentos: ensino de verbos: 3 e 4 anos*.

Sobre esse livro, há menos visibilidade e aceitabilidade se comparado ao primeiro livro didático de Maria Nicolas. São poucas as notas existentes nos periódicos impressos da época. Além disso, essa obra não recebe a chancela do poder público, tal qual o outro livro didático, com uma portaria de indicação para ser adotado nas escolas primárias paranaenses. Isso porque o segundo livro é um material de orientação à prática pedagógica aos professores e não necessariamente um livro de uso cotidiano em sala de aula pelos alunos.

No ano de 1938, é provável que Nicolas começa a perceber que seus esforços estavam sendo em vão, que suas estratégias não estavam sendo suficientes para impulsionar seus escritos – seria o "olho mau"? Ciente das regras do campo, ela desenvolve uma nova ação, ou seja, unir-se a uma instituição que lhe propiciasse proeminência como escritora e apoio, inclusive financeiro, na publicação de seus escritos. Foi o que aconteceu quando foi eleita membra efetiva do Centro de Letras do Paraná. Uma relação profícua que ela cultivará por toda sua vida, integrando-se à instituição e atuando em várias instâncias internas, seja como bibliotecária, tesoureira ou em outros cargos.

A recepção de Nicolas no Centro de Letras do Paraná foi oficializada com uma carta de recepção. No documento percebe-se a valorização de sua atuação professoral, utilizando-se do termo "professora" junto ao seu nome na saudação do texto. Tal fato foi igualmente enaltecido pelo periódico *Diario da Tarde*, e pela primeira vez, nas terras paranaenses, ela recebe a designação de intelectual junto ao seu nome:

> Maria Nicolas, que na falange intelectual do nosso mundo feminino, brilha de luz própria revelando uma bem distinta individualidade de atravez das varias facetas de seu temperamento prismico e da sua forte cultura, será amanhã solenemente recebida no seio do Centro de Letras do Paraná. A recepção da nova socia será celebrada ás 14 horas no Orfeão da Escola Normal com praxe protocolar a saber:
> Discursos do presidente dr. Ulisses Vieira e do paraninfo e da conferencia da ilustrada educadora e festejada escritora.
> A obra luminosa de Maria Nicolas no campo didático, pedagógico receberá uma justa consagração colocando esse vibrante talento feminino ao lado das colegas eximias Ilna Secundino, Mariana Coelho, Leonor Castelhano. (DIARIO DA TARDE, 1938, p. 1).

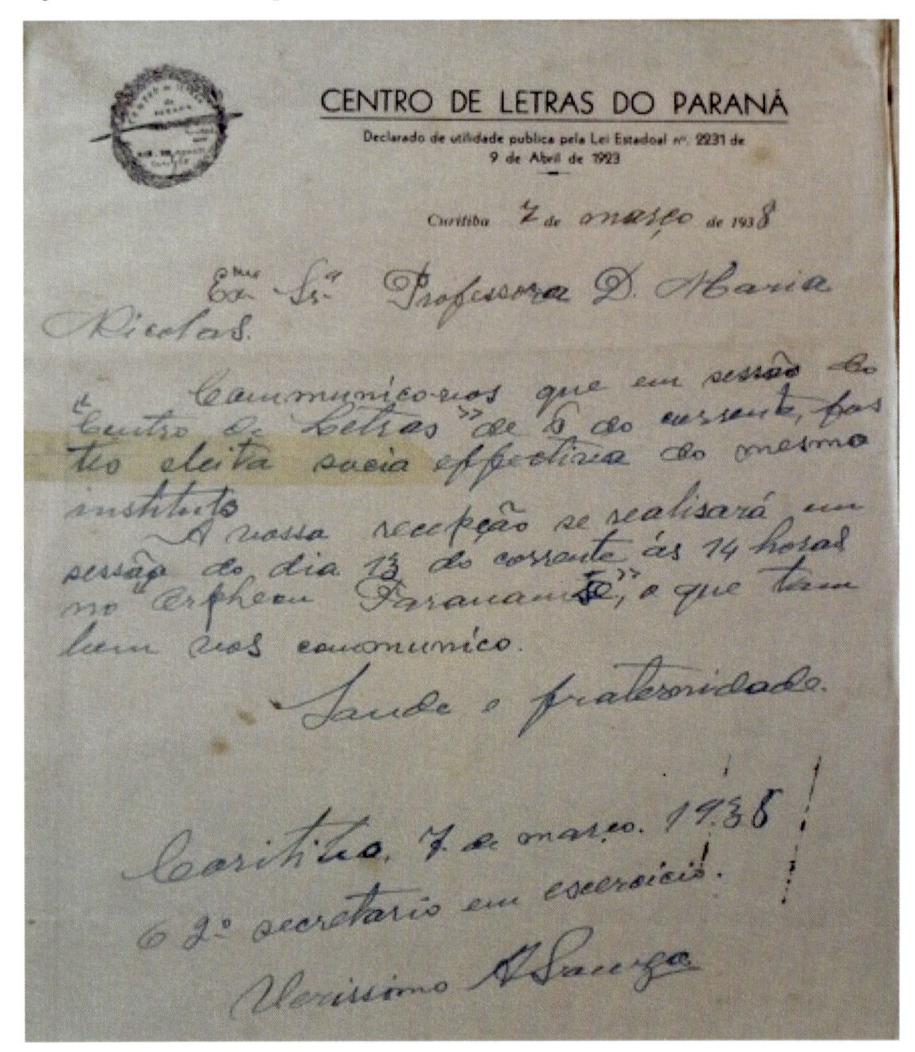

Figura 32 – Carta de recepção a Maria Nicolas – Centro de Letras do Paraná

[Carta manuscrita do Centro de Letras do Paraná, Curitiba, 7 de março de 1938, dirigida à Exma. Sra. Professora D. Maria Nicolas, comunicando sua eleição como sócia efetiva do instituto e informando que a recepção se realizará em sessão do dia 13 do corrente, às 14 horas, no Orpheon Paranaense. Assinada pelo 2º secretário em exercício, Veríssimo H. Souza.]

Fonte: arquivo da autora. Material disponível na Casa da Memória. Curitiba - PR

No mesmo ano, Nicolas torna-se mãe pela terceira vez, no dia 26 de abril de 1938, quando do nascimento de sua filha Clecy. Entre fraldas e mamadeiras, no sentido de realizar investimentos no campo literário, cultivar a sua intelectualidade e seu autorreconhecimento como escritora, ela empreende um projeto audacioso: torna-se editora da revista semanal *O Paraná em Revista*, em agosto daquele ano.

Figura 33 – Capa da revista n.º 1 dirigida por Maria Nicolas

Fonte: arquivo da autora. Material disponível na Biblioteca Pública do Paraná

Na capa do periódico dirigido por Maria Nicolas (Figura 33), seu primeiro nome é abreviado, o que se configura como uma estratégia para aproximar-se de um público maior. A ausência do gênero na direção da capa da revista tem a função de não selecionar um público específico. A revista traz uma saudação em sua capa – "Com licença, meus senhores!" –, que pode ser entendida como um cumprimento a quem Nicolas gostaria que fossem os leitores do periódico ou aos seus colegas do meio jornalístico, pois, após a alocução, ela deixa transparecer a necessidade de aprovação do material pelo parecer de seus pares:

> A humilde e pequenina – "O Paraná em Revista", pedindo assentimento ás suas "vovós" – "A Marinha", "Leia-me", "O Correio Ferroviario", aos "titios" – "O Dia", "O Diario da Tarde", "Fôlha Acadêmica", "O jornal dos Poetas" e "A voz do Cabral", tem a satisfação de se apresentar a V.V. Excias. No dia de hoje – 6 de agosto de 1938, – aproveitando o termo do outono, sazão das frutas, porque "O Paraná em Revista", surge com veemente anelo do vir a ser um pomo belo e saboroso, que a todos agrade, desde os pequenos de oito anos aos inocentes de oitenta... Eis-me em vossas mãos, amigos.
> Não vos esqueçais de que, sem ser sabatista, visitar-vos-ei todos os sábados, se as "vovós", os "titios" e os "primos" não se opuserem a isso.
> Esperemos os seus pareceres. (NICOLAS, 1937, s/p).

Pelo que se observa, os "parentes" mais velhos no meio editorial não se opuseram à publicação, contudo há poucas fontes que mencionem sobre como foi a aceitação pelo público ou pelos pares de Nicolas. Os últimos silenciaram qualquer crítica, seja ela positiva ou negativa, e a revista teve apenas um mês de existência. Não se sabe o número de tiragens, patrocinadores e colaboradores do periódico como um todo. Na Biblioteca Pública do Paraná só existe o primeiro exemplar. Desse modo, temos que a contraposição à revista é ausente, bem como o apoio a ela.

Nos periódicos jornalísticos pesquisados há poucas informações sobre o volume *O Paraná em Revista*. Apenas alguns apontamentos, em seu lançamento, mas na sequência ela é totalmente neutralizada pelos meios de comunicação impressos da época.

> Dirigida pela proveta educadora conterrânea, prof. Maria Nicolas, que já tem seu nome firmado em nosso meio intelectual como uma escritora de méritos, acaba de surgir na

> cidade, sob os melhores auspícios, mais uma publicação semanal noticiosa, literária e artística – "O Paraná em Revista". Temos sobre a nossa mesa de trabalho um exemplar do n. 1 desse interessante órgão. (O DIA, 1938, p. 3).

No ano de 1938, ainda ocorre o lançamento da novela *Amor que redime*, livro que, igualmente aos demais, é lançado para permitir a presença de Nicolas no meio letrado, mas possui uma projeção insuficiente.

Diante do exposto, nota-se que as atividades literárias de Nicolas nesse período ocorrem de forma sincrônica ao seu desempenho docente. Há uma reconversão em sua carreira e em seus modos de agir. Se no magistério, diante das dificuldades de relacionamento interpessoal, ela buscava realizar um enfrentamento ou, muitas vezes, desistia de determinadas lutas, no meio literário, Nicolas desenvolve uma militância cordial em prol de seus escritos, com o fortalecimento de uma pequena rede de relacionamentos no espaço jornalístico, como é o caso do círculo de convivência com Rodrigo Júnior e, posteriormente, adentrando uma instituição que fortalece os seus projetos, com o Centro de Letras do Paraná.

A militância cordial, conceito cunhado por mim, refere-se ao modo como pessoas negras agiam em seu meio social quando em um ambiente hostil. Nessa percepção, o indivíduo não faz enfrentamentos nem posiciona-se a favor de uma determinada causa de modo veemente, ou seja, não levanta bandeiras em praça pública, mas persiste e resiste, buscando outros caminhos e alternativas para seus intentos.

Como as águas de um rio, calmas e serenas, não são passivas, mas contornam os obstáculos, ao invés de enfrentá-los de modo insubordinado. No caso de Nicolas, toda sua trajetória é marcada por atos de resistência; desde o momento em que entra no espaço escolar, seja como estudante ou como professora, ela sente na pele as dificuldades oriundas das origens social e racial.

Ao compor os fragmentos da trajetória de Nicolas, percebe-se que ela fez de tudo para reverter a designação feita pelo seu primo Phidias, já discutida anteriormente. Por isso ela ensurdece para os preconceitos raciais, de gênero e de classe, e para as dificuldades de relacionamento interpessoal que ocorreram durante sua atuação no magistério público e no meio literário, tendo uma atuação que pode ser denominada de militância cordial, o que não é sinônimo de passividade, uma vez que Nicolas não levanta bandeiras, mas de resistência, ao passo que se conformava com as determinações de seu contexto.

Neste último capítulo foram apresentados o início de sua trajetória como escritora e as estratégias preambulares de Nicolas para ingressar em outro espaço em que lhe era interdito como mulher e negra: o literário. Por isso, entende-se o fato de ela usar um pseudônimo de identidade masculina e omitir seu prenome na capa da revista que editou.

Por fim, conclui-se que Nicolas passa a investir no campo literário quando se esgotam as possibilidades de ascensão no campo educacional. Ela não cessará o seu desejo de ter voz e um lugar de fala no espaço curitibano; para isso, como um camaleão, camufla-se para resistir aos constantes ataques de exclusão. Precisou utilizar-se de diversas estratégias, em alguns momentos unir-se ao patriarcado, em outros fazer-se de caracol, em outros fazer enfrentamentos ao "olho mau". E todas as tentativas não tiveram efeitos profícuos. Sendo assim, no momento de maturidade, quando adentra o meio literário, como "forasteira de dentro", ela precisou articular as regras do jogo aos seus objetivos, desenvolvendo uma militância cordial; por isso concluo que o reconhecimento de sua intelectualidade tem seu mérito no conjunto de toda sua obra e em seu percurso de vida.

CONSIDERAÇÕES FINAIS

A vida não é como uma peça de teatro, em que os papéis e as ações de seus atores estão definidos previamente por um roteiro escrito. A vida é feita de ações imprevisíveis, direcionadas por uma estrutura e influenciadas pelas localizações geográfica e histórica em que ela se desenvolve. No palco da vida cotidiana há uma multiplicidade de fatores que interferem no desempenho de cada indivíduo, que nunca atuam em um monólogo, pois estão sempre em interação com outras pessoas e espaços que configuram suas performances.

Assim ocorreu com Maria Nicolas: quando sua vida parecia ter um roteiro pronto, ela subvertia as designações impostas; porém, em certa medida, suas ações respondem à cultura positivista e até ao *habitus* de racismo que lhe foram inculcados ao longo de sua trajetória educacional, a exemplo de sua prática pedagógica, que reproduz a superioridade branca colonialista, ainda que de modo velado, na peça em louvor a Colombo. E mesmo os estereótipos imputados à mulher negra fizeram-se presentes em suas trajetórias pessoal e profissional. Ela própria, num processo de assimilação cultural, incorporou tais estigmas, quando se considerava "feia", por exemplo.

As vivências de Maria Nicolas no Teatro Guaíra fizeram com que ela adquirisse precocemente um nível cultural diferenciado de outras crianças que tinham capital econômico similar ao seu; por conseguinte, essas rotinas propiciaram-lhe a composição de um patrimônio cognitivo indispensável ao seu desenvolvimento futuro, seja no magistério, na literatura ou na arte. Assim: "[…] a aquisição da cultura legítima pela familiarização insensível no âmago da família tende a favorecer, de fato, uma experiência encantada da cultura que implica o esquecimento e a ignorância dos instrumentos da apropriação" (BOURDIEU, 2013, p. 10).

No primeiro capítulo, priorizei a caracterização da organização familiar de Maria Nicolas com vistas a observar sua primeira formação educacional. Também busquei observar as características de cada membro, sendo que, no caso dos pais, notei que mesmo tendo modos constitutivos diferentes – o pai europeu e a mãe brasileira –, ambos tinham um projeto em comum para a educação das/os filhas/os.

Em seus escritos, Nicolas evidencia a influência do pai em muitos de seus interesses. Ela relatou o quanto ele era dedicado às atividades relacionadas ao seu trabalho, no Teatro Guaíra, bem como sobre sua inclinação a outras instâncias culturais. Entretanto, mesmo com poucas informações em relação à mãe, depreende-se que ela atuou em momentos decisivos na vida de Nicolas.

A Sra. Josepha, pelo que observei, tinha pouca instrução. Ela não era alfabetizada, contudo, sempre acompanhava as ações de Nicolas e mesmo na idade adulta orientava-a a seguir em determinadas direções. Na percepção do todo e nos breves relatos em que Nicolas menciona sua mãe, esta mostra-se como prócer nas resoluções de Nicolas. É o caso de quando, por intermédio de Josepha, Julia Wanderley, então enferma, pede para que Nicolas vá a sua casa, pois precisava conversar com ela. Nicolas mostra-se insegura com o convite, contudo, pelo estímulo materno, ela vai até o encontro de Julia Wanderley.

Outro momento importante foi quando Nicolas decidiu mudar-se para o interior paranaense. Desde o primeiro instante, assim como em outras passagens, como a mudança para Paranaguá, Nicolas contou com o apoio da mãe. Vale citar o momento em que Nicolas queria desistir do ensino público e lecionar apenas de modo particular aos seus vizinhos e conhecidos. É mais um episódio em que sua mãe, discretamente, intervém, pedindo para que ela não desistisse da carreira pública a fim de não perder o seguro de vida.

Enfim, a ancestral materna é igualmente importante na circunstância em que Rodrigo Júnior deseja expor seus pensamentos sobre a estreia de Nicolas no meio literário. É mais um momento crucial em que Nicolas fica temorosa, mas pelo encorajamento materno aceita o convite de Rodrigo Júnior, que será um aliado importante em sua caminhada inicial pelo ambiente literário curitibano.

Desse modo, se o local de moradia da família de Nicolas e as ações de seu pai influenciaram-na na constituição de seu patrimônio cultural, pode-se dizer que a mãe propiciou-lhe suporte nas tomadas de decisão. Maria Nicolas, a menina de personalidade "chorona", encontrou em sua ancestralidade materna feminina as bases para enfrentar as situações adversas de sua vida. Inclusive, é possível que, ao separar-se do marido com os filhos pequenos, foi com o auxílio de Josepha que Maria Nicolas contou para poder trabalhar e exercer sua maternidade ao mesmo tempo.

Esse meio cultural familiar de vivências fecundas na vida de Maria Nicolas formou marcas indeléveis que foram acionadas à medida que a vida exigia uma determinada competência cultural. O local de nascimento, tanto pela proximidade quanto pelo acesso a instituições escolares, o estímulo familiar e o ingresso na Escola Normal são fatores que permitiram a Nicolas distinguir-se de outras mulheres negras de seu tempo. Por isso, nesta investigação, as diferenças pelo recorte temporal, espaço geográfico, condição social ou cultural entre os estudos empreendidos por Bourdieu (2017) e o caso analisado são abissais. Contudo a teoria bourdieusiana mostrou-se pertinente ao presente estudo pelo seu viés analítico sociológico que enfatiza, sobretudo, como ocorre a distinção e apropriação cultural entre os diferentes grupos sociais.

Por isso, desde o início de sua caminhada, quando Nicolas adentrou o ensino formal e, após, quando atuou como normalista, em seus relatos é recorrente a menção a conflitos que teve com outras pessoas, sejam elas colegas da escola ou do trabalho, fenômeno denominado por ela de "olho mau", termo compreendido como um eufemismo para designar o racismo vivenciado por Nicolas em seu cotidiano.

Foram conflitos marcados por uma violência simbólica quanto ao sexismo e ao racismo enfrentados por Maria Nicolas no âmbito educacional, expressados nas relações de subordinação entre homens e mulheres; isto é, uma violência simbólica que permeia a ordem social, que reflete sempre homens intermediando, deliberando, mandando e definindo os impasses profissionais de Nicolas, enquanto outras mulheres também recorrem a esses homens para conseguirem seus intentos.

No início de sua jornada, Nicolas recebe a designação de substituir a renomada professora Julia Wanderley em suas atividades docentes na Escola Intermediária, anexa ao Grupo Escolar Tiradentes. Tal designação não marca apenas o seu ingresso efetivo ao magistério público, mas a presença de uma mulher negra em uma posição de destaque e de domínio social, pois ser professora normalista era, naquele tempo, uma prerrogativa para poucas/os e, geralmente, um cargo para as moças das camadas abastadas da sociedade curitibana.

Assim, quando Nicolas adentra esse espaço, ela traz consigo insígnias contrárias ao que se desejava de uma professora normalista, o que gera inadequações em sua atuação e interação com seus pares. O apoio dado por Julia Wanderley para que Nicolas atuasse como normalista em uma das principais instituições de ensino de Curitiba, o Grupo Escolar Tiradentes, esvaiu-se com o falecimento da diretora. Nicolas, ao ocupar a posição indicada por Julia Wanderley, sente o desconforto de estar em um lugar onde não era bem-vista. Eis que os primeiros sinais de ensurdecimento começam a aparecer e, segundo ela, era mais um motivo para que suas colegas professoras a "azucrinasse".

Em seus diários, Nicolas não expõe explicitamente os motivos que a levou a tomar a decisão de ir lecionar em uma localidade afastada de Curitiba após a sua saída do Grupo Escolar Tiradentes. Contudo, observando os carácteres estrutural e sociológico do racismo, sabe-se que o silenciamento – e, nesse caso, o afastamento ou a invisibilidade – é uma estratégia de sobrevivência utilizada pelas pessoas negras que vem desde os tempos da escravização, a que denomino de militância cordial. Nicolas silencia e retira-se do espaço que a oprimia; busca um recanto onde possa atuar livremente, imaginário de sua inocência juvenil. Entretanto os problemas não estavam resolvidos, eles continuam a persegui-la.

Nicolas vivencia um contexto histórico marcado pelas ideias concernentes ao racismo científico, à eugenia e, posteriormente, de modo arguto, a partir da década de 1930, ao chamado "mito da democracia racial". Ambos marcam as relações pessoais e institucionais do recorte temporal deste livro.

Especialmente durante a primeira metade do século XX, o racismo científico e o mito da democracia racial pautaram as relações raciais entre as pessoas negras e brancas no Brasil. Tais preposições de cunho racista buscavam escamotear o racismo no país, considerado menos brando do que em outros países segregacionistas. Contudo suas estratégias engendravam ações opressivas tão cruéis quanto os mecanismos separatistas.

Nesses processos, a população negra foi impedida de ascensão social, por conseguinte, acesso a bens culturais fundamentais, como a educação. Desse modo, tais pessoas viram-se obrigadas a desenvolver atividades profissionais de menor prestígio social e de baixa remuneração. Assim, estereótipos foram sendo construídos em torno da população negra que, num esforço de sísifo, sem o apoio de políticas públicas, não conseguiu reverter o panorama apregoado a elas/eles.

No caso de Nicolas, ela até consegue alcançar uma posição de prestígio como professora normalista, no entanto é cerceada de ascender para outros cargos, como a direção de uma escola. Mesmo ocorrendo um processo de feminização nos espaços hierárquicos concernentes às instituições escolares, Nicolas permanece ao longo de toda sua vida na função de docente.

Esse horizonte faz-se em sua forma mais atroz, quando se observa, especificamente, o caso da mulher negra, no qual, junto à discriminação racial, somam-se, de modo não hierárquico, outras formas de opressão, como o sexismo e o classicismo, dentre outras. Por isso, ao delinear a trajetória e o curso de vida de uma pessoa, como foi o caso deste livro, é importante observar como tais aspectos estão imbricados.

A ação de conjugar as opressões de forma horizontal é classificada como interseccionalidade. O olhar sob o ponto de vista da interseccionalidade mostrou-se profícuo para a análise dos itinerários percorridos por Maria Nicolas. Foi possível observar como tais aspectos pautaram suas relações, sejam as decisões de cunho pessoal, como as mudanças de rotas por ela realizadas ou a situação de quando Nicolas desiste de lecionar em Curitiba e vai para cidades do interior paranaense, seja quando, mesmo com o processo de feminização do magistério primário paranaense, não consegue ascender para cargos mais altos ou indicações para lecionar em grupos escolares da capital. Ainda, quando não recebe apoio para a adoção de seu primeiro livro didático ou suporte para editoração de seus escritos, como a manutenção de *O Paraná em Revista* por ela dirigida.

Enfim, o que se nota é que as questões de raça, classe e gênero interseccionam-se ao longo de sua trajetória, operando para que Nicolas encontre-se em posições periféricas, apartada do centro e segregada dos domínios de poder, seja na educação, seja na área literária.

Após observar os percalços de Nicolas, nota-se que seu principal propósito foi o engajamento em relação à Educação e sua missão de vida era educar. Após superar as dificuldades iniciais com o método de alfabetização da época, demonstrou que aquele momento fez-se como um episódio eventual em sua formação. Quando era estudante da Escola Tiradentes, pelo apelido de "Tupã", recebia a insígnia de ser uma das melhores alunas e, assim, correspondia às expectativas de Julia Wanderley, que a escolhia para ajudar as/os demais alunas/os de sua classe escolar. Mesmo sendo necessário refazer algumas matérias da Escola Normal, Nicolas conseguiu concluir o curso no tempo previsto, fator de orgulho para ela.

O ideal de Maria Nicolas foi pela educação, tanto como professora quanto como escritora. Durante sua trajetória, já em seus escritos iniciais, com a produção de livros didáticos, é perceptível tal disposição. A formação na Escola Normal, seu aporte cultural familiar, a participação em círculos culturais, a própria política de cooptação de Vargas e das massas, com a valorização do civismo, proporcionaram um campo fértil para que Nicolas incorporasse suas aprendizagens adquiridas na Escola Normal e sua experiência docente em suas obras.

Sua conversão para a área literária ocorre após uma série de investimentos na área educacional, que não tiveram o efeito desejado pela falta de capitais necessários à permanência de Nicolas nos lugares que seriam seus de direito, a exemplo do capital social e do reconhecimento simbólico entre os pares. O caráter estrutural do racismo deixava-a sempre à margem do sistema.

Nicolas reconverte seus modos de agir, encontrando, no campo literário, uma possibilidade para exercer sua expressividade e intelectualidade. A porta de entrada faz-se pela imprensa, e para tal, no intuito de manter-se naquele meio, ela adquire uma identidade masculina, com o pseudônimo Lamaris, bem como, de modo diferente da sua atuação docente, amplia sua malha social, com relações recíprocas que lhe auferem ajuda para manter-se no espaço literário, como é o caso do círculo cultural liderado por Rodrigo Júnior.

É o momento em que Nicolas descobre que suas ideias poderiam ser expressas sem a ocorrência de um confronto direto, como acontecia com os diretores ou inspetores escolares de seu meio educacional, por isso passa a desenvolver uma militância cordial. Contudo as regras daquele espaço também são diferentes. Uma delas era o silenciamento da crítica e a falta de apoio financeiro para execução das publicações àquelas/les que não poderiam ocupar uma posição nesse espaço cultural. Esses subterfúgios neutralizam tanto as/os escritoras/es iniciantes como as disputas de poder que poderiam adquirir. Sendo assim, ela segue resistindo às dificuldades do meio.

No imaginário de Nicolas, ter uma cultura diferenciada poderia ser o passe para que ela fosse aceita em outros espaços sociais, como se a escola e a educação fossem os instrumentos de sua própria redenção. Por isso ela adapta às regras de seus meios para conseguir infiltrar-se nos espaços desejados. Pode-se dizer que a principal estratégia de Nicolas foi realizar um processo de mimetismo para introduzir-se no meio educacional e literário. Por isso seu pensamento, por vezes, é reflexo dos padrões normativos de sua época.

Ela desenvolve o que se denomina, aqui, de militância cordial a favor da educação e, em especial, do ensino cívico. Tal fato é marcante após seu acúmulo de experiências no âmbito educacional e que, em certa medida, materializa-se em sua carreira como escritora.

A militância cordial caracteriza-se por um posicionamento de expressão do pensamento individual de forma a comprazer as demandas políticas de seu tempo. Desse modo, Nicolas não se furta de evidenciar seu ponto de vista, mas utiliza-se de sutilezas para que seus escritos sejam aceitos. Com uma experiência marcada pela inadaptabilidade aos espaços sociais e educacionais pelos quais circulava, ao adentrar o meio literário ela sabia que necessitava formar vínculos diplomáticos para atuar naquele ambiente. Tal necessidade estende-se para suas obras, que deveriam, igualmente, adaptar-se às configurações social e racial do período.

Retomando os termos de Bourdieu (2017), noto que, ao longo de sua trajetória como professora normalista, Nicolas não conseguiu realizar uma soma entre os capitais econômico, cultural e social que possibilitasse o seu reconhecimento simbólico. Infiro que somente após a sua aposentadoria da sala de aula e o constante investimento no campo literário que ela conseguiu agregar um capital simbólico, sob o olhar dos outros. Por isso a então escritora empreende diversas ações para conseguir manter-se no espaço de atuação literário. O título de professora normalista abre caminho para o campo literário.

Como *outsider*, a mulher negra tem a necessidade de criar estratégias para pertencer a algum lugar. "Seria como dizer que a mulher negra está num não lugar, mas mais além: consegue observar o quanto esse não lugar pode ser doloroso e igualmente atenta também no que pode ser um lugar de potência" (RIBEIRO, 2020, p. 46).

Em síntese, pode-se considerar que Nicolas agencia suas experiências negativas e autorreconhece-se como escritora, passando a investir em sua produção literária. Assim, a margem é um local que permite também a "[...] capacidade de resistir à opressão, de transformar e de imaginar mundos alternativos e novos discursos" (KILOMBA, 2019, p. 68).

A trajetória de uma pessoa é, em grande medida, ajustada às estruturas sociais e ao contexto histórico de seu tempo. No caso de Nicolas, tais fatores naturalmente não permitiam uma inversão drástica de sua realidade; suas escolhas são orientadas pelas condições de seu meio. Contudo suas perspectivas futuras fazem-na superar fronteiras, ir além dos limites impostos, ainda que na condição de mulher, negra ou pobre. Portanto, sua persistência e seus investimentos impuseram uma sobrelevação aos determinismos existentes em seus campos de possibilidades.

Este livro principiou-se não somente a partir de um dossiê de fontes e textos esparsos, de informações desencontradas, lacunas infindáveis e trechos segmentados de uma vida importante. Começou bem antes de conhecer a história de Maria Nicolas, quem ela era, onde havia nascido e o que gostava de fazer. Começou uma década antes de escrever o primeiro parágrafo que faz a sua abertura; iniciou-se a partir da consciência da perversidade do racismo brasileiro, somado a um desconforto de saber que, de certa maneira, eu colaborava para que tal fato continuasse vigorando no Brasil, em pleno século XXI.

Tais sensações são as mesmas que acompanham tantas outras pessoas negras quando, desde a infância, descobrem-se como tal. Mesmo eu não sabendo o "peso da melanina", internamente, uma voz latente gritava que não era possível pactuar com o racismo que, ao longo da história, vai utilizando-se de diferentes roupagens para permanecer estruturante na sociedade brasileira. Se, ao longo do século XX, o discurso científico e o mito da democracia racial foram utilizados como "cimento" para consolidar a supremacia branca, hoje, o discurso meritocrático igualmente mimetiza-se para escamotear as desigualdades raciais.

Se este livro iniciou-se com um desconforto, um desassossego, ele não finalizará com um ponto final em seu último parágrafo. Ele só terminará quando as taxas de homicídio, as/os presidiárias/os, as empregadas domésticas, as/os menos escolarizadas/os, as/os mais pobres não forem, em sua maioria, a população negra deste país. Quando o Brasil tiver uma sociedade mais justa e equânime, em todos os sentidos. Talvez este texto cumpre a sua função nestas últimas linhas, mas espero que seja somente o início de um trabalho, muito maior e muito mais importante, pois a luta antirracista é de todas/os.

Para concluir, utilizo as palavras poéticas de Luciene Nascimento (2021, p. 115-120), fazendo delas a minha inspiração:

> LUCIDEZ
>
> Quando me perguntam se estou bem, digo:
> estou bem
> dividida entre saber, me alimentar e lamentar
> Sinto uma saudade estranha de saber
> um pouco menos
> ser aquele humano médio que passa
> sem se importar
> O caminho da consciência é lugar
> de desassossego,
> e hoje a mais banal notícia já me tira do lugar
> e a mente perturbada busca o aconchego
> lendo de Sueli Carneiro a Morena Mariah.

A quem importa informar a existência de Kush
e que a filosofia grega descende da africana?
A quem importa estudar cosmovisão Yorubá
e refletir Revolução Haitiana?

Qualquer pessoa preta que se abra à consciência
Resguarda um certo respeito
por qualquer preto que enlouqueceu.

É preciso estar ciente que a verdade estraga
a ideia de normal que a vida te ofereceu.
Você começa a respeitar o torpor de quem bebe,
de quem fuma, de quem chora
e de quem sente demais
E aos pouquinhos apreende da vivência
que a loucura
é de quem espera que a cura venha junto de
omissão e paciência
quando entende que sua cor te faz parte da base
de um sistema que sem base
não se teria erguido
compreende a inocência de esperar que os
instrumentos do opressor
vão ajudar a libertar o oprimido
Existe uma barreira após cada obstáculo
e sobre essa armadilha Aza Njeri vai dizer:
O genocídio é como um monstro grande,
cheio de tentáculos,
e a certa altura um deles atinge você.

Tem um tentáculo pra preta de roupa mais cara
Tem um que ataca o crespo e a pele retinta dela
Tem um tentáculo que enrosca o corpo todo
da negra de pele clara e atravessa o peito
grande dela
O genocídio tem tentáculo pra negra idosa
atravessada pela ideia de que aguenta tudo
Tem um tentáculo pro negro, que é porteiro,
segurança e que por ter que trabalhar
desde cedo não teve estudo.

Tem tentáculo pro preto que ama estudar,
mas não performa sua revolta,
então parece afeminado
Tem pra aquele que vivendo intensamente sua
revolta, já acorda e espera ser exterminado.
Tem o tentáculo pra negra que faz sua faxina
Tem pra aquela que já tá fazendo seu mestrado.

Essa metáfora do mostro nos ensina
que não tem escapatória pra um racismo
que é tão bem estruturado.

Aprendi recentemente que vivo no caos,
que é preciso estar lúcida do caos vivido
e é necessário conhecer a nossa história
não contada,
ter na mente o maior número de livros lidos,
contar em roda essas histórias e ouvir atenta
quem despertou pra lucidez muito antes de nós,
acumular saberes para com sabedoria
providenciar que mesmo longe escutem
nossa voz
e que essa voz seja de tal maneira articulada
que até quem não viveu ou não entenderia
seja tocado para não só se emocionar,
mas, de tão desassossegado,
querer se movimentar no dia a dia.
Finalmente estar minimamente organizado
ao conduzir com lucidez toda essa dor
que a gente sente
Recomendo se benzer pra enfrentar o fim
do ano
que por vezes, sem notar, marca também
o fim da gente.

E me perguntaram se o que falo é por amor à causa
E vê se eu aceito um amor que me dê tanta azia
Já não dá tempo de ler Angela Davis,
provar que a terra é redonda e colocar
amor em poesia.

Aliás,
"Ouça-me bem, amor,
Preste atenção
O mundo é um moinho
Vai triturar teus sonhos, tão mesquinho
Vai reduzir as ilusões a pó"
Não ignore a dor
Tenha visão
Você não está sozinho
Vai encontrar mais gente no caminho
Pra dividir o banzo, a raiva e a dó
Eu falo de ilusão e da tristeza que invade
Porque entendo que clareza

desta nocividade
É o que permite nos reconhecer
na passividade
Pra resgatarmos todos juntos
nossa humanidade
E reunirmos energia pra algum dia
alterar a realidade.

Quadro 28 – Biobibliografia de Maria Nicolas (1899-1988)

FORMAÇÃO ACADÊMICA	
Ano	Atividade
1906	Escola Nocturna Republicana.
1909	Escola da Professora Itacelina Teixeira.
1911	Escola Tiradentes.
1912	Escola Intermediária.
1913	1º ano – Escola Normal de Curitiba.
1914	2º ano – Escola Normal de Curitiba.
1915	3º ano – Escola Normal de Curitiba.
1916	4º ano – Escola Normal de Curitiba.
1949	Licenciatura em Pedagogia pela Universidade Federal do Paraná.
1950	Bacharel em Pedagogia pela Universidade Federal do Paraná.
s/d	Estudante de Arte na Casa Alfredo Andersen.

ATUAÇÃO NA IMPRENSA E NO TEATRO	
Ano	Atividade
1934	Inicia publicações no Cantinho de Lamaris – Jornal *Diario da Tarde*.
1937	Autora do sainete *Vingança de Mulher*, ensaiado pelo Grupo Teatral Italia Fausta – Apresentado no Teatro Guaíra.
1938	Direção da publicação *O Paraná em Revista*.
1946	Autora da peça *Não perdes por esperar*, apresentada no Pavilhão Carlos Gomes pela companhia de Comédias Nair Ferreira.
1950	Apresentação dos sainetes *Os dois caipiras* e *O quinze de novembro* no Festival do Grupo Literário Major Campos, da Polícia Militar do Paraná.
1951	Inicia publicações no periódico *A Tarde*.
1955	Inicia publicações e atuação como crítica literária no periódico *O Dia*.
1957	Membra da delegação ao congresso de jornalistas.
1962	Apresentação da tese *Jornal – livro do pobre* no 1º Encontro de Jornalistas Profissionais do Paraná.

ATUAÇÃO NA IMPRENSA E NO TEATRO	
Ano	Atividade
1970	Participação no programa de TV de Ivan Curi no quadro *Cadeira da vovó*.
1976	Publicações na *Folha de São José dos Pinhais*.
1975	Publicações em *O Estadinho (PR)*.
1984	Participação no programa de Debate sobre *Teatro Pensamento Curitibano*.
s/d	Crítica literária e publicações na *Revista Correio dos Ferroviários*.

EXPOSIÇÕES REALIZADAS		
Ano	Atividade	Local
1946	Exposição de livro na 1ª Exposição do Livro Feminino Brasileiro.	Rio de Janeiro
1968	Exposição de Arte Coletiva, Salão Guelmann.	Curitiba
1970	II Encontro de Arte Moderna, A Galeria.	Curitiba
1970	Exposição de Arte com o escultor Antonio Alves Ferreira, Teatro da Praça.	Curitiba
1971	Suas obras são leiloadas no evento *Noite de Tarsila*.	São Paulo
1971	Exposição de Arte com o escultor Antonio Alves Ferreira, Teatro de Bolso da Praça Rui Barbosa.	Curitiba
1972	Exposição de Arte com o escultor Antonio Alves Ferreira, Galeria da Praça.	Curitiba
1974	Festival de Arte Negra de Lagos.	Nigéria
1975	Exposição Individual de Arte, Fundação Cultural de Curitiba FCC.	Curitiba
1977	Mostra Verão Arte 77 – Acaica.	Curitiba
1977	Exposição de Arte – Assembleia Legislativa.	Curitiba
1977	Mostra de Poesia – III Expoesia.	Curitiba
1977	Exposição de Arte – Hall da Diretoria de Assuntos Culturais.	Curitiba
1977	Exposição de Arte – Galeria SH 316.	Curitiba
1979	Exposição de Arte – Casa Romário Martins.	Curitiba

EXPOSIÇÕES REALIZADAS		
Ano	Atividade	Local
1984	Exposição de Pintura Comemorativa aos 50 anos de Vida Literária de Maria Nicolas – Casa Romário Martins.	Curitiba
1984	Exposição de livro – 130 anos Assembleia Legislativa do Paraná.	Curitiba
1985	Exposição de Arte – Biblioteca Sidónio Muralha – FCC.	Curitiba
1987	Exposição Galeria de Arte Caixa de Criação.	Curitiba
s/d	Exposição de Arte – Teatro Paiol.	Curitiba
s/d	Exposição de Arte.	Foz do Iguaçu
s/d	Exposição de Arte – Galeria Andrade Lima.	Curitiba
s/d	Exposição de Arte – Museu da Pintura Primitiva de Assis.	Assis (SP)
s/d	Exposição de Arte.	Jacarezinho
1999	Exposição em homenagem aos 100 anos de Maria Nicolas.	Curitiba

PARTICIPAÇÃO EM CENTROS, GRUPOS, ASSOCIAÇÕES CULTURAIS ETC.	
Ano	Atividade
1930	Reeleita presidente do Grêmio Lyrio dos Campos – Colônia de Papagaios Novos. Município de Palmeira - PR.
1938	Sócia efetiva do Centro de Letras do Paraná.
1939	Chefe-geral do Grêmio As Bandeirantes. Município de Rebouças - PR.
1946	Membra efetiva da Academia de Letras José de Alencar.
1946	Membra da Sociedade Brasileira de Autores Teatrais.
1949	Membra da Embaixada Otávio Mangabeira, da Faculdade de Filosofia, Ciências e Letras da Universidade do Paraná, que realizou viagem à Bahia para evento cultural.
1949	Membra da Embaixada Cidade de Curitiba, da Faculdade de Filosofia, Ciências e Letras da Universidade do Paraná, que realizou viagem a Recife para intercâmbio cultural.
1949	Tesoureira do Centro de Letras do Paraná.
1950	Participação da ala feminina da Academia Juvenal Galeno. Recife - PE.
1950	Organizadora da biblioteca Comandante Moreira – pertencente à Polícia Militar do Paraná.

PARTICIPAÇÃO EM CENTROS, GRUPOS, ASSOCIAÇÕES CULTURAIS ETC.	
Ano	Atividade
1950	Membra da diretoria do Centro de Letras do Paraná.
1950	Eleita tesoureira-geral da Academia de Letras José de Alencar.
1951	Membra da comissão para construção da sede própria do Centro de Letras do Paraná.
1951	Membra da comissão de honra aos festejos em homenagem a Carlos Gomes (Centro de Letras do Paraná).
1951	Autora do Projeto de Lei à Assembleia Legislativa que propõe o nome do professor João Batista de Proença como patrono dos professores paranaenses.
1953	Membra da ala feminina da Casa Juvenal Galeno – Ceará.
1958	Membra do Tribunal de Júri da Capital.
1964	Bibliotecária da Academia de Letras José de Alencar.
1968	Sócia-fundadora da União Brasileira de Trovadores, seção Curitiba.
1968	Sócia efetiva do Instituto Histórico, Geográfico e Etnográfico Paranaense.
1971	Membra titular da Academia Feminina de Letras do Paraná.
1972	Posse da Cadeira n.º 24 da Academia Feminina de Letras do Paraná.
1978	Recebe convite para tornar-se membra efetiva da Academia Brasileira de História.
1979/80	Integrante do Conselho Literário da Academia de Letras José de Alencar.
1982	Participação no Club Soroptimista Internacional de Curitiba.
1983	Palestra na Biblioteca Sidónio Muralha.
s/d	Associada do Instituto Histórico e Geográfico do Sergipe.
s/d	Correspondente da Associação Internacional de Imprensa.
s/d	Membra honorária do Instituto de Cultura América-Argentina.
s/d	Posse da cadeira n.º 5 da Academia Paranaense da Poesia.
PRÊMIO, HOMENAGENS, MENÇÕES HONROSAS RECEBIDAS	
Ano	Atividade
1951	Homenagem do Centro de Letras do Paraná pela publicação do livro *Vultos paranaenses*.

1964	Recebe homenagem à mulher intelectual pelo Centro Paranaense Feminino de Curitiba.
1972	Medalha de Ouro nos VIII Jogos Florais de Curitiba.
1975	Homenagem pelo Departamento Feminino da Apar.
1975	Homenageada pela Associação e Oficinas de Caridade Santa Rita de Cássia.
1977	Título de escritora do ano (1977) – *Revista Rumo Paranaense*.
1978	Vulto Emérito de Curitiba.
1981	Medalha de ouro no concurso "Torneira Poética" da Academia de Letras José de Alencar.
1981	Denominação da Biblioteca da Sala do Poeta do Paraná.
1982	Homenagem ao Dia do Professor pela Secretaria de Estado da Educação - PR.
1982	Homenagem ao Ano Internacional do Idoso do Centro Paranaense Feminino de Cultura.
1983	Placa de bronze – Homenagem da Sala do Poeta do Paraná.
1984	Prêmio Pinhão de Ouro.
1984	Homenagem da Biblioteca Pública do Paraná.
1984	Medalha de Mérito com título de Trovadora da Infância – Academia de Letras José de Alencar.
1985	Homenagem ao Dia Internacional da Mulher – Centro Paranaense Feminino de Cultura.
1987	Denominação da Biblioteca Solar do Barão (atual Casa de Leitura Maria Nicolas).
1988	Denominação de uma rua de Curitiba (Rua Maria Nicolas).
1988	Denominação de uma escola estadual em Curitiba (atualmente Escola Municipal Maria Nicolas).
1988	Denominação do espaço de memória da Assembleia Legislativa do Paraná.

PUBLICAÇÕES REALIZADAS	
Ano	Título da obra
1935	Ensaios – E as rosas morreram.
1936	Porque me orgulho de minha gente...
1936	Tornamos a viver – novela.

PUBLICAÇÕES REALIZADAS	
Ano	Título da obra
1937	Meus apontamentos: ensino de verbos: 3 e 4 anos.
1938	Amor que redime – novela.
1938	O Paraná em revista.
1946	Meus apontamentos: ensino de verbos – 2ª edição
1948	Vultos paranaenses – 1º volume.
1950	Páginas escolhidas: leitura intermediária para adultos e adolescentes.
1951	Vultos paranaenses – 2º volume.
1954	Esboço histórico de fatos e pessoas que antecederam a Instalação da Assembleia Legislativa do Estado do Paraná.
1954	Cem anos de vida parlamentar...: deputados provinciais e estaduais do Paraná: Assembleias Legislativas e Constituintes: 1854-1954.
1956	Páginas escolhidas – Leitura intermediária para adultos e adolescentes - 2ª edição.
1958	Vultos paranaenses – 3º volume.
1958	Ensino de moral e civilidade.
1959	Almas das Ruas – Cidade de Rio Negro – 1º fascículo.
1961	Almas das Ruas – Cidade de Curitiba: série B – 1º fascículo.
1962	Trovas.
1962	Almas das Ruas – Cidade de Santo Antônio n.º 2.
1963	Almas das Ruas – Cidade de São José dos Pinhais: série A – 3º fascículo.
1964	O Paraná de Antanho.
1964	Alma das ruas: de Paranaguá: série A – 4º fascículo.
1965	Páginas escolhidas: leitura intermediária para adultos e adolescentes –
1965	Estorias para Lasinha.
1966	Vultos paranaenses – 4º volume.
1969	Alma das Ruas – Cidade de Curitiba – 1º volume.
1970	Inverno florido.
1970	Poder Legislativo do estado do Paraná (resumo histórico).
1971	Sete artigos.

\multicolumn{2}{c}{PUBLICAÇÕES REALIZADAS}	
Ano	Título da obra
1972	Teatro infantil.
1973	Páginas curitibanas.
1973	Impressões de viagem, excursão a Manaus.
1974	Almas das ruas – Cidade de Curitiba – 2º volume.
1974	Álbum histórico de Santo Antônio do Sudoeste.
1975	Apenas um livro: poesias.
1976	Enternecer.
1977	O Paraná na Câmara dos Deputados (1853-1977).
1977	Pioneiras do Brasil: estado do Paraná.
1977	Alma das ruas/Cidade de Curitiba – Dicionário de Logradouros Públicos
1977	Trovas do bem fazer.
1978	Homenagem ao estado do Paraná no 125º aniversário de emancipação política, 1853-1978.
1978	O Paraná no Senado
1979	Fragmentos históricos.
1980	O preço de um segredo: alta comédia.
1981	Almas das ruas/Cidade de Curitiba – 3º volume.
1981	Sertanistas do Paraná: os esquecidos.
1983	Loto infantil.
1984	130 anos de vida parlamentar paranaense: 1854-1984.
1984	Almas das ruas/Cidade de Curitiba – 4º volume.
1984	Noções de moral, civismo e civilidade.
1984	Coração infantil: 1ª parte; Viveiro infantil: 2ª parte.

Fonte: a autora (2022)

FONTES

A BOMBA (PR). Aventuras de um bacharel. O Batataes. Redactorra: dr. Von Lanzmann, Collaborradorras: tiverzas. Anna Uma, Numera Douse. 10 out. 1913. Disponível em: http://memoria.bn.br/DocReader/docreader.aspx?bib=721077&pesq=%22normalista%22&pagfis=513. Acesso em: 10 jan. 2020.

A BOMBA (PR). Receita para arranjar noivo. O Batataes. Redactorra: dr. Von Lanzmann, Collaborradorras: tiverzas. Anna Uma, Numera Douse. 10 out. 1913. Disponível em: http://memoria.bn.br/DocReader/docreader.aspx?bib=721077&pesq=%22normalista%22&pagfis=513. Acesso em: 20 mar. 2020.

A BOMBA (PR). Cavações na surdina... Ed. 00010, (1), não paginado. 1913. Disponível em: http://memoria.bn.br/DocReader/DocReader.aspx?bib=721077&pesq=%22Contestado%22&pasta=ano%20191&hf=memoria.bn.br&pagfis=369. Acesso em: 10 nov. 2021.

ALMANACH DO PARANÁ. O que virà a ser a nossa filha? 1899. Edição 00002 (1). Disponível em: http://memoria.bn.br/DocReader/DocReader.aspx?bib=214752&pesq=%22O%20que%20vir%C3%A1%20a%20ser%20a%20nossa%20filha?%22&pasta=ano%20189&pagfis=317. Acesso em: 15 mar. 2021.

A NOTÍCIA. Vida Escolar. Coritiba, 29 dez. 1905. Edição 00047, Anno I, n. 47, p. 2. Disponível em: http://memoria.bn.br/DocReader/DocReader.aspx?bib=187666&pesq=%22Leon%20Nicolas%22&pagfis=188. Acesso em: 27 fev. 2021.

A REPUBLICA, Orgão do Partido Republicano Paranaense. Escola Jardim da Infancia. Curytiba, 02 fev. 1906. Edição: 00027, p. 2. Disponível em: http://memoria.bn.br/DocReader/DocReader.aspx?bib=215554&pesq=%22Jardim%20da%20Infancia%22&pasta=ano%20190&pagfis=17763. Acesso em: 28 mar. 2021.

A REPUBLICA, Orgão do Partido Republicano Paranaense. Exames. Curytiba, 18 dez. 1907. Ano XXII, n. 295, p. 2. Disponível em: http://memoria.bn.br/DocReader/DocReader.aspx?bib=215554&pesq=%22Leon%20Nicolas%22&pasta=ano%20189&pagfis=20155. Acesso em: 27 fev. 2021.

A REPUBLICA, Orgão do Partido Republicano Paranaense. Várias Notícias. Curytiba, 26 dez. 1908. Ano XXIII, p. 2. Disponível em: http://memoria.bn.br/DocReader/DocReader.aspx?bib=215554&pesq=%22Leon%20Nicolas%22&pasta=ano%20189&pagfis=21456. Acesso em: 27 fev. 2021.

A REPUBLICA, Orgão do Partido Republicano Paranaense. Pelas escolas. Curytiba, 23 nov. 1909. Ano XXIV, n. 261, p. 1. Disponível em: A Republica: orgam do Partido Republicano (PR) - 1888 a 1930 - DocReader Web (bn.br). Acesso em: 20 maio 2021.

A REPUBLICA, Orgão do Partido Republicano Paranaense. Collegio Paranaense. Curytiba, 07 jan. 1910. Ano XXIV, n. 05, p. 4. Disponível em: http://memoria.bn.br/DocReader/DocReader.aspx?bib=215554&pesq=%22Escola%20Normal%22&pasta=ano%20191&pagfis=22728. Acesso em: 20 nov. 2021.

A REPUBLICA, Orgão do Partido Republicano Paranaense. Pequenos echos. Curytiba, 26 out. 1910. Ano XXV, p. 1. Disponível em: http://memoria.bn.br/DocReader/DocReader.aspx?bib=215554&pesq=%22Leon%20Nicolas%22&pasta=ano%20189&pagfis=23727. Acesso em: 27 fev. 2021.

A REPUBLICA, Orgão do Partido Republicano Paranaense. Escola Normal. Curytiba, 28 jan. 1911. Ano XXV, n. 24, p. 2. Disponível em: http://memoria.bn.br/DocReader/DocReader.aspx?bib=215554&pesq=%22Leon%20Nicolas%22&pasta=ano%20189&pagfis=24058. Acesso em: 27 fev. 2021.

A REPUBLICA, Orgão do Partido Republicano Paranaense. Exames. Curitiba, 13 de nov. 1911. Edição 00266, p. 2. Disponível em: http://memoria.bn.br/DocReader/DocReader.aspx?bib=215554&pesq=%22Jo%C3%A3o%20Nicolas%22&pagfis=25070. Acesso em: 27 fev. 2021.

A REPUBLICA, Orgão do Partido Republicano Paranaense. Vida Escolar – os exames. Curytiba, 27 nov. 1912. Ano XXVII, n. 277, p. 1. Disponível em: http://memoria.bn.br/DocReader/DocReader.aspx?bib=215554&pesq=%22Maria%20Nicolas%22&pasta=ano%20191&pagfis=26401. Acesso em: 30 mar. 2021.

A REPUBLICA, Orgão do Partido Republicano Paranaense. Comarca de Palmeira Curytiba, 29 jan. 1914. Ano XXIX, n. 24, p. 3. Disponível em: http://memoria.bn.br/DocReader/DocReader.aspx?bib=215554&pesq=%22Amazonas%20Gon%C3%A7alves%22&hf=memoria.bn.br&pagfis=27813. Acesso em: 30 nov. 2021.

A REPUBLICA, Orgão do Partido Republicano Paranaense. Associações. Curitiba, 17 jun. 1914. Ano XIX, p. 2. Disponível em: http://memoria.bn.br/DocReader/DocReader.aspx?bib=215554&pesq=%22Leon%20Nicolas%22&pasta=ano%20189&pagfis=28278. Acesso em: 27 fev. 2021.

A REPUBLICA, Orgão do Partido Republicano Paranaense. Projeto n.º 2. Curitiba, 04 jul. 1914. p. 4. Disponível em: http://memoria.bn.br/DocReader/DocReader.

aspx?bib=215554&pesq=%22Maria%20Nicolas%22&pasta=ano%20191&pagfis=28344. Acesso em: 9 jan. 2021.

A REPUBLICA, Orgão do Partido Republicano Paranaense. Pof (sic) Raul Gomes. Curitiba, 12 jan. 1915. p. 3. Anno XXIX, n. 9 Disponível em: http://memoria.bn.br/DocReader/DocReader.aspx?bib=215554&pesq=%22Escola%20Normal%22&pasta=ano%20191&pagfis=29006. Acesso em: 9 nov. 2021.

A REPUBLICA, Orgão do Partido Republicano Paranaense. Collegio Santa Julia, 04 jan. 1916. p. 4. Anno XXX, n. 02. Disponível em: http://memoria.bn.br/DocReader/DocReader.aspx?bib=215554&pesq=%22Escola%20Normal%22&pasta=ano%20191&pagfis=30189. Acesso em: 9 nov. 2021.

A REPUBLICA, Orgão do Partido Republicano Paranaense. Parecer n. 10. Curitiba, 20 mar. 1918. Edição 00070, Ano XXXIII, n. 70 p. 3. Curytiba. Disponível em: http://memoria.bn.br/DocReader/DocReader.aspx?bib=215554&pesq=%22Jo%C3%A3o%20Nicolas%22&pagfis=32900. Acesso em: 9 jun. 2021.

A REPUBLICA, Orgão do Partido Republicano Paranaense. Um officio honroso. Curitiba, 11 abr. 1918. Edição 00083, ano XXXIII, n. 83 p. 1. Curytiba. Disponível em: A Republica: orgam do Partido Republicano (PR) - 1888 a 1930. Disponível em: DocReader Web (bn.br). Acesso em: 9 jun. 2021.

A REPUBLICA, Orgão do Partido Republicano Paranaense. Notícias de São Mateus. Curitiba, 19 out. 1921. Edição 00248, anno XXXVI, n. 248, p 2. Disponível em: http://memoria.bn.br/DocReader/DocReader.aspx?bib=215554&pesq=%22Maria%20Nicolas%22&pasta=ano%20192&pagfis=37297. Acesso em: 28 fev. 2021.

ARQUIVO PÚBLICO DO PARANÁ. **História Administrativa do Paraná (1853-1947)**: criação competências e alterações das unidades administrativas da Província e do Estado. Curitiba: Imprensa Oficial/Deap, 2000. 112 p. Disponível em: http://www.arquivopublico.pr.gov.br/sites/arquivopublico/arquivos_restritos/files/documento/2020-02/HistoriaAdministrativaParana_1853a1947.pdf. Acesso em: 10 jun. 2021.

AZAMBUJA, Laurentino de. Breves considerações sobre o ensino público. *In*: PARANÁ, S. *In*: LINS, B. J. L. **Relatório apresentado ao Exm. Snr. Dr. Vicente Machado da Silva Lima**. Curityba: Typographia do Diario Official, 1907. 250 p. Disponível em: http://www.arquivopublico.pr.gov.br/sites/arquivo-publico/arquivos_restritos/files/documento/2020-11/ano_1906_mfn_717.pdf. Acesso em: 19 jun. 2021.

AZEVEDO, Luiz Heitor Corrêa de. Léo Kessler e sua ópera Papilio Innocentia. **Revista Letras**, v. 11. Curitiba: Universidade Federal do Paraná. Disponível em: https://revistas.ufpr.br/letras/article/view/19900. Acesso em: 23 mar. 2021.

BABO, Lamartine. **O teu cabelo não nega**. O Teu Cabelo Não Nega - Lamartine Babo Disponível em: LETRAS.MUS.BR. Acesso em: 21 jul. 2021.

BIBLIOTECA Pública do Paraná. Pasta Maria Nicolas. [**Entrevista com Maria Nicolas**]. Folha avulsa, 1976.

BRASIL. Instituto Nacional de Estudos e Pesquisas Educacionais Anísio Teixeira. **Censo da Educação Básica 2020**: notas estatísticas. Brasília, DF: Inep, 2021. Disponível em: http://inep.gov.br/informacao-da-publicacao/-/asset_publisher/6JYIsGMAMkW1/document/id/6993024. Acesso em: 26 jul. 2021.

BRASIL. Lei n.º 3.071, de 1º de janeiro de 1916. Institui o Código Civil. **Diário Oficial da União**. Brasília, DF. 05 jan. 2016. Disponível em: http://www.planalto.gov.br/ccivil_03/leis/l3071.htm. Acesso em: 17 jan. 2022.

CÂMARA MUNICIPAL DE CURITIBA. **Decretos e Actos. 1902 a 1906**. Officinas de Artes Graphicas de Adolpho Guimarães. Curytiba. Disponível em: https://www.curitiba.pr.leg.br/informacao/nossa-memoria/legislacoes-de-1902-a-1945/1-leis_atos_e_decretos_curitiba_ano_1902_a_1906.pdf. Acesso em: 12 jun. 2021.

CARNEIRO JÚNIOR, Renato (coord.); FERRERIA, Maria Luiza; CARNEIRO, Cíntia M. S. Braga. **Personagens da história do Paraná**: acervo do Museu Paranaense. Curitiba: SAMP; Museu Paranaense, 2014. 182 p.

CÉRES DE FERRANTE. Curiosidades. **Academia Paranaense de Letras**, Curitiba, [20-?]. Disponível em: http://academiaparanaensedeletras.com.br/curiosidades/. Acesso em: 18 de fev. 2021.

CHRISTO, Maraliz de Castro Vieira. **Negros em espaços brancos**: três quadros, uma só história. Disponível em: https://periodicos.ufjf.br/index.php/nava/article/view/32498. Acesso em: 13 jun. 2021.

CORREIA JUNIOR. Todas as manhãs – Correia Junior. **O estado**. Curitiba, 21 maio 1921. Edição 00202, anno II, n. 202, p 2. Disponível em: http://memoria.bn.br/DocReader/DocReader.aspx?bib=830275&pesq=%22Maria%20Nicolas%22&pasta=ano%20193&pagfis=1946. Acesso em: 18 jan. 2022.

COSTA, Lysimaco Ferreira da. Ao Exmo Sr. Dr. Arthur Pedreira de Cerqueira, Diretor Geral da Unstrução Publica neste Estado. (1909) **Relatorio apresentado** ao Exmo. Sr, Francisco Xavier da Silva. 31 de dez. 1909. Typographia D'A Republica. Curytiba. 1910. Disponível em: http://www.arquivopublico.pr.gov.br/sites/arquivo-publico/arquivos_restritos/files/documento/2020-11/ano_1909_mfn_728.pdf. Acesso em: 8 mar. 2021.

COSTA, Lysimaco Ferreira da. **Bases Educativas para a Organização da Nova Escola Secundaria do Paraná**. Palacio da Instrução. Escola Normal Secundaria. Curityba. Paraná. 1923. [s.n.].

COVELLO, Antonio Augusto. Dr. João Teixeira Soares Engenheiro-chefe da construção da estrada de ferro do Paraná. **Cincoentenario da Estrada de Ferro do Paraná – 1885 – 5 de fevereiro – 1935**. Publicação Comemorativa da Rêde de Viação Paraná - Santa Catarina. 1935.

DEAP. Departamento Estadual de Arquivo Público. Paraná. Ofício. AP livro n. 2009, 1919, p. 1.

DEAP. Departamento Estadual de Arquivo Público. Paraná. Ofício. AP livro n. 1764, 1919, p. 5.

DEAP. Departamento Estadual de Arquivo Público. Paraná. Ofício. AP livro n. 1754, 1919, p. 35.

DEAP. Departamento Estadual de Arquivo Público. Paraná. Ofício. AP livro n. 1750, 1919, p. 41.

DEAP. Departamento Estadual de Arquivo Público. Paraná. Ofício. AP livro n. 1740, 1919, p. 56.

DEAP. Departamento Estadual de Arquivo Público. Paraná. Ofício. AP livro n. 1740, 1919, p. 97.

DEAP. Departamento Estadual de Arquivo Público. Paraná. Requerimento. AP livro n. 1764, 1919, p. 128.

DEAP. Departamento Estadual de Arquivo Público. Paraná. Ofício. AP livro n. 1767, 1920, p. 74.

DEAP. Departamento Estadual de Arquivo Público. Requerimento. AP livro n. 1812, 1920, p. 96.

DEAP. Departamento Estadual de Arquivo Público. Requerimento. AP livro n. 1812, 1920, p. 101.

DEAP. Departamento Estadual de Arquivo Público. Paraná. Ofício. AP livro n. 1840, 1921, p. 210.

DEAP. Departamento Estadual de Arquivo Público. Paraná. Ofício. AP livro n. 1887, 1922, p. 16-17.

DEAP. Departamento Estadual de Arquivo Público. Paraná. Ofício. AP livro n. 1887, 1922, p. 52.

DEAP. Departamento Estadual de Arquivo Público. Paraná. Ofício. AP livro n. 1952, 1922, p. 102.

DEAP. Departamento Estadual de Arquivo Público. Paraná. Ofício. AP livro n. 1882, 1922, p. 189.

DEAP. Departamento Estadual de Arquivo Público. Paraná. Ofício. AP livro n. 2044/2045, 1923.

DEAP. Departamento Estadual de Arquivo Público. Paraná. Ofício. AP livro n. 1952, 1923, p. 185.

DEZENOVE DE DEZEMBRO. Lei n. 238 de 19 de abril de 1870. Curitiba. 7 maio 1870. Edição 01094 (1), anno XVII, n. 1094, p. 2-3. Disponível em: http://memoria.bn.br/DocReader/DocReader.aspx?bib=416398&pesq=%22%20lei%20n%20238%20de%2019%20de%20abril%20de%201870%22&pagfis=5976. Acesso em: 8 mar. 2021.

DEZENOVE DE DEZEMBRO. Collegio Parthenon Paranaense. Curitiba. 12 fevereiro 1890. Edição 00011 (1), anno XXXVII, n. 11, p. 4. Disponível em: http://memoria.bn.br/DocReader/DocReader.aspx?bib=416398&pesq=%22hygiene%22&pasta=ano%20189&pagfis=16560. Acesso em: 20 jul. 2021.

DIARIO DA TARDE. O feminismo na Alemanha. Curityba, 12 maio 1899. Edição 0042 (1), anno 1, n. 42, p. 1. Disponível em: http://memoria.bn.br/DocReader/DocReader.aspx?bib=800074&pesq=%22emancipa%C3%A7%C3%A3o%20da%20mulher%22&pasta=ano%20189&pagfis=121. Acesso em: 10 mar. 2021.

DIARIO DA TARDE. Escola Normal. Curityba, 20 fev. 1902. Edição 00902 (1), anno IV, n. 902, p. Disponível em: http://memoria.bn.br/DocReader/DocReader.aspx?bib=800074&pesq=%22Escola%20Normal%22&pasta=ano%20190&hf=memoria.bn.br&pagfis=3431. Acesso em: 12 nov. 2021.

DIARIO DA TARDE. Factos Diversos. Carityba, 19 fev. 1903. Edição 01207 (1), anno IV, n. 1.207, p. 2. Disponível em: http://memoria.bn.br/DocReader/DocReader.aspx?bib=800074&Pesq=%22Escola%20Normal%22&pagfis=4040. Acesso em: 10 nov. 2021.

DIARIO DA TARDE. Conservatorio de Bellas Artes. Curityba, 25 maio 1904. Edição 01594 (1), anno VII, n. 1.594, p. 3. Disponível em: http://memoria.bn.br/DocReader/DocReader.aspx?bib=800074&Pesq=%22Escola%20Normal%22&pagfis=5601. Acesso em: 10 nov. 2021.

DIARIO DA TARDE. Escola Republicana. Curitiba, 5 jan. 1907. Edição 02403 (1), anno X, n. 2403, p. 6. Disponível em: http://memoria.bn.br/DocReader/DocReader.aspx?bib=800074&pesq=%22Fernando%20Moreira%22&pasta=ano%20190&pagfis=8873. Acesso em: 22 mar. 2021.

DIARIO DA TARDE. Protesto. Curitiba, 03 set. 1908. Edição 02900 (1), ano XI, n. 2.900, p. 2. Disponível em: http://memoria.bn.br/DocReader/docreader.aspx?bib=800074&pasta=ano%20190&pesq=%22Paulo%20L.%20Nicolas%22&pagfis=10661. Acesso em: 25 nov. 2021.

DIARIO DA TARDE. Manifestação. Curitiba, 25 jun. 1909. Edição 03136 (1), ano XII. n. 3.136, p. 2. Disponível em: http://memoria.bn.br/DocReader/DocReader.aspx?bib=800074&Pesq=%22Dario%20Vellozo%22&pagfis=11649. Acesso em: 25 jan. 2021.

DIARIO DA TARDE. Congresso do Estado. Curitiba, 03 fev. 1914. Edição 04603 (1), n. 4.603, p. 4. Disponível em: http://memoria.bn.br/DocReader/DocReader.aspx?bib=800074&pesq=%22Maria%20Nicolas%22&pasta=ano%20191&pagfis=18724. Acesso em: 25 nov. 2021.

DIARIO DA TARDE. Pela Instrução. Curitiba, 2 dez. 1915. Edição 05264, p. 1. Disponível em: http://memoria.bn.br/DocReader/DocReader.aspx?bib=800074&pesq=%22Thereza%20Nicolas%22&pasta=ano%20191&pagfis=21561. Acesso em: 27 fev. 2021.

DIARIO DA TARDE. Saudade de outrora por Lamaris para o concurso do "curitybano-repórter". Curitiba, 17 maio 1934. Edição 11772 (1), anno XXXVI, n. 11.772, p. 1. Disponível em: http://memoria.bn.br/DocReader/DocReader.aspx?bib=800074&pesq=%22Lamaris%22&pagfis=42342. Acesso em: 2 mar. 2021.

DIARIO DA TARDE. Fundação do Centro Literário José de Alencar – Palmeira. MN será orientadora das alunas intermediárias. Curitiba, 19 abr. 1934. Edição

11.772 (1), anno XXXVI, p. 4. Disponível em: http://memoria.bn.br/DocReader/DocReader.aspx?bib=800074&pesq=%22Maria%20Nicolas%22&pasta=ano%20193&pagfis=42161. Acesso em: 10 jan. 2022.

DIARIO DA TARDE. livros. Curitiba, 10 jan. 1936. Edição 12.277, anno XXXVII, n. 12.277, p. 3. Disponível em: http://memoria.bn.br/DocReader/docreader.aspx?bib=800074&pasta=ano%20193&pesq=%22letras%20do%20paran%C3%A1%22&pagfis=46417. Acesso em: 18 jan. 2022.

DIARIO DA TARDE. Vingança de Mulher. Curitiba, 17 mar. 1937. Edição 12.637, anno 38, n. 12.637, p. 5. Disponível em: http://memoria.bn.br/DocReader/DocReader.aspx?bib=800074&pesq=%22Maria%20Nicolas%22&pasta=ano%20193&pagfis=49297. Acesso em: 28 fev. 2021.

DIARIO DA TARDE. Momentos de indescritível 'emoção' e alegria na Escola José de Carvalho. Curitiba, 03 dez. 1952. Edição 17790, p. 5. Disponível em: http://memoria.bn.br/DocReader/DocReader.aspx?bib=800074&pesq=%22Tereza%20Nicolas%22&pasta=ano%20195&pagfis=82572. Acesso em: 27 fev. 2021.

DIARIO DA TARDE. Prof.ª Tereza Nicolas. Curitiba, 20 ago. 1957. Edição 20420, p. 6. Disponível em: http://memoria.bn.br/DocReader/DocReader.aspx?bib=800074&pesq=%22Tereza%20Nicolas%22&pasta=ano%20195&pagfis=90846. Acesso em: 27 fev. 2021.

DIARIO DA TARDE. Jubileu de Ouro. Curitiba, 30 dez. 1966. Edição 20933, p. 11. Disponível em: Diario da Tarde (PR) - 1899 a 1983 - DocReader Web (bn.br). Acesso em: 20 de jun. 2021

DIARIO DA NOITE (RJ). Homenagens. Rio de Janeiro, 10 mar. 1936. Edição 02565, n. 2.565, p. 5. Disponível em: Diario da Noite (RJ) - 1930 a 1939 - DocReader Web (bn.br). Acesso em: 20 jan. 2022.

DIARIO DO PARANÁ. Aspiram os professores primários a criação de uma associação própria. Curitiba, 22 ago. 1957. Edição 00723, Primeiro caderno, p. 8. Disponível em: http://memoria.bn.br/DocReader/DocReader.aspx?bib=761672&pesq=%22Aspiram%20os%20professores%20prim%C3%A1rios%20a%20cria%C3%A7%C3%A3o%20de%20uma%20associa%C3%A7%C3%A3o%20pr%C3%B3pria%22&pagfis=17474. Acesso em: 27 fev. 2021.

DIARIO DO PARANÁ. Louvor pela realização do Primeiro Seminário de educação de adultos. Assembleia Legislativa. Curitiba, 26 abr. 1958. Edição 00926, p. 2. Disponível em: http://memoria.bn.br/DocReader/DocReader.aspx?bib=761672&pes-

q=%22Tereza%20Nicolas%22&pasta=ano%20195&pagfis=21166. Acesso em: 27 fev. 2021.

DIARIO DO PARANÁ. Mulher presente Maria Nicolas "a alma das ruas". Curitiba, 17 set. 1972. Terceiro Caderno, Edição 05159 (1), p. 5. Disponível em: http://memoria.bn.br/DocReader/DocReader.aspx?bib=761672&Pesq=%22Maria%20Nicolas%22&pagfis=88528. Acesso em: 25 jan. 2021.

DICIONÁRIO HISTÓRICO-BIOGRÁFICO DO PARANÁ. Curitiba: Chain: Banco do Estado do Paraná, 1991. 654 p.

DOHMS, Jubal Sérgio. **João Nicolas**. [Mensagem pessoal]. Mensagem recebida por: silvanaschuindt@gmail.com, 7 jan. 2022.

FERRANTE. Ceres de. Apresentação. *In:* NICOLAS, M. **Apenas um livro**: poesias. Piraquara: Typographia da Penitenciária do Estado, 1975. 42 p.

FREYESLEBEN. **Enciclopédia Itaú Cultural de Arte e Cultura Brasileiras**. São Paulo: Itaú Cultural, 2021. Disponível em: http://enciclopedia.itaucultural.org.br/pessoa10177/freyesleben. Acesso em: 25 mar. 2021.

FREYESLEBEN, Waldemar Curt. Vingança de mulher. **O Estado**. Curitiba, 08 jun. 1937. Edição 00218. Disponível em: O Estado (PR) - 1936 a 1938 - DocReader Web (bn.br). Acesso em: 20 jan. 2021.

FUNCIONÁRIOS ADMINISTRATIVOS. **Relatório**. 1928. Disponível em: http://www.arquivopublico.pr.gov.br/sites/arquivo-publico/arquivos_restritos/files/documento/2020-11/ano1928mfn1016.pdf. Acesso em: 19 jun. 2021

GASPAR DUARTE VELOSO. FGV/CPDOC. Rio de Janeiro, [20-?]. Disponível em: http://www.fgv.br/cpdoc/acervo/dicionarios/verbete-biografico/gaspar-duarte-veloso. Acesso em: 15 de mar. 2021.

GELEDÉS. **Me gritaron negra! A poeta Victoria Santa Cruz**. 2012. Disponível em: https://www.geledes.org.br/me-gritaron-negra-a-poeta-victoria-santa-cruz/. Acesso em: 7 jun. 2021.

GELEDÉS. **Discurso Sojourner Thruth**. 2014. Disponível em: https://www.geledes.org.br/e-nao-sou-uma-mulher-sojourner-truth/. Acesso em: 7 fev. 2022.

GELEDÉS. **Nota de esclarecimento e repúdio quanto à suposta maldição sobre africanos e negros**. 2013. Disponível em: https://www.geledes.org.br/nota-de-esclarecimentoerepudioquantoasupostamaldicaosobrenegroseafricanos/?gclid=CjwKCAjwq7aGBhADEiwA6uGZp9DxzmKH7RJKPiwCRN8odjY8U-FZvkq_fwnMKbjI_lAXDJfuUZdkIxoCkEcQAvD_BwE. Acesso em: 19 jun. 2021.

GOMES, Raul R.; CARVALHO, Raul. Reminiscencias históricas. **Cincoentenario da Estrada de Ferro do Paraná – 1885 – 5 de fevereiro – 1935.** Publicação Comemorativa da Rêde de Viação Paraná – Santa Catarina. 1935.

GOMES, Raul. O ensino publico em 1917. p. 206. *In:* SANTOS. E. M. dos. **Relatório apresentado ao Exm. Sr. Dr. Affonso Alves Camargo.** Curityba: Typographia do Diario Official, 1917. 256 p. Disponível em: http://www.arquivopublico.pr.gov.br/sites/arquivopublico/arquivos_restritos/files/documento/2020-11/ano_1917_mfn_801.pdf. Acesso em: 12 fev. 2021.

GOMES, Mario. Relatorio do Serviço de Inspecção medico-escolar. *In:* MARTINEZ, P. **Relatório apresentado ao Exmo. Sr. Dr. Secretario Geral do Estado.** Curityba, Typographia da Penitenciária do Estado. 1921.124 p. Disponível em: ano1921mfn807.pdf (arquivopublico.pr.gov.br). Acesso em: 25 jul. 2021.

GUERRA DO CONTESTADO. *In*: FGV/CPDOC. Rio de Janeiro, [20-?]. Disponível em: http://cpdoc.fgv.br/sites/default/files/verbetes/primeira-republica/GUERRA%20DO%20CONTESTADO.pdf. Acesso em: 18 nov. 2021.

IBGE. **Fernandes Pinheiro** – PR. n/p. Disponível em: http://fernandespinheiro.pr.gov.br/index.php?sessao=b054603368ncb0&id=1884. Acesso em: 16 jun. 2021.

IBGE. **Teixeira Soares** – PR. n/p. Disponível em: https://cidades.ibge.gov.br/brasil/pr/teixeira-soares/panorama. Acesso em: 16 de jun. 2021.

IBGE. **Tomazina Paraná** – PR. 2017. Disponível em: https://cidades.ibge.gov.br/brasil/pr/tomazina/historico. Acesso em: 14 abr. 2021.

INTEGRALISMO. *In*: FGV/CPDOC. Rio de Janeiro, [200?], não paginado. Disponível em: http://www.fgv.br/cpdoc/acervo/dicionarios/verbete-tematico/integralismo. Acesso em: 12 jan. 2022.

JORNAL DAS MOÇAS. A asneira do menino Benjamim. Rio de Janeiro. 22 jan. 1920. Edição 00240. Disponível em: http://memoria.bn.br/DocReader/docreader.aspx?bib=111031_02&pasta=ano%20192&pesq=%22Benjamim%22&pagfis=156. Acesso em: 15 maio 2021.

JORNAL DO COMMERCIO. Exposição de Antuerpia. Curitiba. 19 ago. 1884[a]. Edição 00063, anno II, p. 1. Disponível em: http://memoria.bn.br/DocReader/DocReader.aspx?bib=814415&pesq=%22Estrada%20de%20ferro%22&pasta=ano%20188&pagfis=244. Acesso em: 20 fev. 2021.

JORNAL DO COMMERCIO. Estrada de Ferro. Curitiba. 20 dez. 1884[b]. Edição 00081, anno II, p. 4. Disponível em: http://memoria.bn.br/DocReader/DocReader.aspx?bib=814415&pesq=%22Estrada%20de%20ferro%22&pasta=ano%20188&pagfis=315. Acesso em: 20 fev. 2021.

JOÃO TEIXEIRA SOARES. **Cincoentenario da Estrada de Ferro do Paraná – 1885 – 5 de fevereiro – 1935**. Publicação Comemorativa da Rêde de Viação Paraná – Santa Catarina. 1935.

LALA, Rafael de. **Faleceu o ex-deputado Arthur de Souza**. Assembleia Legislativa do Estado do Paraná. Curitiba, 2006. Disponível em: http://www.assembleia.pr.leg.br/comunicacao/noticias/faleceu-o-ex-deputado-arthur-de-souza. Acesso em: 20 mar. 2021.

LAMARIS. Lamaris, integralista. **Diario da Tarde**, Curitiba, 22 set. 1934. Edição 11882, aAnno XXXVI, p. 4. Disponível em: http://memoria.bn.br/DocReader/DocReader.aspx?bib=800074&Pesq=%22Lamaris%22&pagfis=43231. Acesso em: 27 fev. 2021.

LEÃO, Carneiro. **Problemas de educação**. Rio de Janeiro: Livraria Castilho, 1919.

LEÃO, Carneiro. **O ensino na capital do Brasil**. Rio de Janeiro: Typographia do Jornal do Comércio, 1926.

LIVROS DE ATAS. Escola Normal de Curitiba. 1908 a 1916. Acervo do Departamento Estadual de Arquivo Público. Paraná.

LIVRO DE MATRÍCULAS. Escola Normal de Curitiba. 1911. Acervo do Departamento Estadual de Arquivo Público. Paraná.

LOBATO, Monteiro. **O presidente negro**. PAVLOSKI. E. (org.). Chapecó: Editora da Universidade Federal da Fronteira Sul, 2020. Disponível em: https://arquivosbrasil.blob.core.windows.net/insulas/anexos/o-presidente-negro.pdf. Acesso em: 18 jul. 2021.

MACEDO, Annette Clotilde Portugal. Felicidade pela educação. Tese de Concurso. 1952. *In*: MACEDO, Francisco Ribeiro Azevedo. **Felicidade pela educação – Ensaios pedagógicos da professora Annette Clotilde Macedo**. Curitiba: Gerpa, 1952.

MACEDO, Annette Clotilde Portugal. Missão social da mulher brasileira. *In*: MACEDO, Francisco Ribeiro Azevedo. **Felicidade pela educação – Ensaios pedagógicos da professora Annette Clotilde Macedo**. Curitiba: Gerpa, 1952. p. 157-167.

MACEDO, Diogo Falce de. **Ildefonso Dante Falce**. [Mensagem pessoal]. Mensagem recebida por: silvanaschuindt@gmail.com. 03 abril 2021.

MACEDO, Francisco Ribeiro Azevedo. **Felicidade pela educação – Ensaios pedagógicos da professora Annette Clotilde Macedo**. Curitiba: Gerpa, 1952. 259 p.

MACEDO, Francisco Ribeiro Azevedo. Relatório apresentado ao Exm. Sr. Dr. Claudino Roberto F. dos Santos. **Relatório apresentado ao Exm. Sr. Dr. Carlos Cavalcanti de Albuquerque**. Curityba: Typographia do Diario Official, 1913. 261 p. Disponível em: http://www.arquivopublico.pr.gov.br/sites/arquivopublico/arquivos_restritos/files/documento/2020-11/ano_1913_mfn_745.pdf. Acesso em: 12 jan. 2021.

MACEDO, Francisco Ribeiro Azevedo. **Relatório apresentado ao Exm. Sr. Dr. Claudino Roberto F. dos Santos**. Curityba: Typographia do Diario Official, 1914. 93 p. Disponível em: http://www.arquivopublico.pr.gov.br/sites/arquivopublico/arquivos_restritos/files/documento/2020-11/ano1913mfn788.pdf. Acesso em: 12 jan. 2021.

MARCONDES, Moysés. Instrucção Primaria. **Relatório apresentado ao IIm. Sr. Dr. Carlos Augusto de Carvalho**. Curityba: Typographia do Dezenove de Dezembro, 1882. 33 p. Disponível em: ano1882mfn837.pdf (administracao.pr.gov.br). Acesso em: 13 jan. 2021.

MARTINEZ, Prieto. **Relatório apresentado ao Exmo. Sr. Dr. Secretario Geral do Estado**. Curityba: Typographia da Penitenciária do Estado. 1921. 124 p. Disponível em: ano1921mfn807.pdf (arquivopublico.pr.gov.br). Acesso em: 25 jul. 2021.

MARTINEZ, Prieto. **Relatório apresentado ao Exmo. Sr. Dr. Secretario Geral do Estado**. (1922). Curityba: Typographia da Penitenciária do Estado. 1923. 158 p. Disponível em: ano1922mfn808.pdf (arquivopublico.pr.gov.br). Acesso em: 25 jan. 2021.

MENS SANA IN CORPORE SANO. **Dicionário Priberam da Língua Portuguesa** [em linha], 2008-2021. Disponível em: https://dicionario.priberam.org/mens+sana+in+corpore+sano. Acesso em: 20 jul. 2021.

MILHARCH, Aramis. Maria Nicolas, Mestre há 60 anos. **O Estado do Paraná**. Curitiba. 13 fev. 1977. Tabloide, p. 4. Disponível em: https://www.millarch.org/comment/reply/10417. Acesso em: 25 jan. 2021.

MONTEIRO, Tobias do Rego. Do Rio ao Paraná. (1903). *In*: GOMES, Raul R.; CARVALHO, Raul. **Cincoentenario da Estrada de Ferro do Paraná – 1885 – 5 de fevereiro – 1935**. Publicação Comemorativa da Rêde de Viação Paraná – Santa Catarina. 1935.

MUNHOZ, Caetano Alberto. **Relatório apresentado ao Exmo. Sr. Dr. Francisco Xavier da Silva**. Governador do Paraná. Curityba: Typographia e Lith a Vapor da Companhia Impressora Paranaense. 1894. 67 p. Disponível em: https://www.administracao.pr.gov.br/sites/default/arquivos_restritos/files/documento/2021-11/ano_1894_mfn_630_631_632.pdf. Acesso em: 15 jul. 2021.

MUNHOZ, Caetano Alberto. **Relatório apresentado ao Exmo. Sr. Dr. Francisco Xavier da Silva**. Curityba: Typographia e Lith a Vapor da Impressora Paranaense, 31 ago. 1895. 70 p. Disponível em: https://www.administracao.pr.gov.br/sites/default/arquivos_restritos/files/documento/2021-11/ano_1895_mfn_638.pdf. Acesso em: 23 fev. 2021.

MUNHOZ. Alcides. **Relatório da Secretaria Geral do Estado do Paraná**. 1924-1925. 31 dez. 1925. Curityba: Livraria Mundial, França & Cia Ltda, 1925. Disponível em: ano_1924_1925_mfn_804_secretaria_geral_do_estado.pdf(administracao.pr.gov.br). Acesso em: 3 nov. 2021.

MURICY, Andrade. O Guaíra em chamas. **Diario do Paraná**, Curitiba, Primeiro Caderno, Edição 04525 (1), 14 ago. 1970. Disponível em: Diario do Paraná: Orgao dos Diários Associados (PR) - 1955 a 1983 - DocReader Web (bn.br). Acesso em: 19 jan. 2021.

NEGRÃO, Francisco. **Genealogia paranaense**. vol. 2. Curitiba: Impressora Paranaense, 1927.

NICOLAS, Maria. **Porque me orgulho de minha gente...** Leitura suplementar. 2. ed. Curitiba: França & Cia Ltda., 1936. 146 p.

NICOLAS, Maria. **O Paraná em Revista**, ano 1, n. 1, 1938.

NICOLAS, Maria. **Cem anos de vida parlamentar...**: deputados provinciais e estaduais do Paraná: assembleias legislativas e constituintes: 1854-1954. Curitiba: Imprensa Oficial, 1954. 543 p.

NICOLAS. Maria. A poesia, a mais negligenciada das Artes. **O Dia**, Curitiba, ano XXXIII, v. 1, n. 10.537, p. 12, 26 mai. 1957. Disponível em: http://memoria.bn.br/DocReader/docreader.aspx?bib=092932&pasta=ano%20195&pesq=%22negligenciada%22&pagfis=93047. Acesso em: 19 jan. 2022.

NICOLAS, Maria. **Alma das ruas de Paranaguá**. Série A. 4. fasc. Curitiba, 1964. 108 p.

NICOLAS, Maria. **Alma das ruas/ cidade de Curitiba**. vol. 1. Curitiba: Lítero-Técnica, 1969. 327 p.

NICOLAS, Maria. **Alma das ruas/ cidade de Curitiba**. vol. 1. Curitiba: Lítero-Técnica, 1974. 377 p.

NICOLAS, Maria. **Apenas um livro**: poesias. Piraquara: Typographia da Penitenciária do Estado, 1975. 42 p.

NICOLAS, Maria. **Pioneiras do Brasil**: estado do Paraná. Curitiba, PR: [s.n.], 1977. 320 p.

NICOLAS, Maria. **Ser professora**. 1980. Folha avulsa. Acervo de Antonio Carlos Zotto. [s.n.].

NICOLAS, Maria. **O porque dos meus livros**: ano áureo em literatura. Curitiba: Lítero-Técnica, 1984.

NICOLAS, Maria. **Lira dos 80 anos**. Curitiba: [19--]a. Manuscritos. 171 p. Acervo da Casa da Memória. Curitiba.

NICOLAS, Maria. **Retalhos de uma vida**. Curitiba: [19--]b. Manuscritos. 95 p. Acervo da Casa da Memória. Curitiba.

NICOLAS, Nicole Louise Capote. **Maria Nicolas (1899-1988) – Trajetória**. 2013. 51 f. Trabalho de Graduação (disciplina Pesquisa no Ensino da Arte) – Curso de Licenciatura em Artes Visuais, Faculdade de Artes do Paraná, Curitiba, 2013.

O ESTADO DO PARANÁ. Palacio da Presidencia. Curitiba, 07 de ago. 1926. Edição 00488, p. 7. Disponível em: http://memoria.bn.br/DocReader/DocReader.aspx?bib=830372&pesq=%22Maria%20Nicolas%22&pasta=ano%20192&pagfis=2300. Acesso em: 17 maio 2021

O ESTADO (SC). Visita e palestra de MN acompanhada de Ladislau Romanowski (poeta) em SC. Florianópolis, 30 de jan. 1937. Edição 06980ª (1), Anno: XXII, n.º 6.980, p. 3. Disponível em: http://memoria.bn.br/DocReader/DocReader.aspx?bib=884120&pesq=%22Maria%20Nicolas%22&pasta=ano%20193&pagfis=35598. Acesso em: 17 de jan. 2022

O DIA. Decretos assignados. Curitiba, 03 de abr. 1924. Edição 00238, p. 4. Disponível em: http://memoria.bn.br/DocReader/DocReader.aspx?bib=092932&pesq=%22Maria%20Nicolas%22&pasta=ano%20192&pagfis=2240. Acesso em: 17 de. 2021

O DIA. Faculdade de Engenharia. Curitiba, 22 de jun. 1929. Edição 02272, p. 8. Disponível em: O Dia (PR) - 1923 a 1961 - DocReader Web (bn.br). Acesso em: 10 de jun. 2021

O DIA. Sociedade Teatral Renascença. Curitiba, 16 de mar.1930. Edição 02498, p. 5. Disponível em: http://memoria.bn.br/DocReader/DocReader.aspx?bib=092932&pesq=%22Jo%C3%A3o%20Nicolas%22&pagfis=16871. Acesso em: 27 de fev. 2021

O DIA. Parecer n. 29 solicitação da aquisição de seu livro didático ao governo. Curitiba. 12 ago. 1935. Edição 03553 (1), Anno XIII, p. 3. Disponível em: http://memoria.bn.br/DocReader/DocReader.aspx?bib=092932&pesq=%22Maria%20Nicolas%22&pasta=ano%20193&pagfis=29663. Acesso em: 11 de jan. 2021

O DIA. "Porque me orgulho de minha gente" de Maria Nicolas. Curitiba. 26 dez. 1936. Edição 12571 (1), p. 2. Disponível em: http://memoria.bn.br/DocReader/DocReader.aspx?bib=800074&pesq=%22Maria%20Nicolas%22&pasta=ano%20193&pagfis=48766. Acesso em: 3 set. 2021.

O DIA. Porque me orgulho de minha gente O significado real do livro didático de nossa conterrânea MN. Curitiba. 01 jan. 1937. Edição 04087 (1), Anno XIV, N.º 4087, p. 3. Disponível em: http://memoria.bn.br/DocReader/DocReader.aspx?bib=092932&pesq=%22Maria%20Nicol as%22&pasta=ano%20193&pagfis=33051. Acesso em: 13 jan. 2022.

O DIA. Missa. Curitiba, 24 jul. 1938. Edição 04597, Anno XVI, p. 6. Disponível em: http://memoria.bn.br/DocReader/DocReader.aspx?bib=092932&pesq=%22Leon%20Nicolas%22&pagfis=36882. Acesso em: 27 fev. 2021.

O DIA. Publicações "O Paraná em Revista". Curitiba, 11 ago. 1938. Edição 04612, Anno: XVI, p. 3. Disponível em: http://memoria.bn.br/DocReader/DocReader.aspx?bib=092932&pesq=%22O%20Paran%C3%A1%20em%20Revista%22&pasta=ano%20193&hf=memoria.bn.br&pagfis=37003. Acesso em: 27 fev. 2021.

O DIA. Dr. Emygdio dos Santos Pacheco. Curitiba, 14 dez. 1939. Edição 05023, p. 6. Anno XVII. N. 5023. Disponível em: O Dia (PR) - 1923 a 1961 - DocReader Web (bn.br). Acesso em: 27 de nov. 2021

O DIA. As comemorações do Dia do Funcionário Público. Curitiba, 25 out. 1949. Edição 08243, p. 8. Disponível em: http://memoria.bn.br/DocReader/DocReader.aspx?bib=092932&pesq=%22As%20comemora%C3%A7%C3%B5es%20do%20Dia%20do%20funcion%C3%A1rio%20p%C3%BAblico%22&pagfis=67370. Acesso em: 27 de fev. 2021

O DIA. Sociais. Exame na Casa do Jornaleiro. Curitiba, 04 dez. 1955. Edição 10125, p. 6. Disponível em: http://memoria.bn.br/DocReader/DocReader.aspx?bib=092932&pesq=%22Tereza%20Nicolas%22&pasta=ano%20195&pagfis=87419. Acesso em: 27 de fev. 2021

O DIA. II Congresso Nacional da Educação de Jovens e Adultos. Curitiba. 20 jul. 1958. Edição 10875, p. 8 - 9. Disponível em: http://memoria.bn.br/DocReader/DocReader.aspx?bib=092932&pesq=%22Tereza%20Nicolas%22&pasta=ano%20195&pagfis=97387. Acesso em: 27de fev. 2021

O DIA. Eco das solenidades comemorativas ao 25.º aniversário de Fundação da Caixa de Mútuo Socorro 11 de junho. Curitiba. 21 jul. 1959. Edição 11197, n/p Disponível em: http://memoria.bn.br/DocReader/DocReader.aspx?bib=092932&pesq=%22Tereza%20Nicolas%22&pasta=ano%20195&pagfis=101157. Acesso em: 27 fev. 2021.

O ESTADO. Didactica Paranaense – Porque me ufano de minha gente – Professora Maria Nicolas. Curitiba. 24 dez. 1936. Edição 00072, Anno: I, p. 2. Disponível em: http://memoria.bn.br/DocReader/DocReader.aspx?bib=830275&pesq=%22Maria%20Nicolas%22&pasta=ano%20193&pagfis=842. Acesso em: 12 jan. 2022.

O OLHO DA RUA. Pela instrucção. Ed. 00020 (3). Não paginado. 1908. Disponível em: http://memoria.bn.br/DocReader/docreader.aspx?bib=240818&pasta=ano%20190&pesq=%22Regulamento%22&pagfis=581. Acesso em: 30 nov. 2021.

PARANÁ. Decreto n. 93, de 11 de março de 1901. **Regulamento da Instrucção Publica do Estado do Paraná.** Coritiba, PR, 11 mar. de 1901. Disponível em: https://repositorio.ufsc.br/bitstream/handle/123456789/123700/1901_REGULAMENTO%20INSTRU%c3%87%c3%83O%20P%c3%9aBLICA_PR.pdf?sequence=1&isAllowed=y. Acesso em: 15 jan. 2021.

PARANÁ. Decreto n. 263, de 22 de outubro de 1903. **Regimento Interno das Escolas Publicas do Estado do Paraná.** 1903.

PARANÁ. Decreto n. 479 de 10 de dezembro de 1907. **Regulamento da Instrucção Publica do Estado do Paraná.** 1907.

PARANÁ. Decreto n. 350, de 20 de maio de 1914. **Diario Official [do] Estado do Paraná**, Curityba, PR, anno III, n. 670, p. 1, 29 mai. 1914.

PARANÁ. Decreto n. 710, de 18 de outubro de 1915. **Código do Ensino do Estado do Paraná**. Coritiba: Typographia d'A Republica. 18 out. de 1915. Disponível em: https://repositorio.ufsc.br/xmlui/bitstream/handle/123456789/99744/Ano_1915_MFN_1914%5b1%5d.pdf?sequence=1&isAllowed=y. Acesso em: 15 jan. 2021.

PARANÁ. Decreto n. 17, de 09 de janeiro de 1917. **Código do Ensino do Estado do Paraná**. Coritiba: Typographia d'A Republica. 09 jan. de 1917a. Disponível em: https://repositorio.ufsc.br/bitstream/handle/123456789/125257/1917_Codigo%20do%20Ensino%20do%20Estado%20do%20Paran%c3%a1.pdf?sequence=1&isAllowed=y. Acesso em: 25 jan. 2021.

PARANÁ. Decreto n.º 420, de 19 de junho de 1917. **Regimento Interno do Grupo Escolar Modelo e similares**. Coritiba. Typographia d'A Republica. 1917b.

PARANÁ. Decreto n. 608, de 1º de setembro de 1917. **Diario Official [do] Estado do Paraná**, Curityba, PR, anno IV, n. 1613, p. 1, 05 set. 1917.

PARANÁ. Decreto n. 65, de 21 de janeiro de 1918. **Diario Official [do] Estado do Paraná**, Curityba, PR, anno V, n. 1683, p. 1, 24 jan. 1918.

PARANÁ. Parecer n. 10, de 30 de março de 1918. **Diario Official [do] Estado do Paraná**, Curityba, PR, anno V, n. 1724, p. 3, 30 mar. 1918.

PARANÁ. Lei n. 1775, de 03 de abril de 1918. **Diario Official [do] Estado do Paraná**, Curityba, PR, anno V, n. 1730, p. 1, 06 abr. 1918.

PARANÁ. Decreto n. 280, de 08 de abril de 1918. **Diario Official [do] Estado do Paraná**, Curityba, PR, anno V, n. 1734, p. 2, 22 abr. 1918.

PARANÁ. Portaria n. 458, de 29 de agosto de 1919. **Diario Official [do] Estado do Paraná**, Curityba, PR, anno VI, n. 2023, p. 1, 02 set. 1919.

PARANÁ. **Colleção de Decretos e Regulamentos de 1919**. Typographia da Republica. Curityba. 1920.

PARANÁ. Decreto n. 356, de 10 de março de 1920. **Diario Official [do] Estado do Paraná**, Curityba, PR, anno VII, n. 3044, p. 1, 12 mar. 1920.

PARANÁ. Decreto n. 806, de 25 de julho de 1921. **Diario Official [do] Estado do Paraná**, Curityba, PR, anno VIII, n. 3399, p. 1, 27 jul. 1921.

PARANÁ. Decreto n. 483, de 20 de março de 1924. **Diario Official [do] Estado do Paraná**, Curityba, PR, anno XI, n. 3881, p. 1, 02 mai. 1924.

PARANÁ. Decreto n. 465, de 26 de abril de 1924. **Diario Official [do] Estado do Paraná**, Curityba, PR, anno XI, n. 3879, p. 1, 29 abr. 1924.

PARANÁ. Decreto n. 887, de 05 de agosto de 1926. **Diario Official [do] Estado do Paraná**, Curityba, PR, anno XIII, n. 4297, p. 1-2, 13 ago. 1926.

PARANÁ. **Decreto n.º 1874, de 29 de julho de 1932.** Regimento Interno e Programa para grupos escolares. Curitiba. Irmãos Guimarães & Cia. 1932

PARANÁ. **Relatórios da Secretaria dos Negócios do Interior, Justiça e Instrução Pública** do Paraná. 1882 a 1917. Disponível em: http://www.arquivopublico.pr.gov.br/Pagina/Relatorios-de-Secretarios-de-Governo#. Acesso em: 15 jan. 2021.

PARANÁ, Sebastião. Relatório (1906). *In:* LINS, B. J. L.**Relatório apresentado ao Exm. Snr. Dr. Vicente Machado da Silva Lima**. Curityba: Typographia do Diario Official, 1907. 250 p. Disponível emh: ttp://www.arquivopublico.pr.gov.br/sites/arquivo-publico/arquivos_restritos/files/documento/2020-11/ano_1906_mfn_717.pdf. Acesso em: 25 jan. 2021.

PARANÁ, Sebastião. Directoria do Gymnásio e Escola Normal. *In:* SANTOS, E. M. dos. **Relatório apresentado ao Exm. Sr. Dr. Affonso Alves Camargo**. Curityba: Typographia do Diario Official, 1916. 330 p. Disponível em: http://www.arquivopublico.pr.gov.br/sites/arquivopublico/arquivos_restritos/files/documento/2020-11/ano_1916_mfn_817.pdf. Acesso em: 25 jan. 2021.

PIRES, Octavio. Pedagogia: Hygiene Escolar e suas vantagens. **Revista de Educação e Ensino**. Vol. 1. Num. 8 Pará. Outubro 1891. Disponível em: https://repositorio.ufsc.br/handle/123456789/176513. Acesso em: 17 jul. 2021.

PETRICH, Julia Wanderley. Relatórios. *In:* **A Escola**. Revista do Grêmio dos Professores Publicos. Tomo I. Typographia a vapor "Impr. Paranaense". 1906

QUEIROZ, Fernando. Antônio e Maria uniram-se para mostrar uma boa arte. **Diario do Paraná.** Curitiba, 17 Jan. 1971. Primeiro Caderno, p. 10. Edição 04655 (1). Disponível em: Diario do Paraná: Orgao dos Diários Associados (PR) - 1955 a 1983 - DocReader Web (bn.br). Acesso em: 25 jan. 2021.

RATACHESKI, Alir. Cem anos de ensino no Estado do Paraná. *In:* PARANÁ. **1º Centenário da Emancipação Política no Paraná. 1853 – 1953**. Clarim Emprêsa de Publicidade Ltda. (org.). Ed. Gôverno do Estado. Livraria do Globo S. A. 1953. Pôrto Alegre. RS.

REGULAMENTO, Escola Republicana. **Regulamento da Escola Republicana**. Coritiba: Typographia João Haupt & Cia. 1918. Acervo de André Moreira Rodrigues.

REIS, Trajano Joaquim dos. Relatorio Apresentado ao Exm. Sr. Governador do Estado do Paraná. *In*: CHAVES. Antonio Augusto de Carvalho. **Relatorio apresentado ao exm. Snr. Dr. José Pereira Santos Andrade**. Curityba: Typografia [ilegígel] A Vapor, 1896. 207 p. Disponível em: ano_1896_mfn_651.pdf (administracao.pr.gov.br). Acesso em: 22 jul. 2021.

RODRIGO JUNIOR. Diálogo entre a professora MN e o cronista Rodrigo Junior. **O Dia**, Curitiba. 03 jan. 1937. Edição 04088, Anno: XIV, n. 4.088, p. 3. Disponível em: http://memoria.bn.br/DocReader/DocReader.aspx?bib=092932&pesq=%22Maria%20Nicolas%22&pasta=ano%20193&pagfis=33059. Acesso em: 17 jan. 2022.

SANTOS, Claudino Rogoberto Ferreira dos. **Relatório apresentado ao Exm. Sr. Dr. Carlos Cavalcanti de Albuquerque**. Curityba: Typographia do Diario Official, 1914. 208 p. Disponível em: ano_1914_mfn_796.pdf (administracao.pr.gov.br). Acesso em: 12 jan. 2021.

SANTOS, Enéas Marques dos. **Relatório apresentado ao Exm. Sr. Dr. Affonso Alves Camargo**. Curityba: Typographia do Diario Official, 1916. p. 156. 330 p. Disponível em: ano_1916_mfn_817.pdf (administracao.pr.gov.br). Acesso em: 12 jan. 2021.

SANTOS, Enéas Marques dos. **Relatório apresentado ao Secretário d'Estado dos Negócios do Interior, Justiça e Instrução Pública**. Typographia. d'A República. Curitiba, 31 dez. 1918. 173p. Disponível em: ano_1918_mfn_734.pdf(administracao.pr.gov.br). Acesso em: 17 jun. 2021.

SCHUINDT, Silvana Mendes. **Maria Nicolas – Além do Bê-a-Bá**. 2018a. 26 f. Trabalho de Especialização (disciplina Trabalho de Conclusão de Curso) – Curso de História da Cultura Afro-brasileira e Indígena, Uninter, Curitiba, 2018a. Não publicado.

SCHUINDT, Silvana Mendes. **O inverno florido de Maria Nicolas**: memórias e representações. 2018b. 26 f. Trabalho de Especialização (disciplina Trabalho de

Conclusão de Curso) – Curso de História, Arte e Cultura, Universidade Estadual de Ponta Grossa, Ponta Grossa, 2018b. Não publicado.

SIMAS, Hugo. Educação na escola primaria. **Patria e Lar. Orgam do Brazil Civico.** Ed. 00004 (2). Anno I. n. 4. Outubro de 1912. Disponível em: http://memoria.bn.br/DocReader/DocReader.aspx?bib=766011&pesq=%22Escola%20Normal%22&pasta=ano%20191&hf=memoria.bn.br&pagfis=115. Acesso em: 25 nov. 2021.

SILVA, Victor Ferreira do Amaral e. **Relatório apresentado ao Exmo. Sr. Dr. Secretario do Interior, Justiça e Instrução Publica.** Curityba: Typographia do Diario Official, 31 dez. 1903. 59 p. Disponível em: ano_1903_mfn_694.pdf (administracao.pr.gov.br). Acesso em: 13 jan. 2021.

STOBBIA, Francisco. Porque me orgulho da minha gente de MN. **Diario da Tarde**, Curitiba, 26 dez. 1936, Edição 12.571 (1), Anno 38, n. 12.571, p. 2. Disponível em: http://memoria.bn.br/DocReader/DocReader.aspx?bib=800074&pesq=%22Maria%20Nicolas%22&pasta=ano%20193&pagfis=48766. Acesso em: 10 jan. 2022.

STOBBIA, Francisco. Os pioneiros da alfabetização brasileira. **Diario da Tarde**, Curitiba, ed. 20.434, p. 2, 05 set. 1957. Disponível em: http://memoria.bn.br/DocReader/DocReader.aspx?bib=800074&Pesq=%22Tereza%20Nicolas%22&pagfis=90926. Acesso em: 27 fev. 2021.

TOBIAS DO REGO MONTEIRO. FGV/CPDOC. Rio de Janeiro, [20-?]. Disponível em: http://cpdoc.fgv.br/sites/default/files/verbetes/primeira-republica/MONTEIRO,%20Tobias.pdf. Acesso em: 20 abr. 2021.

VARGAS, Túlio; HOERNER Jr., Valério; BÓIA, Wilson. **Bibliografia da Academia Paranaense de Letras.** ed. rev. Curitiba: Academia Paranaense de Letras, 2011.

VICTOR, Nestor. **A terra do futuro**: impressões do Paraná. Rio de Janeiro: Typographia do Jornal do Commercio de Rodrigues & C., 1913.

VIEIRA, Flávio. A estrada de ferro do Paraná e o Eng. Guilherme Weinschenck. **Revista Brasileira de Geografia** – Boletim Geográfico. Rio de Janeiro, ano VII, n. 80. Nov. 1949. Disponível em: https://biblioteca.ibge.gov.br/visualizacao/periodicos/19/bg_1949_v7_n80_nov.pdf. Acesso em: 16 fev. 2021.

WACHOWICZ, Ruy Christovam. **Universidade do Mate**: história da UFPR. Curitiba: APUPR, 1983.

XAVIER, Luiz A. **Relatório apresentado ao Exm. Sr. Dr. Francisco Xavier da Silva**. Curityba: Typographia do Diario Official, 31 dez. 1909. 180 p. Disponível em: ano_1909_mfn_728.pdf (administracao.pr.gov.br). Acesso em: 25 jan. 2021.

ZOTTO, Antonio Carlos. Informação verbal, Curitiba, 2022.

REFERÊNCIAS

ADICHIE, Chimamanda Ngozi. **O perigo de uma história única**. 1. ed. São Paulo: Companhia das Letras, 2019.

AKOTIRENE, Carla. **Interseccionalidade**. São Paulo: Jandaíra, 2020.

ALMEIDA, Silvio. **Racismo estrutural**. São Paulo: Jandaíra, 2021.

ANDRADE, Maria Lucia de. **Educação, cultura e modernidade**: o projeto formativo de Dario Vellozo (1906-1918). 2002. 188 f. Dissertação (Mestrado em História e Historiografia da Educação) – Setor de Educação, Universidade Federal do Paraná, Curitiba, 2002.

ARAUJO, Silvete Aparecida Crippa de. **Professora Julia Wanderley**: uma mulher-mito (1874-1918). Curitiba: Editora da Universidade Federal do Paraná, 2013.

BASTOS, Maria Helena Câmara. Amada pátria idolatrada: um estudo da obra Porque me ufano do meu país, de Affonso Celso (1900). **Educar**, Curitiba, Editora da Universidade Federal do Paraná, n. 20, p. 245-260, 2002. Disponível em: https://www.scielo.br/j/er/a/tgpmnjSMQwjKQCjxBDqMqFn/?format=pdf&lang=pt. Acesso em: 20 jan. 2022.

BLOCH, March. **Apologia da História – Ou o ofício do historiador**. Tradução de André Telles. Rio de Janeiro: Zahar, 2001.

BOURDIEU, Pierre. **A economia das trocas simbólicas**. Tradução de Sérgio Miceli. São Paulo: Perspectiva, 1974.

BOURDIEU, Pierre. A ilusão biográfica. *In*: FERREIRA, Marieta de Moraes; AMADO, Janaina (coord.). **Usos & abusos da história oral**. Rio de Janeiro: Editora da Fundação Getúlio Vargas, 1996a.

BOURDIEU, Pierre. **As regras da arte**. Tradução de Maria Lucia Machado. São Paulo: Companhia das Letras, 1996b.

BOURDIEU, Pierre. **Razões práticas. Sobre a teoria da ação**. Tradução de Mariza Corrêa. 4. ed. Campinas: Papirus, 2003.

BOURDIEU, Pierre. **A distinção. Crítica social do julgamento**. 2. ed. Tradução de KERN, Daniela Kern e Guilherme J. F Teixeira. Porto Alegre: Zouk, 2013.

BOURDIEU, Pierre. **Escritos de educação**. 16. ed. 3. reimpressão. Petrópolis: Vozes, 2017.

BOURDIEU, Pierre. **Dominação masculina**. 2. ed. Tradução de Maria Helena Kühner. Rio de Janeiro: Bertand Brasil. 2002.

CAMARGO JUNIOR, Mauro Cezar Vaz de. **"Escrever uma história do Paraná para torná-la conhecida pelos paranaenses e pelos brasileiros"**: A construção de espaços de produção histórica no Paraná (1890-1930). 2018. 347 f. Tese (Doutorado em História Cultural) – Universidade Federal de Santa Catarina, Florianópolis, 2018.

CARNEIRO, Sueli. **Enegrecer o feminismo**: a situação da mulher na América Latina a partir de uma perspectiva de gênero. Disponível em: https://www.patriciamagno.com.br/wp-content/uploads/2021/04/CARNEIRO-2013-Enegrecer--o-feminismo.pdf. Acesso em: 15 maio 2023

CARNEIRO, Sueli. **Racismo, sexismo e desigualdade no Brasil**. São Paulo: Selo Negro, 2011.

CASTRO, Elizabeth Amorim de. **Grupos escolares de Curitiba na primeira metade do século XX**. Curitiba: Edição do Autor, 2008.

CIDADANIA (org.). **Racismos contemporâneos**. Rio de Janeiro: Takano Editora, 2003. (Coleção valores e atitudes, série Valores; n. 1. Não discriminação). Disponível em: https://www.patriciamagno.com.br/wp-content/uploads/2021/04/CARNEIRO-2013-Enegrecer-o-feminismo.pdf. Acesso em: 2 jan. 2022.

COLLINS, Patricia Hill. Aprendendo com a outsider within: a significação sociológica do pensamento feminista negro. **Sociedade e Estado**, v. 31, n. 1, p. 99-127, 2016. Disponível em: https://www.scielo.br/j/se/a/MZ8tzzsGrvmFTKFqr6GLVMn/abstract/?lang=pt. Acesso em: 11 dez. 2021.

COLLINS, Patricia Hill; BILGE, Sirma. **Interseccionalidade**. Tradução de Rane SOUZA. 1. ed. São Paulo: Boitempo, 2021.

CORRÊA, Fabíola Maciel. **Processo de formação e engajamento político na trajetória intelectual de Abdias Nascimento (1930-1944)**. 2019. 114f. Dissertação (Mestrado em História e Historiografia da Educação) – Setor de Educação, Universidade Federal do Paraná, Curitiba, 2019.

CORREIA, Ana Paula Pupo. **"Palácios da Instrução" – História da educação e arquitetura das escolas normais no estado do Paraná (1904 a 1927)**. 2013.

282f. Dissertação (Mestrado em História e Historiografia da Educação) – Setor de Educação, Universidade Federal do Paraná, Curitiba, 2013.

COSTA, Hilton. A vida do senso comum: do racismo científico do pós-abolição ao dia a dia contemporâneo. *In*: COSTA, Hilton; SILVA, Paulo Vinicius Baptista da. **Notas de história e cultura afro-brasileiras**. 2. ed. Ponta Grossa: Editora da Universidade Estadual de Ponta Grossa, 2001.

CRENSHAW, Kimberlé W. A interseccionalidade na discriminação de raça e gênero. Cruzamento: raça e gênero. **Ação Educativa**, Painel 1, p. 7-16, 2012.

DAVIS, Angela. **Mulheres, raça e classe**. 1. ed. Tradução de Heci Regina Candiani. São Paulo: Boitempo, 2016.

DEVULSKI, Alessandra. **Colorismo**. São Paulo: Jandaíra, 2021.

EVARISTO, Conceição. Conceição Evaristo: "Nossa fala estilhaça a máscara do silêncio". **Carta Capital**. 2017. Disponível em: https://www.cartacapital.com.br/sociedade/conceicao-evaristo-201cnossa-fala-estilhaca-a-mascara-do-silencio201d/. Acesso em: 10 jan. 2022.

FANON, F. **Pele negra, máscaras brancas**. Salvador: Editora da Universidade Federal da Bahia, 2008.

FERNANDES, Frantz. **O negro no mundo dos brancos**. 2. ed. Revista. São Paulo: Global, 2007.

FINATTI, Renata Riva. **Eleições como forma de provimento da direção escolar na rede municipal de ensino de Curitiba**. 2016. 187 f. Dissertação (Mestrado em Políticas Educacionais) – Setor de Educação, Universidade Federal do Paraná, Curitiba, 2016.

GONZALEZ, Lélia. **Por um feminismo afro-latino-americano**: ensaios, intervenções e diálogos. *In*: RIOS, Flavia; LIMA, Márcia (org.). 1 ed. Rio de Janeiro: Zahar, 2020.

HARTUG, Miriam. Muito além do céu: escravidão e estratégias de liberdade no Paraná do século XIX. **Topoi**, v. 6, n. 10, p. 143-191, jan.-jun. 2005. Disponível em: https://www.scielo.br/j/topoi/a/5SK4XGQ4TbnzdJM6zZ8LBkx/abstract/?lang=pt. Acesso em: 26 dez. 2021.

HOOKS, bell. **Teoria feminista**: da margem ao centro. Tradução de Rainer Patriota. São Paulo: Perspectiva, 2019.

HOOKS, bell. **E eu não sou uma mulher?**: mulheres negras e feminismo. Tradução de Bhuvi Libiano. 7. ed. Rio de Janeiro: Rosa dos Tempos, 2020.

KILOMBA, Grada. **Memórias da Plantação – Episódios de racismo cotidiano**. Tradução de: Jess Oliveira. 1. ed. Rio de Janeiro: Cobogó, 2019.

LAROCCA, Liliana Muller. **Cuidar, higienizar e civilizar**: o discurso médico para a educação paranaense (1896-1947). 2009. 253 f. Tese (Doutorado) – Universidade Federal do Paraná, Setor de Educação, Curitiba, 2009.

MEDEIROS, Carla Cristina Carta de; FONTOURA, Mariana Purcote. Relações entre trajetórias sociais, história oral e a teoria de Pierre Bourdieu nas pesquisas educacionais. *In:* BRITO, G da S. **Cultura, escola e processos formativos em educação**: percursos metodológicos e significativos. Rio de Janeiro: BG Business Graphics Editora, 2020. E-book. Disponível em: https://businessgraphics.com.br/wp-content/uploads/2020/12/CULTURA-ESCOLA-E-PROCESSOS-FORMATIVOS-EM-EDUCACAO.pdf. Acesso em: 5 jan. 2021.

LIMA, Raul Vinicius Araújo. A sociologia bourdieusiana e a construção social do habitus negro. **Praça: Revista Discente da Pós-Graduação em Sociologia da UFPE**, v. 3, n. 1, 2019. Disponível em: https://periodicos.ufpe.br/revistas/praca/article/view/242820/34940. Acesso em: 8 jan. 2022.

LORDE, Audre. **Irmã outsider**. Tradução de Stephanie Borges. 1. ed. Belo Horizonte: Autêntica, 2019.

MIGUEL, Maria Elisabeth Blanck. A escola normal do Paraná: instituição formadora de professores e educadora do povo. *In*: ARAUJO J. C. S; FREITAS, G. B. F.; LOPES. A. P. **As escolas normais no Brasil**: do Império à República. Campinas: Alínea, 2008. P. 146-162.

MOREIRA DA SILVA, Vicente. **Escravos e criados nas escolas noturnas de primeiras letras na província do Paraná (1872- 1888)**. 2013. 276 f. (1 v.). Dissertação (Mestrado em Educação) – Universidade Estadual de Maringá, Maringá, 2013.

MORENO, Jean Carlos. Intelectuais na década de 1920: César Prieto Martinez e Lysímaco Ferreira da Costa à frente da instrução pública no Paraná. *In*: VIEIRA, Carlos Eduardo (org.). **Intelectuais, educação e modernidade no Paraná (1886-1964)**. Curitiba: Editora da Universidade Federal do Paraná, 2007.

MUNANGA, Kabengele. **Rediscutindo a mestiçagem no Brasil**: identidade nacional versus identidade negra. 5. ed. rev. amp. 2. reimp. Belo Horizonte: Autêntica, 2020.

NASCIMENTO, Beatriz. **Uma história feita por mãos negras**. RATTS, Alex. (org.). 1 ed. Rio de Janeiro: Zahar, 2021.

NASCIMENTO, Luciene. **Tudo nela é de se amar**. 1. ed. Rio de Janeiro: Estação Brasil, 2021.

NOGUEIRA, Oracy. **Preconceito de marca. As relações raciais em Itapetininga.** Apresentação e edição de Maria Laura Viveiros de Castro Cavalcanti. São Paulo: Editora da Universidade de São Paulo, 1998.

NOGUEIRA, Oracy. Preconceito racial de marca e preconceito racial de origem: sugestões de um quadro de referência para a interpretação do material sobre relações raciais no Brasil. **Tempo Social**, São Paulo, v. 19, n. 1, 2006.

OLIVEIRA, Wanessa Gorri de; RODRIGUES, Elaine. A instrução pública e a escola primária paranaense nas charges de O Olho da Rua. **Revista Diálogo Educacional**, Curitiba, v. 19, n. 61, p. 576-602, abr./jun. 2019. Disponível em: https://periodicos.pucpr.br/dialogoeducacional/article/view/24904. Acesso em: 3 jan. 2022.

PADILHA, Lucia Mara de Lima. **Ideário Republicano nos Campos Gerais**: a criação do Grupo Escolar Conselheiro Jesuíno Marcondes (1907). 2010. 145 f. Dissertação (Mestrado em Educação) – Setor de Educação, Universidade Estadual de Ponta Grossa, Ponta Grossa, 2010.

PAVLOSKI, Evanir. Apresentação da Coleção. *In*: LOBATO, Monteiro. **O presidente negro**. Chapecó: Editora da Universidade Federal da Fronteira do Sul, 2020. Disponível em: https://arquivosbrasil.blob.core.windows.net/insulas/anexos/o-presidente-negro.pdf. Acesso em: 18 jul. 2021.

PIETTA, Gerson. **História da eugenia e da medicina no Paraná**: João Candido Ferreira e um receituário para a nação. 1. ed. Curitiba: Appris, 2019.

POLLACK, Michael. Memória e identidade social. **Estudos Históricos**, Rio de Janeiro, v. 5, n. 10, 1992, p. 200-212. Disponível em: http://www.pgedf.ufpr.br/memoria%20e%20identidadesocial%20A%20capraro%202.pdf. Acesso em: 17 mar. 2021.

RATTS, Alex; RIOS, Flavia. **Lélia Gonzalez**. São Paulo: Selo Negro, 2010.

RENK, Valquíria Elita; MASCHIO, Elaine Cátia Falcade. A subvenção escolar no Paraná e a nacionalização do ensino áreas de imigração (1889-1938). **Inter-Ação**, Goiânia, v. 46, n. 2, p. 502-522, maio/ago. 2021. Disponível em: https://www.revistas.ufg.br/interacao/article/view/67767. Acesso em: 25 dez. 2021.

RIBEIRO, Djamila. **Pequeno manual antirracista**. São Paulo: Companhia das Letras, 2019.

RIBEIRO, Djamila. **Lugar de fala**. São Paulo: Jandaíra, 2020.

ROCHA, Claudecir de Oliveira. **Quadros provincianos**: a obra de Rodrigo Júnior. 2019. 370 f. Tese (Doutorado em Letras – Estudos Literários) – Setor de Ciências Humanas, Letras e Artes, Universidade Federal do Paraná, Curitiba, 2019.

SALES JUNIOR, Ronaldo. Democracia racial: o não dito racista. **Tempo Social – Revista de Sociologia da USP**, São Paulo, v. 18, n. 2, 2006, p. 229-258. Disponível em: https://www.scielo.br/j/ts/a/K6nMrtbTHFH6Pp6GbH5QRVN/?format=pdf&lang=pt. Acesso em: 16 jan. 2022.

SANTANA, Luciana Wolff Apolloni. **Escola de Belas Artes e Indústrias do Paraná**: o projeto de ensino de artes e ofícios de Antonio Mariano de Lima, Curitiba, 1886-1902. 2004. 109f. Dissertação (Mestrado em Educação) – Universidade Federal do Paraná, Curitiba, 2004.

SCHUINDT, Silvana Mendes; VAZ, Adriana; SANTOS, Sandra Regina Rodrigues dos. O papel do inspetor escolar na instrução provincial e o acesso a escola nos primeiros anos da República no Paraná. **Anais inspirações, espaços e tempos da educação**. Curitiba: Pontifícia Universidade Católica do Paraná. v. 1, série 1. 2021. Disponível em: http://educere.bruc.com.br/arquivo/pdf2021/28297_14355.pdf . Acesso em: 10 jan. 2022.

SOUZA, Cristiane dos Santos. **Utilitarismo, civismo e cooperativismo no projeto educacional de Francisco Ribeiro de Azevedo Macedo (1892-1947)**. 2012. 264 f. Dissertação (Mestrado em História e Historiografia da Educação) – Setor de Educação, Universidade Federal do Paraná, Curitiba, 2012.

SOUZA, Gisele de. **Instrução, o talher para o banquete da civilização**: cultura escolar dos jardins de infância e grupos escolares no Paraná, 1900-1929. 2004. 317 f. Tese (Doutorado) – Pontifícia Universidade de São Paulo, São Paulo, 2004.

SOUZA, Rosa Fátima de. Fotografias escolares: leitura de imagens na história da escola primária. **Educar em Revista**, Curitiba, n. 18, p. 75-102, 2001. Disponível em: http://www.scielo.br/pdf/er/n18a07.pdf. Acesso em: 22 abr. 2020.

SOUZA, Rosa Fátima de. Espaço da educação e da civilização, origens dos grupos escolares no Brasil. *In*: SAVIANI, Dermeval *et al.* **O legado educacional do século**

XIX. 2. ed. rev. e ampl. Campinas: Autores Associados, 2006. (Coleção Educação Contemporânea).

SOUZA, Vanderlei Sebastião de. **Renato Kehl e a Eugenia no Brasil**: ciência, raça e nação no período entreguerras. Guarapuava: Unicentro. 2019. 332 p.

TRINDADE, Etelvina Maria de Castro. **Clotildes e Marias**: mulheres de Curitiba na Primeira República. Curitiba: Farol do Saber, 1996.

VALDEMARIN, Vera Teresa. O método intuitivo: os sentidos como janelas e portas se abrem para um mundo interpretado. *In*: SAVIANI, Dermeval *et al.* **O legado educacional do século XIX**. 2. ed. rev. e ampl. Campinas: Autores Associados, 2006. (Coleção Educação Contemporânea).